支持单位

吉林大学横琴金融研究院

珠海市横琴新区智慧金融研究院

吉林大学经济学院

吉林大学量化金融研究中心

教育部重大课题攻关项目（17JZD016）

吉林大学经济学院
Jilin University Economics School

横琴智慧金融研究院
Hengqin Intelligent Finance Research Institute
吉林大学横琴金融研究院
Hengqin Finance Research Institute of Jilin University

琴澳综合发展指数体系研究

Research on Hengqin-Macao Comprehensive Development Index System

周佰成 刘毅男 著

清华大学出版社
北京

内容简介

随着粤港澳大湾区建设的不断推进，珠海市横琴新区和澳门特别行政区的融合发展步入了新的阶段。为进一步促进琴澳两地深化合作，利用全方位的指数体系来评价琴澳综合发展情况符合各方需求，并为琴澳未来发展提供重要参考。本书作者在参考大量国内外理论与实践方法、分析各类优秀评价指数的基础上，结合以往研究经验，针对横琴新区和澳门特别行政区的发展实际撰写了本书。本书致力于多角度构建用于评价珠海市（横琴新区）以及澳门特别行政区综合发展情况的指标体系，并选取重点的指标体系进行结果展示，指数体系包括 3 个方面：琴澳综合指数体系、琴澳产业发展与科技创新指数体系，以及琴澳金融指数体系。该指数体系中共有 11 类指数。由于统计数据的可得性和篇幅限制，导入数据进行结果展示的只有 4 类。本书以期为琴澳两地的决策机构和相关职能部门提供有益的参考，同时也为关注两地发展的投资者和社会各界相关人士提供一种全方位的科学评价体系。

本书内容已经清华大学党委审读通过，同意安排出版（清委文【19】号）。

本书内容已经国家新闻出版署重大选题备案通过同意安排出版（国新出审 [2021]58 号）。

图书在版编目(CIP)数据

琴澳综合发展指数体系研究 / 周佰成，刘毅男著 . —北京：清华大学出版社，2021.5
ISBN 978-7-302-56208-5

Ⅰ.①琴…　Ⅱ.①周…②刘…　Ⅲ.①区域经济合作－研究－广东、澳门　Ⅳ.① F127.65

中国版本图书馆 CIP 数据核字 (2021) 第 075209 号

责任编辑：陆浥晨
封面设计：吕　菲
版式设计：方加青
责任校对：宋玉莲
责任印制：杨　艳

出版发行：清华大学出版社

网　　　址：http://www.tup.com.cn，http://www.wqbook.com
地　　　址：北京清华大学学研大厦 A 座　　　　　　邮　　编：100084
社 总 机：010-62770175　　　　　　　　　　　　　邮　　购：010-62786544
投稿与读者服务：010-62776969，c-service@tup.tsinghua.edu.cn
质 量 反 馈：010-62772015，zhiliang@tup.tsinghua.edu.cn
印 刷 者：三河市铭诚印务有限公司
装 订 者：三河市启晨纸制品加工有限公司
经　　销：全国新华书店
开　　本：210mm×285mm　　　印　　张：14.75　　　字　　数：309 千字
版　　次：2021 年 5 月第 1 版　　印　　次：2021 年 5 月第 1 次印刷
定　　价：208.00 元

产品编号：085017-01

多元琴澳，扬帆起航

李晓 *

　　横琴新区作为"一国两制"下探索粤港澳合作新模式的示范区，是深化改革开放和科技创新的先行区与促进珠江口西岸地区产业升级的新平台。其地理位置独特，国家对该地区的发展也极为重视，在积极推动粤港澳大湾区建设和"珠澳合作开发横琴"的大背景下，横琴的未来有着无限可能。国家对于横琴的一个重要定位在于，支持澳门特别行政区的经济适度多元化，澳门未来的发展离不开横琴的参与，横琴新区的发展在推动粤澳融合发展中也起到关键性的作用。

　　珠海市横琴新区智慧金融研究院，是吉林大学与珠海市横琴新区管理委员会经过友好协商，于 2018 年 12 月合作成立的。研究院在横琴新区政府的支持下，依托吉林大学的科研优势，每年招收一定数量的硕士、博士研究生，并聘任相当数量的博士和博士后，从事世界经济、国际金融、政策法规等领域的研究工作，定期召开国内、国际学术会议。同时作为政府智库，研究院为粤港澳大湾区、珠海市、横琴新区以及澳门特别行政区的发展建言献策，提供政策咨询服务，积极推动横琴新区的改革创新，为横琴新区支持澳门经济适度多元化发展、协同发展特色金融产业提供学术及人才支持。

　　《琴澳综合发展指数体系研究》是研究院的近期研究成果之一。通过构建指数来评价地区的经济发展是目前国际通用的主流评价手段，指数通过系统化、科学化的构建，能够客观地展示地区整体或某一领域的发展状况，辅助推动相关地区或领域的政府治理。横琴新区和澳门特别行政区作为粤港澳大湾区的重要组成部分，历经多年的发展，此时正需要这样的指

　*　吉林大学"匡亚明学者"卓越教授（经济学院教授）
　　　珠海市横琴新区智慧金融研究院院长
　　　吉林大学横琴金融研究院院长

数体系来综合衡量两地的综合发展成果，为将来进一步融合发展提供科学的指导和重要参考。

《琴澳综合发展指数体系研究》的撰写团队在横琴新区有着丰富的实践研究经验，对于琴澳两地有着深入的了解，通过多次实地调研和考察交流，了解地区发展的成熟经验和存在的相关问题。依托横琴智慧金融研究院和吉林大学经济学院的科研力量，将相关理论与实践相结合，研究制定琴澳综合指数体系、琴澳产业发展与科技创新指数体系以及琴澳金融指数体系，此三部分构成本书核心内容。本书侧重于全面编制指数体系，尽可能涵盖琴澳两地区域发展的重点领域，为将来进一步的细化评价提供基础框架。与此同时，由于数据的可得性和篇幅限制，本书针对几类重点指数进行了现实统计数据的实证计算和展示，通过本书可以了解到近几年琴澳两地在高质量发展、可持续发展、休闲旅游业发展以及金融运行风险方面的主要情况。未来会强化数据采集，根据不同的社会需求，进一步发布其他指数的统计结果，通过横琴智慧金融研究院与吉林大学的密切协同合作，不断为琴澳两地综合发展评价提供重要的参考资料。

横琴新区智慧金融研究院将一如既往、砥砺前行，为新时期横琴新区全方位发展招才引智、建言献策，为粤港澳大湾区建设贡献绵薄之力。

2020 年 2 月

改革开放以来，粤港澳之间在各个领域上密切合作，经济体量不断增大。在日趋复杂的国际大背景下，2009年国务院批复了《横琴总体发展规划》，并在2015年纳入广东自贸区范围。2019年2月18日，中共中央国务院印发《粤港澳大湾区发展规划纲要》，这标志着粤港澳大湾区建设开始进入实践阶段。借此契机，《横琴国际休闲旅游岛建设方案》《横琴新区旅游发展总体规划》等文件也相继出台，珠澳合作开发横琴，开启新篇章、步入新时代。与此同时，社会各界对于粤港澳大湾区的发展构想也层出不穷，为政府相关部门提供了大量的政策建议。随着大湾区建设的有序推进，对于区域发展的评价也开始得到重视，针对粤港澳大湾区发展状况的评价指数不断被提出。然而，针对珠海市、横琴新区以及澳门特别行政区的评价指数还鲜有涉及。随着近几年琴澳（横琴新区与澳门）之间的联系与融合日益密切，相关政策部门需要对两地的发展情况进行科学系统的评估，这也是本书出版的主要目的。

本书由作者参考大量国内外理论文献和国家规划文件，咨询多位相关专家意见，并结合自身相关专业知识撰写而成。本书特点在于研究内容贴近实际、针对性强、指数体系完备，能够全方位有效地衡量和评价琴澳两地的综合发展情况。本书共有4篇内容，主要包括琴澳综合发展指数体系研究概述、琴澳综合发展指数体系、琴澳产业发展与创新指数体系和琴澳金融指数体系，总计13章。

第一篇，琴澳综合发展指数体系研究概述，主要对构建琴澳综合发展指数体系进行概括性介绍，阐述相关指数构建方法和必要性。本篇共2章：第1章琴澳综合发展指数体系研究概述，主要介绍琴澳综合发展指数体系的编制背景、作用、意义以及粤港澳大湾区相关指数介绍等内容；第2章琴澳综合发展指数体系的构建，主要介绍琴澳综合发展指数体系的主要研究内容、编制原则、研究方法。

第二篇，琴澳综合指数体系，本篇侧重于构建衡量琴澳两地综合性发展的指数评价体系，共4章：第3章琴澳高质量发展指数体系，通过构建琴澳高质量发展指数，评价两地高质量发展的情况；第4章琴澳可持续发展指数体系，通过构建琴澳可持续发展指数，评价两地可持续发展的情况；第5章琴澳营商环境指数体系，构建用于评价分析琴澳两地营商环境建设情况的指数体系；第6章琴澳融合发展指数体系，构建能够衡量琴澳两地融合程度和发展情况的指数体系。

第三篇，琴澳产业发展与创新指数体系，主要构建能够衡量琴澳两地的重点产业发展以及科技创新能力的指数体系，共3章：第7章琴澳休闲旅游业发展指数体系，目的在于衡量琴澳两地的休闲旅游业发展情况；第8章琴澳高新技术产业发展指数体系，目的在于衡量琴澳两地高新技术产业的发展具体情况；第9章琴澳科技创新评价指数体系，构建用于评价琴澳两地的科技创新能力的评价指标。

第四篇，琴澳金融指数体系，侧重于构建多个能够全面衡量琴澳两地金融体系发展的指标，共4章：第10章琴澳金融运行风险指数体系，通过构建指数衡量琴澳两地的金融运行风险；第11章琴澳金融服务业发展指数，用于衡量琴澳两地金融服务业发展情况的指标；第12章琴澳基金业发展指数，用于衡量琴澳两地的基金业发展情况的指标；第13章横琴跨境金融指数体系，用于衡量横琴新区跨境金融运行情况的指标。

在本书的附录部分，提供了基于层次分析法的指标权重库，将本书着重构建分析的琴澳高质量发展指数、琴澳可持续发展指数、琴澳休闲旅游业发展指数以及琴澳金融运行风险指数的指标权重进行统计数据实证展示，帮助使用本书的机构和个人构建相关指数体系。

本书在构建指标体系过程中应用的所有数据均来自相关政府部门的网站公开数据库及相关文件，涉及网站主要包括：国家统计局网站、广东省统计局网站、珠海市统计局网站、珠海横琴新区政府网站、澳门特别行政区网站、澳门统计暨普查局网站、澳门经济局网站、澳门金融管理局网站、澳门贸易投资促进局网站、澳门高等教育局网站、澳门旅游局网站；涉及网站查阅下载文件主要包括：《国家统计年鉴》《广东统计年鉴》《珠海市国民经济和社会发展统计公报》《珠海市统计年鉴》《澳门特别行政区政府施政报告》《澳门经济适度多元发展统计指标体系分析报告》。

本书得以顺利完成，得益于我们拥有一个团结、高效、专业化的科研团队，大家坚持不懈地辛勤努力、紧密合作。团队成员主要包括（按照姓氏笔画排序）：弓劭卿、王姝、王晗、王馨悦、尹韦琪、付达、付聪、冯紫阳、权容振、刘洁旋、江剑、阴庆书、李天野、李金阳、杨弋、吴林萍、迟雪丹、张宇璇、张贺、张琪、张靖博、邵华璐、林海涛、周阔、赵天一、赵志琦、赵梓琪、侯博涵、姜美吉、高兰、曹启、韩月、温馨、裴祥宇、阚梦婷、翟羽佳、潘长春，在此对他们的辛勤付出一并表示衷心的感谢。

感谢吉林大学经济学院、珠海市横琴新区金融服务局、珠海市横琴新区智慧金融研究院、吉林大学横琴金融研究院、吉林大学中国国有经济研究中心、吉林大学量化金融研究中心以及教育部重大课题攻关项目（17JZD016）的支持与资助。

感谢吉林大学经济学院、横琴新区智慧金融研究院李晓院长，珠海市横琴新区金融服务局池腾辉局长，横琴新区智慧金融研究院黄云础副院长，吉林大学经济学院财政系主任邵学峰教授以及其他各位同人的鼎力支持。同时，还要感谢清华大学出版社对本团队的信任与支持。

学无止境，研究亦无止境。本书作者及团队成员虽力争上游、止于至善，然缺憾纰漏之处，在所难免，尤其因数据统计口径不同、数据库资料不全等，致使研究成果不够理想，恳请广大读者批评指正，在此深表感谢！更期望社会有关机构能进一步全面、科学地采集数据，丰富数据库，以便社会各界精准应用各类基础数据。

时值庚子之春、新旧之交，突发瘟疫。始于荆楚，肆虐九州。泱泱华夏，关门闭户，万巷空寂。举国上下，避之哀之；万民同心，勤之克之。曾记否，癸未非典，民痛国殇。"后人哀之而不鉴之，亦使后人而复哀后人也"。祈愿天佑中华，国泰民安。付梓之际，谨以本书献给那些无惧风险、无私奉献、奋战在一线的可敬可爱的人们。

作者

2020 年 2 月于吉林大学量化金融研究中心

目 录

第三篇

琴澳产业发展与创新指数体系

第四篇

琴澳金融指数体系

附录
基于层次分析法（AHP）的指标权重库

第 一 篇

琴澳综合发展指数
体系研究概述

第1章
琴澳综合发展指数体系研究概述

1.1 琴澳综合发展指数体系编制的背景

1.1.1 横琴新区依托独特区位及政策优势发展迅速

横琴新区位于广东省珠海市南部，地理位置独特，有着较强的区位优势，与香港和澳门陆桥相连，是"一国两制"的交汇点，也是中国走向世界、世界进入中国的门户。早在2009年，国务院便批复了《横琴总体发展规划》，并在2015年纳入广东自贸区范围。近几年，横琴新区快速发展，尤其是在商务服务、金融服务以及高新技术产业等方面实现了突出的进步。未来横琴新区将不断开放发展，成为内地与港澳交流，尤其是支持澳门创新发展模式的重要地区，因此也需要有一个全方位的指数评价体系来客观全面地展示横琴新区的发展程度，为横琴未来发展提供方向。

1.1.2 澳门经济适度多元化需要横琴的支持与合作

澳门的定位为建设世界旅游休闲中心、中国与葡语国家商贸合作服务平台，促进经济适度多元化发展，打造以中华文化为主流，多元文化共存的交流合作基地。"珠澳合作，开发横琴"，非常有利于支持澳门经济适度多元化发展，寻找经济增长新动能，通过琴澳两地的合作发展，促进粤港澳大湾区珠江西岸城市的融合与一体化。因此，随着琴澳两地合作的日益密切，通过全方位的指数体系来衡量与评价横琴新区与澳门两地合作发展情况非常重要，并可以以此来为澳门经济适度多元化发展提供指导和参考。

1.1.3　粤港澳大湾区建设为琴澳两地发展提供了新的契机

粤港澳大湾区建设是国家的重要战略，随着《粤港澳大湾区发展规划纲要》的发布，大湾区建设开始进入实质阶段。粤港澳大湾区的经济发展处于我国前列，是世界经济发展的重要引擎。与此同时，粤港澳大湾区建设也为作为大湾区重要成员的珠海横琴新区和澳门提供了新的发展契机。在新一轮的发展过程中，需要对珠海横琴新区和澳门的发展状况进行有效的评价和分析，通过对琴澳两地进行准确的了解，可以为明确未来两地进一步的发展方向，为进一步的政策落实提供重要参考和借鉴。

1.1.4　国内目前针对琴澳两地发展所构建的指数较少

粤港澳大湾区建设规划的提出较晚，因此目前对于粤港澳大湾区特别是琴澳两地的研究虽然较为流行但仍旧较少。各研究机构所研发出的指数多针对粤港澳大湾区，如粤港澳大湾区可持续发展指数体系、粤港澳大湾区指数等。因此，目前急需用来衡量与评价琴澳两地综合发展情况的完整指数体系，从而为政府部门、琴澳的工商企业以及境内外投资者等提供有效参考。所以，出版本书，构建用来衡量琴澳两地综合发展的完整指数体系，对于各级政府、政策制定者、企业以及投资者等都具有重要意义。

1.2　琴澳综合发展指数体系编制的作用与意义

1.2.1　衡量琴澳的发展规模与发展程度

横琴新区与澳门合作发展以及支持澳门经济适度多元化是国家对于琴澳两地发展的重要规划，是粤港澳大湾区建设的重要内容，因此需要有科学的评价体系来确定琴澳两地的发展规模和发展程度。琴澳综合发展指数体系通过数量化的编制手段，能够为琴澳两地的发展提供科学化、系统化的评估。通过完善的指标体系，可以为琴澳的不同方面、不同发展阶段等进行详细的评价，针对特定发展内容构建差异化指数，并可以据此帮助政策制定者和执行者了解政策效果和发展情况，为横琴新区发展和澳门经济适度多元化建设提供量化参考。

1.2.2　促进琴澳的产业多元化发展

横琴新区与澳门合作发展的重点内容之一是为澳门产业多元化的发展，促使澳门寻找除博彩业外的经济增长的新动能。与此同时，横琴新区作为自贸区以及对外开放的窗口也需要进一步优化产业结构，发展特色产业。为更好地推进琴澳产业的发展，稳步推进琴澳地区产业创新转型升级，需要相关政府部门、企业团体都能够对于琴澳的建设情况有着客观正确的认识。琴澳综合发展指数体系涵盖面广泛，能够从多个角度测度区域内产业发展情况和创新升级的数量化特征，为各方提供准确的数据分析结论，规避信息不对称效应，增强合作发展合力，加快琴澳产业多元化发展。

1.2.3   对琴澳发展过程中的潜在风险进行监控和预警

党的十八大以来，防范系统性金融风险一直是国家金融工作的重要任务，近几年也取得了显著的效果。琴澳是国家开放的窗口，在经济快速发展过程中，也需要防范风险的发生，需要通过系统性的指标评估体系来评估琴澳发展所面临的风险，尽早发现潜在的风险点并尽早处理。琴澳综合发展指数体系包括了风险监控预警的指数，能够对琴澳发展情况实施监控与分析，通过量化手段评估区域内发展的风险，促进横琴新区与澳门两地朝着良性、健康的方向发展。

1.2.4   为投资者在琴澳的投资实践活动提供准确的参考指标

中国金融市场发展迅速，投资群体广泛，对于一个地区的全方位评估是境内外机构投资者以及个人投资者进行投资活动的重要参考指标。合格的指数体系能够有效反映区域发展全貌，可以为投资者进行投资活动提供有效参考。目前，鲜有针对横琴新区与澳门的指数评价体系，投资者难以找到对于相关市场题材参考的基准。而琴澳综合发展指数体系提供了包括经济发展、可持续发展、风险监控、金融与投资、产业发展与创新等全方位的评价体系，能够为投资琴澳地区的投资者提供有益参考。

1.2.5   通过琴澳综合发展指数体系建设进一步提升区域知名度

琴澳综合发展指数体系涉及指数类别众多，能够全面地反映琴澳地区的整体全貌，通过在各大媒体和平台的持续发布更新，能够促进市场对于琴澳特别是横琴新区的了解，能够提升横琴新区的知名度，促进其成为全国发展热点区域，同时提升横琴新区在粤港澳大湾区发展中的地位。通过区域知名度的提升，本地区的发展将更容易得到资金支持，吸引国内外资金投资于区域发展建设，同时也为本地区上市公司提供更加充分有效的资金支持，促进横琴新区的建设以及澳门经济适度多元化的发展。

1.3　世界主要金融指数及粤港澳大湾区相关指数介绍

1.3.1　MSCI 指数

随着全球化的发展和金融市场的不断整合，企业日益增加跨国家和地区的经营活动，因此其业绩越来越多地与本国之外的经济和政治环境联系在一起。除此之外，诸如机构投资、资产管理以及财富管理等专业投资者通常会了解在更远的市场投资时可能遭受的非预见性暴露和偏差。确定这些风险暴露和偏差最好的方法便是利用代表整个机会集的指数。

MSCI 全球股票指数被世界各地的专业投资者广泛应用于投资分析、业绩衡量、资产配置、对冲以及指数基金和结构化产品等相关衍生品的设计和构建中。从市值加权的区域、国家和行业指数到基于因子和环境、社会、公司治理（ESG）投资等策略的指数，现代指数策略使客户能够以一种连贯一致的方式构建和监控投资组合，避免基准错配和未补偿风险。

❶ MSCI 全球市场指数

MSCI 全球市场指数（MSCI ACWI Index）是 MSCI 领先的全球股票指数，旨在代表 23 个发达市场和 24 个新兴市场的大中型股票的全部机会组合的表现。截至 2018 年 12 月，该指数涵盖了 11 个行业的超过 2700 只股票，以及每个市场中约 85% 的自由浮动调整市值。该指数采用摩根士丹利资本国际（MSCI）的全球可投资市场指数（GIMI）方法构建，该方法的设计考虑了反映各地区、市值规模、行业、风格片段和组合情况的变化。图 1-1 为 MSCI 全球市场指数的各国（地区）配置情况，美国占比超过一半，达到约 54%。随着中国股票市场的快速发展，MSCI 也将中国 A 股纳入指数权重中，目前中国 A 股占比约为 4%。图 1-2 为 MSCI 全球市场指数所涉及的主要国家（地区）分类，该指数共包含了 23 个发达国家和地区，以及 24 个新兴国家和地区。

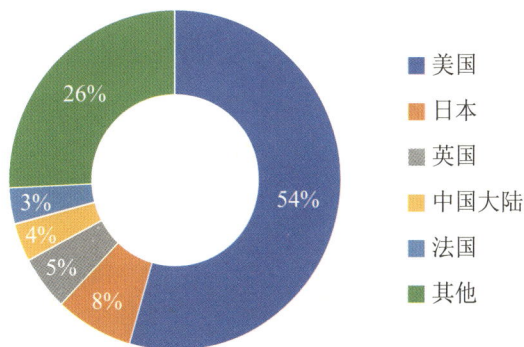

图 1-1　MSCI 全球市场指数的国家（地区）配置情况

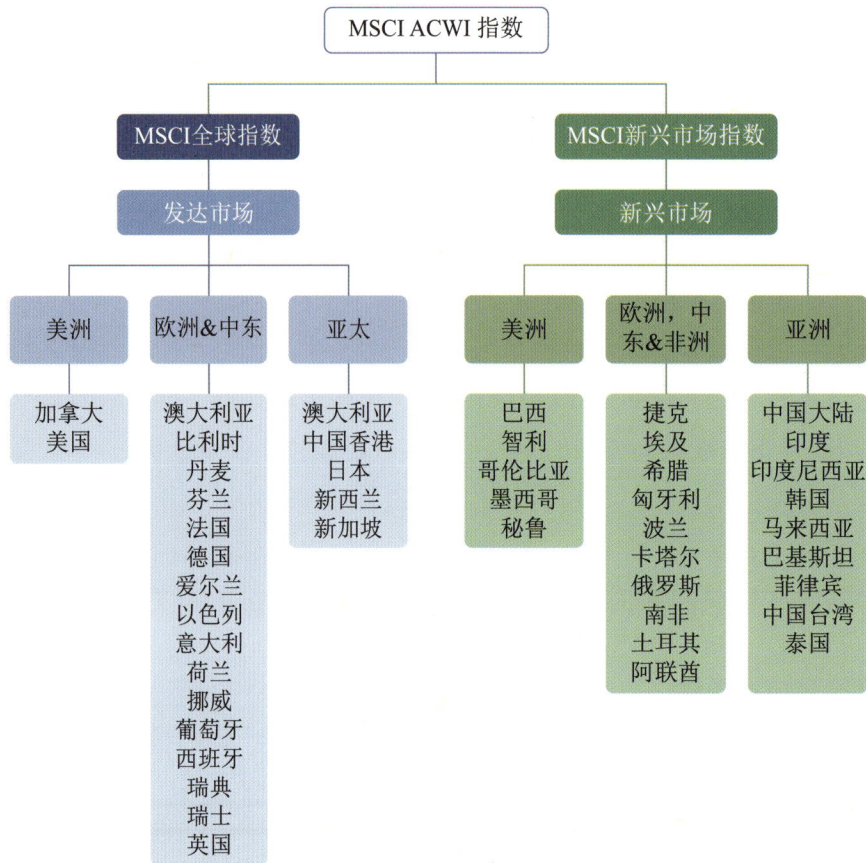

图 1-2　MSCI 全球市场指数主要国家和地区分类

❷ MSCI 新兴市场指数

MSCI 新兴市场指数（MSCI Emerging Markets Index）旨在代表 24 个新兴市场中大中市值的股票的表现。截至 2018 年 12 月，它拥有超过 1100 个成分股，并覆盖了每个国家和地区约 85％的自由流通市值调整。该指数同样采用摩根士丹利资本国际（MSCI）的全球可投资市场指数（GIMI）方法构建。图 1-3 为 MSCI 新兴市场指数的各国配置情况，中国大陆在该指数中占比较大，达到 30%，占比排在第二位的是韩国，为 14%。图 1-4 为 MSCI 新兴市场指数所涉及的主要国家和地区，该指数共包含 24 个新兴国家和地区。

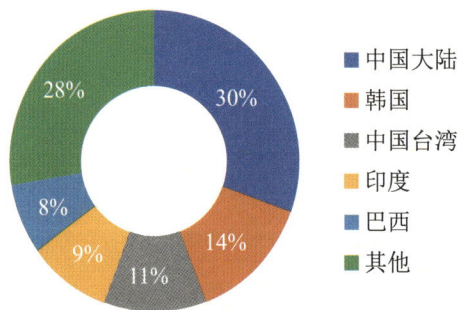

图 1-3　MSCI 新兴市场指数的国家和地区配置情况

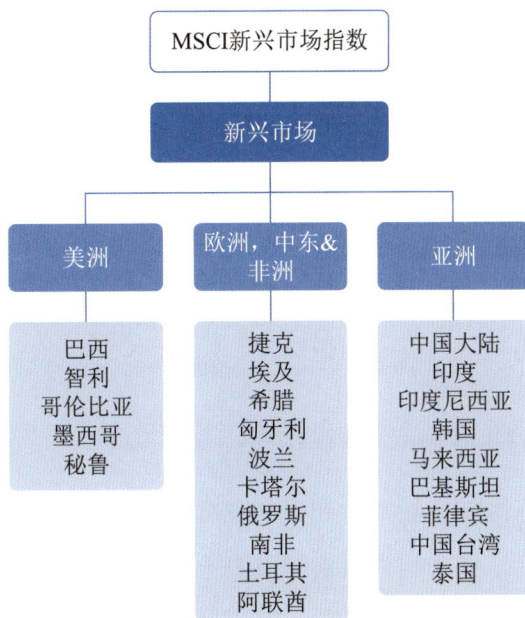

图 1-4　MSCI 新兴市场指数的主要国家和地区分类

1.3.2　标准普尔 500 指数（S&P 500 Index）

标准普尔 500 指数是由 Standard & Poor's 公司从纽约股票交易所中选出 500 种股票的股价（其中 78% 为工业股，12% 为公用事业股，2% 为运输股，8% 为金融股）所计算得出的股价指数。标准普尔 500 指数的优点在于样本公司的行业分布广，样本市值约占总市值的 75% 以上。

标准普尔 500 指数是一种理想的股票指数期货合约的标的物，它具有样本采集广、代表性强、精确度高以及连续性好等优点。此外，自 2013 年 2 月 4 日起纽约证券交易所开始实施新的熔断机制，该熔断机制有 3 个阈值，分别是为 7%、13% 和 20%，当 7% 和 13% 的跌幅发生时，会有长达 15 分钟的暂停交易时间，当跌幅触发 20% 时，交易将暂停直至休市。该机制有利于稳定市场情绪，防范投资者的过度反应。新的熔断机制修改了参照的指数，选取标准普尔 500 指数作为熔断基准指数，取代之前的道琼斯工业指数。这一举措不仅表明了标准普尔 500 指数能够更好地反映美国股市的走势，也使标准普尔 500 指数成为更多投资者进行决策的依据。

1.3.3　道琼斯工业平均指数

道琼斯工业平均指数，或称道琼斯指数，是反映美国 30 个大型国有公司的价值的指数。该指数是美国历史第二悠久的市场指数，仅次于道琼斯运输平均指数。道琼斯工业平均指数目前由标准普尔道琼斯指数（S&P Dow Jones Indices）所有，由标准普尔全球（S&P Global）持有多数股权。工业平均指数于 1896 年 5 月 26 日被首次计算，早期主要选取传统工业企业作为样本股票，然而经过 100 多年的发展，目前指数所包括的 30 只股票样本已经与传统的工业几乎没有任何关系。

道琼斯工业平均指数中的选样主要是主观选样，即依据上市公司的行业分属，经济资信品级，股票在整个股市交易中的重要程度、影响力及价格敏感性等因素，通过综合权衡，人为地挑选出最具代表性的一部分重点或典型股票。股票价值约占美国全部上市股票总值的 20% 以上。因此，道琼斯工业平均指数是用来判别股票市场交易总体动向时最常用的指数，也是预测国民经济发展趋势最灵敏的指标。

1.3.4　恒生沪深港通大湾区综合指数

恒生沪深港通大湾区综合指数旨在反映在粤港澳大湾区从事经营活动的香港上市公司及内地上市公司的表现，这些公司均可通过互联互通机制进行交易买卖。指数的选股范畴为合乎互联互通交易资格并主要在大湾区营运的港股及 A 股公司。指数候选成份股选取的主要是总部或者主要营运中心设立在粤港澳大湾区以及主要收入来自中国内地、香港或者澳门的公司，并选取总市值排名前 250 名的公司作为成份股。该指数以流通市值加权法来计算，并将每个成份股公司的比重上限设定为 10%。

1.3.5　中证粤港澳大湾区发展主题指数系列

中证粤港澳大湾区发展主题指数系列包含中证港股通粤港澳大湾区发展主题指数、中证沪港深粤港澳大湾区发展主题指数和中证粤港澳大湾区发展主题指数，分别从港股通范围合资格股票、沪港深三地上市公司及沪深 A 股中的粤港澳大湾区企业中选取符合湾区发展主题的最大 50 家港股、最大 100 家公司及最大 100 家 A 股作为样本股，采用自由流通市值加权计算，以反映受益于粤港澳大湾区发展相关上市公司的整体状况和走势。

1.3.6　粤港澳大湾区指数

粤港澳大湾区指数由广证恒生和《21 世纪经济报道》联合编制发布，主要包括粤港澳大湾区综合 50 指数和粤港澳大湾区创新 50 指数。该指数发布后，将在 21 世纪财经 APP、南财网、21 财经网等平台报价，并且为保持紧密跟踪，定期更新指数成份股。

该指数的样本公司全部分布于粤港澳大湾区的城市群，同时包括了 A 股和港股两个市场。其中，粤港澳大湾区创新 50 指数综合考虑了所在地、行业、市值等指标，旨在反映大湾区内上市公司的综合情况；粤港澳大湾区创新 50 指数重点突出研发投入，以符合大湾区科技创新引领未来的定位，亦是在落实服务我国创新驱动发展战略。

1.3.7　粤港澳大湾区金融发展指数

2019 年 1 月 14 日，粤港澳大湾区金融发展指数框架在穗港澳金融合作推介会上首次亮相。由国家金融与发展实验室广州基地、广州金羊金融研究院、南都金融研究所、广州金融发展服务中心和广州金融业协会共同编制。框架拟建立金融深化、金融融合、金融环境、包容性、金融开放和金融创新六大类指标。其中，最能反映大湾区金融发展特色的指标是金融融合和金融开放。新指标体系将用全面、科学的评价体系持续跟踪大湾区金融发展。

该指数框架采用定量与定性相结合，将进一步提升大湾区金融发展指数项目的专业水准和研究深度，目标是完成一个有理论基础、有发展导向、有扎实调研、具备定期更新发布能力的报告，共同将大湾区金融发展指数打造成区域金融发展标杆性指数。该指数目前正在编制完善中。

1.3.8　横琴金融指数（湾区西岸上市公司综合指数）

2019 年 3 月 25 日，横琴金融指数（湾区西岸上市公司综合指数）在"2019（横琴）经济发展与创新大会暨第九届诺奖得主中国行"高峰论坛现场发布。该指数由横琴新区金融服务局发起，谷科智能科技（珠海）有限公司提供指数编制算法和技术，横琴智慧金融研究院进行学术支持。

横琴金融指数中的各行业权重占比主要包括新信息技术、高端装备、新材料、生物科技、能源环保。美的集团、格力电器、新宝股份等企业是珠江西岸的重点代表企业。横琴金融指数的发布，明晰了珠江西岸和横琴新区上市公司的整体水平，各类型指数的建立，为区域和行业设定了可量化的标准，便于投资者进一步跟踪珠江西岸与横琴新区的经济发展水平。

从以上内容可以看出，目前有关粤港澳大湾区的指数推出较少，并且还未出现系统性的指数体系来全面衡量横琴新区和澳门特别行政区的发展，每种相关指数都只关注大湾区发展的部分方面。因此，琴澳两地的发展需要一个完整规范化的指数体系，需通过该指数体系来准确衡量、反映琴澳两地宏微观层面的发展情况，尤其是针对横琴新区和珠江西岸更需要持续有效的指数体系来评价与分析，从而帮助有关部门、企业和个人全方位了解区域发展并为琴澳的投资实践提供有益参考。

第2章
琴澳综合发展指数体系的构建

2.1 琴澳综合发展指数体系的主要研究内容

2.1.1 琴澳综合发展指数体系整体框架

如图 2-1 所示。

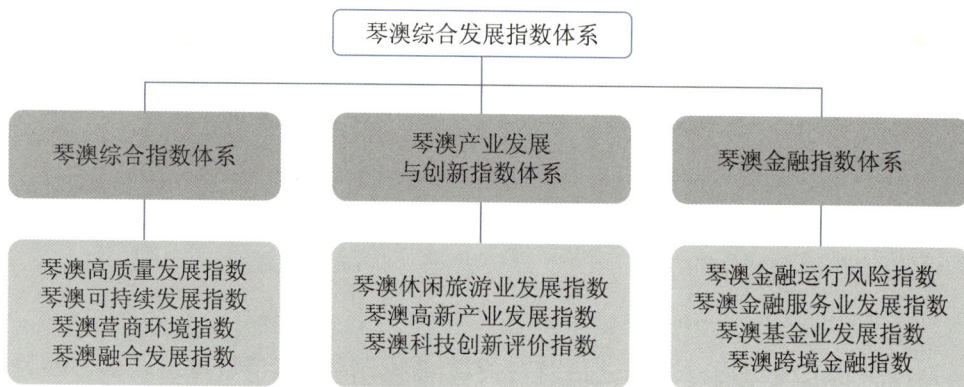

图 2-1 琴澳综合发展指数体系整体框架

2.1.2 主要研究内容

❶ 琴澳综合发展指数体系的编制

本部分对琴澳综合发展指数体系的编制进行研究。首先分析琴澳综合发展指数编制的作用与意义,并通过借鉴国内外指数编制的经验,构建琴澳综合发展指数体系的研究框架,确定琴澳综合发展指数体系的编制原则与具体方法。

②　琴澳综合指数体系

　　本部分将构建琴澳综合发展指数体系，主要包括衡量琴澳两地高质量发展情况的**琴澳高质量发展指数**、衡量琴澳两地可持续发展情况的**琴澳可持续发展指数**、衡量琴澳区域营商环境建设情况的**琴澳营商环境指数，**以及衡量珠海（横琴新区）和澳门两地融合发展的具体情况的**琴澳融合发展指数**。

③　琴澳产业发展与创新指数体系

　　本部分将构建琴澳产业发展与创新指数体系，主要包括评价琴澳旅游业发展和横琴休闲旅游岛建设的**琴澳休闲旅游业发展指数**、评价琴澳高新产业发展情况的**琴澳高新产业发展指数**，以及评价琴澳科技创新水平的**琴澳科技创新评价指数**。

④　琴澳金融指数体系

　　本部分将构建琴澳金融与投资指数体系，主要包括衡量琴澳两地金融运行风险情况的**琴澳金融运行风险指数**、衡量琴澳金融服务业发展情况的**琴澳金融服务业发展指数**、评价琴澳基金业发展程度的**琴澳基金业发展指数**，以及衡量琴澳两地跨境金融发展情况的**琴澳跨境金融指数**。

⑤　附录：基于层次分析法（AHP）的指标权重库

　　为了帮助读者更好地应用构建的指标体系，附录部分提供琴澳综合发展指标体系构建的指标权重库，指数体系的使用者可以更加深入地了解指标体系的构建过程，直观了解琴澳综合发展指标体系构建的合理性、科学性和可操作性。

2.2　琴澳综合发展指数体系编制的原则

2.2.1　科学全面性

　　指数构建的科学性是指数体系有效准确的基础，琴澳综合发展指数体系的编制应广泛参考国际先进指数编制方法，结合中国具体特点进行本土化改良，力图用最科学的方式编制各类指标。此外，琴澳发展涉及面广、参与群体众多，任何单一指数都不能够全面反映粤琴澳多方面的情况。因此，琴澳综合发展指数体系的编制要通过大量的调研和分析，形成完善全面的指数体系，确保科学性和全面性。

2.2.2　动态前瞻性

　　当今世界发展迅速，国内外环境也正不断经历着变化，因此，静态指数不能够有效跟踪变化的趋势，指标数据会出现滞后性从而造成一定程度的偏差。琴澳综合发展指数体系建设均采用动态调整模式，针对不同指数特征选取不同的样本调整期以及数据更新期，特别是针对股价指数选择实时更新方式，快速追踪市场变化。与此同时，通过实时跟踪，了解市场变化，追踪琴澳发展走势，形成前瞻性，为政策制定者和建设参与者提供先见性的意见，引领大湾区建设朝着正确方向发展。

2.2.3　操作可行性

琴澳综合发展指数体系涉及众多类别，为全面展现琴澳两地发展全貌，虽然指数体系涉及较为复杂，但是体系建设也要保证操作的简明可行，在指标选择上要注重代表性和典型性，同时避免相近指标的重复构建，或者部分指标理论层次较高但是不符合实际情况的出现。琴澳综合发展指数体系主要服务于粤港澳大湾区的政策制定者、政府决策者、区域利益相关群体以及投资者，所以要保证操作的简明可行性。

2.2.4　指标可比性

指数的构建在国内外有着多年的历史，已经形成了许多规范化的方法和表述。因此，在琴澳综合发展指数体系的构建过程中，应采用国际通用的概念以及计算方法等。这也可帮助同类指标的对比，增加对于琴澳发展的更加多维全面的考量。此外，保证指标的可比性，规范化指标构建也能够提升琴澳综合发展指数体系的可信度，增加指标的使用人群，促进琴澳相关区域知名度的提升。

2.2.5　延伸拓展性

除了保证指标数据更新的动态性以外，还需保证指数体系建设的延伸拓展性。随着科技的快速发展，许多新模式、新业态也在不断出现，特别是诸如区块链、金融科技等的出现，为金融发展提供了新的方向。这些方面都可以作为琴澳综合发展指数体系的重要构成部分，不断增加指数体系的全面性，在新模式、新业态出现后能够进行持续性跟踪，保证指数体系的构建始终处于前沿。

2.3　琴澳综合发展指数体系构建的主要方法

琴澳综合发展指数体系构建的主要方法为层次分析法（AHP），该方法也是指数构建的常用方法。层次分析法的基本思想是把复杂问题分解为若干层次，在最低层次通过两两对比得出各因素的权重，通过由低到高的层层分析计算，最后计算出各方案对总目标的权数，权数最大的方案即为最优方案。

决策的实质是进行比较，通过比较做出选择，但对于多目标决策问题来说，由于无法用一个统一尺度衡量、比较各个不同目标，因此，唯一可行的办法是进行两两比较。将两两比较后的结果填入判断矩阵，求解判断矩阵的特征根和特征向量，然后确定各目标重要性的加权值。

层次分析法的基本假设是层次之间存在递进结构，即从高到低或从低到高递进。当复杂系统中某一层次既可直接或间接地影响其他层次，同时又直接及间接受其他层次影响时，就不属于层次分析范围，需用网络模型来描述。

层次分析的基本方法是建立层次结构模型。建立层次模型，首先要对所解决问题有明确的认识，弄清它涉及哪些因素，如目标、分目标、部门、约束、可能情况和方案等，以及因素相互之间的关系。其次将决策问题层次化。将决策问题划分为若干个层次，第一层是总目标层，即要达到的目标；中间层常称为分目标层、标准层、部门层、约束层、准则层等；最低层一般是解决问题的方案，或者与问题有关的可能情况，常称为方案层或措施层。

建立层次模型之后，可以在各层元素中进行两两比较，构造出判断矩阵。判断矩阵是定性过渡到定量的重要环节，再通过求解判断矩阵的特征向量，并对判断矩阵的一致性进行检验，检查决策者在构造判断矩阵时判断思维是否具有一致性。通过一致性检验后，便可按归一化处理过的特征向量作为某一层次对上一层次某因素相对重要的排序加权值，然后从高层次到低层次逐层计算排序权值，得出层次总排序。最后是对总排序的一致性检验，通过检验，其结果可用于决策，否则需要重新调整判断矩阵。

2.3.1 判断矩阵及一致性检验

❶ 判断矩阵

判断矩阵是层次分析法的核心。判断矩阵是通过两两比较得出来的。设 W_i 表示反映第 i 个方案对于某个最低层目标的优越性或某层第 i 个目标对于上层某一目标的重要性的权重，以每两个方案 (或子目标) 的相对重要性为元素的矩阵

$$A = \begin{bmatrix} \dfrac{W_1}{W_1} & \dfrac{W_1}{W_2} & \cdots & \dfrac{W_1}{W_n} \\[2mm] \dfrac{W_2}{W_1} & \dfrac{W_2}{W_2} & \cdots & \dfrac{W_2}{W_n} \\[2mm] \cdots & \cdots & \cdots & \cdots \\[2mm] \dfrac{W_n}{W_1} & \dfrac{W_n}{W_2} & \cdots & \dfrac{W_n}{W_n} \end{bmatrix}$$

称为判断矩阵。

设 $a_{ij} = \dfrac{W_i}{W_j}$，则判断矩阵的元素 a_{ij} 具有如下性质。

（1）$a_{ii}=1$。

（2）$a_{ij}=\dfrac{1}{a_{ji}}$。

（3）$a_{ij}=a_{ik}a_{kj}$。

判断矩阵 A 中的元素 a_{ij} 可以利用决策者的知识和经验估计出来，例如，对于某一层的子目标1和子目标2，如果决策者认为子目标1稍微重要于子目标2，则 $a_{12}=3$，$a_{21}=\dfrac{1}{3}$；判断矩阵中元素 a_{ij} 的确定，可以按照表2-1确定。

表 2-1　判断矩阵中各元素的确定

a_{ij}	两目标 i 与 j 相比
1	同样重要
3	稍微重要
5	明显重要
7	重要得多
9	极端重要
2，4，6，8	介于以上相邻两种情况之间
以上各数的倒数	两目标反过来比较

❷ 权重的确定方法

由判断矩阵 A 确定的权重 W_i 可以有多种方法，下面介绍特征向量法中的和积法。

对于 n 阶矩阵 A，由矩阵理论有

$$AW=\eta W$$

式中，W 为向量，且 $W=(W_1,W_2,\cdots,W_n)^{\mathrm{T}}$，$\eta$ 为判断矩阵 A 的特征根，W 即为特征根所对应的特征向量。

对于满足判断矩阵元素的三个性质的判断矩阵，称为完全一致性判断矩阵，此时，判断矩阵的最大特征根 $\lambda_{\max}=n$，其余特征根为0。

对于通过两两对比的方法构造出的多目标决策问题的判断矩阵，常常不满足第三个性质，因而不一定是完全一致性判断矩阵。若离完全一致性不远，则判断矩阵基本可用，但不能以 n 作为最大特征根，应设法求出相应的特征向量作为判断矩阵优先权数。因此，在构造好判断矩阵之后，既要检验判断矩阵的一致性，还要求最大特征根及所对应的特征向量，下面介绍具体步骤。

设判断矩阵

$$A=\begin{bmatrix} a_{11} & a_{12} & \cdots & a_{1n} \\ a_{21} & a_{22} & \cdots & a_{2n} \\ \cdots & \cdots & \cdots & \cdots \\ a_{n1} & a_{n2} & \cdots & a_{nn} \end{bmatrix}$$

（1）将判断矩阵每列归一化：

$$\overline{a}_{ij} = \frac{a_{ij}}{\sum\limits_{k=1}^{n} a_{kj}} \quad (i, j = 1, 2, \cdots, n)$$

（2）将每列经归一化后的矩阵按行相加：

$$M_i = \sum_{j=1}^{n} \overline{a}_{ij} \quad (i = 1, 2, \cdots, n)$$

（3）将向量 $\boldsymbol{M} = (M_1, M_2, \cdots, M_n)^{\mathrm{T}}$ 归一化：

$$W_i = \frac{M_i}{\sum\limits_{j=1}^{n} M_j} \quad (i = 1, 2, \cdots, n)$$

所求得 $\boldsymbol{W} = (W_1, W_2, \cdots, W_n)^{\mathrm{T}}$ 即为所求特征向量。

（4）计算判断矩阵最大特征根 $\lambda_{\max} = \sum\limits_{i=1}^{n} \frac{(\boldsymbol{AW})_i}{nW_i}$，式中 $(\boldsymbol{AW})_i$ 表示向量 $\boldsymbol{AW}$ 的第 i 个元素。

❸ 一致性检验

一致性检验是通过计算一致性指标和检验系数检验的。

一致性指标为 $\mathrm{CI} = \dfrac{\lambda_{\max} - n}{n - 1}$，检验系数为 $\mathrm{CR} = \dfrac{\mathrm{CI}}{\mathrm{RI}}$。

其中，RI 是平均一致性指标，可通过表 2-2 查得。一般地，当 $\mathrm{CR} < 0.1$ 时，可认为判断矩阵具有满意的一致性，否则，需要重新调整判断矩阵。

表 2-2　RI 系 数 表

阶数	3	4	5	6	7	8	9
RI	0.58	0.90	1.12	1.24	1.32	1.41	1.45

2.3.2　比例标度的改进

上面已经介绍，AHP 采用了比例标度、标度值为 1～9 之间的整数及其例数，测量方法是两两比较，判断其结果表示为判断矩阵。但在实际应用中，专家和决策者对于判断矩阵的给出往往感到比较棘手，难以适应和熟悉 1～9 比例标度，常常给出一致性较差的判断矩阵。为此，我们建立了三标度变换方法，以便与九标度方法比较，择优使用。

改进的标度方法——三标度变换方法。

当决策者比较两个元素的重要性时，最直观和最容易的判断莫过于确定两者的重要关系，即确定谁重要，谁不重要，或者两者同样重要。这种比较的结果可以用三标度数 5、1、$\dfrac{1}{5}$ 来表示，即得比较矩阵 $\boldsymbol{B} = (b_{ij})_{nn}$，

$$\begin{cases} 5\text{表示第}i\text{个因素比第}j\text{个因素重要} \\ 1\text{表示第}i\text{个因素与第}j\text{个因素同样重要} \\ \dfrac{1}{5}\text{表示第}i\text{个因素没有第}j\text{个因素重要} \end{cases}$$

令 $b_i = \sum\limits_{j=1}^{n} b_{ij} (i=1,\cdots,n)$ ，称 b_i 是因素的重要性程度的弱排序指标，它在一定程度上反映了诸因素重要性程度，但还不能准确反映诸因素之间的相对重要性程度。

用 $b_{\max}$ 表示最大的弱排序指标， $b_{\min}$ 表示最小的弱排序指标， $a_{\max}$ 表示 $b_{\max}$ 对应的因素， $a_{\min}$ 表示 $b_{\min}$ 对应的因素，取这两个因素 $a_{\max}$ 、 $a_{\min}$ 作为标准比较元，令 a_0 表示用 1～9 标度给出的因素 $a_{\max}$ 相对于 $a_{\min}$ 重要性的标度值，经下式变换得到判断矩阵 $\mathbf{A} = (a_{ij})_{nn}$ 。

$$a_{ij} = \begin{cases} \dfrac{b_i - b_j}{b_{\max} - b_{\min}}(a_o - 1) + 1 & \text{当}b_i \geqslant b_j\text{时} \\ \dfrac{1}{\dfrac{b_j - b_i}{b_{\max} - b_{\min}}(a_o - 1) + 1} & \text{当}b_i < b_j\text{时} \\ 1 & \text{当}b_{\max} = b_{\min}\text{时} \end{cases}$$

显然 $(a_{ij})_{nn}$ 是一正互反矩阵。上述变换式的意义在于根据标准比较元的相对重要程序的 1～9 标度值，将各因素的弱排序指标之差从 $[0, \ b_{\max} - b_{\min}]$ 变换到能反映诸因素相对重要程度的 $[1, \ a_0]$ 或 $\left[\dfrac{1}{a_0}, 1\right]$ 。

上述方法归结起来就是用三标度 $\left[\dfrac{1}{5}, 1, 5\right]$ 来判定各元素的重要关系，得到所谓的三标度比较矩阵，然后选取其中两个因素作为标准比较元，按 1～9 标度给出它们的相对重要性标准值，再以此值为依据，变换得间接判断矩阵。

2.4　琴澳综合发展指数体系的数据选择与处理

2.4.1　琴澳综合发展指数体系的数据选择

为了全面展示各年度的指数结果，首先要设定合理的基期。本书选择的基期为 2014 年，选择该年度的原因一方面在于横琴新区成立于 2010 年，发展成果逐渐显现在 2014 年左右，与此同时，2014 年以前由于数据统计口径差异以及数据可获得性等问题，许多指标在 2014 年以前的数据不可获得，因此，为了更好地保留指标的全面性，本书将 2014 年选为基期。

本书为全面衡量琴澳两地的发展，所选择的指标数量较大，但是横琴新区成立时间较短，各类指标数据不易获得，因此，在横琴新区部门的指标中，本书大量选择了珠海市的指标结果进行代替，而对于部分横琴新区可获得的重要数据则仍旧保留横琴新区的数据结果，典型的指标如 GDP 增速，横琴新区的 GDP 增速较快，明显高于珠海市整体增速，因此，此时选择珠海市数据将不能准确衡量经济发展，因此，遇到类似的情况本书尽可能保留横琴新区的数据。

在澳门的数据选取方面，由于琴澳两地的统计口径和方式有着一定的差异，因此在进行结果展示的 4 个指标体系中，本书对二级指标和三级指标进行了一定的调整，在两地选择类似的指标来衡量同一方面的内容。而对于部分二级指标也进行了修正，其原因在于部分二级指标并不适用于澳门具体情况，因此也进行了调整。后文如若进行调整会提前进行说明。

由于篇幅和数据可得性的限制，本书选择了重要的 4 个指数进行了结果展示，其他 7 类指标由于没有进行结果展示，因此在附录部分也没有提供权重结果。在未来的专题研究中，将会陆续发布剩余指数的权重设计以及指数结果。

2.4.2　琴澳综合发展指数体系的数据处理

琴澳综合发展指数体系共包含 11 个指数，进行结果展示的指数共 4 个，为了保持结果直观统一，本书统一设定基期值为 100，选用的数据均为年度数据，数据区间为 2014—2018年。截至本书完成时，公开可获得的数据普遍截至 2018 年，因此本书在进行结果展示选择了以上 5 年。由于基期值的设定，所以本书所得到的数据均需进行预处理。首先将 2014 年数据结果设定为 100，然后将 2015—2018 年的数据进行相应处理。需要注意的是，本书假定一级指标和二级指标的结果越大对于发展越有利，因此，部分如污染情况的指标其三级指标初始结果越大，则经处理后的指标结果应越小。

第 二 篇

琴澳综合
指数体系

第 3 章
琴澳高质量发展指数体系

3.1 高质量发展概述

2017 年 11 月，习近平总书记在中国共产党第十九次全国代表大会做了题为"决胜全面建成小康社会 夺取新时代中国特色社会主义伟大胜利"的报告。报告指出，我国经济增长已由高速增长阶段转向高质量发展阶段，正处在转变发展方式、优化经济结构、转换增长动力的攻关期，建设现代化经济体系是跨越关口的迫切要求和我国发展的战略目标。必须坚持质量第一、效益优先，以供给侧结构性改革为主线，推动经济发展质量变革、效率变革、动力变革，提高全要素生产率，着力加快建设实体经济、科技创新、现代金融、人力资源协同发展的产业体系，着力构建市场机制有效、微观主体有活力、宏观调控有度的经济体制，不断增强我国经济创新力和竞争力。高质量发展是我国经济发展新的方向，增长阶段的转变对于经济的转型升级具有重要的意义，进入高质量发展阶段也是新时代我国经济发展的基本特征。

"高质量发展"被提出后，习近平总书记多次对高质量发展进行了阐述。高质量发展，要进一步深化供给侧结构性改革，着力解决发展中所面临的突出矛盾和问题，不断改善供给结构，推进新旧动能的转化。2018 年 3 月 5 日，习近平总书记也提出推进经济高质量发展，要把重点放在推动产业机构转型升级上，把实体经济做强做优。因此，实体经济是高质量发展的着力点。此外，国家当前注重改革创新，积极支持发展的新动能。在更高质量的发展过程中，国家对于对外开放也有了更高的要求，未来的中国也将更加开放。高质量发展对于生态环境也提出了更高的要求，过去粗放式的发展对于生态环境造成了破坏，未来将在发展过程中更加注重生态环境的保护，打好污染防治攻坚战。可以说，高质量发展对于各行各业都提出了新的要求，各个地区也将积极践行高质量发展战略，促进本地区的高质量发展。

3.2　琴澳高质量发展指数的构建

推进高质量发展是我国未来经济发展的基本方式和基本思路，国家和地区的政策实施和调整都要依托于高质量发展要求，因此在要推动高质量发展的指数体系、政策体系、标准体系、统计体系、绩效评价、政绩考核等方面要不断取得新进展。近几年，各机构和部门已经构建了许多衡量评价高质量发展的指数体系，针对我国高质量发展的效果进行了有效评价。然而，随着粤港澳大湾区建设战略的正式实施，当前需要制定针对本地区的高质量发展的评价体系。近几年横琴新区和澳门特别行政区取得了快速的融合发展，评价琴澳两地的高质量发展成果是两地发展研究的重要内容。基于此，本书构建了琴澳高质量发展指数，力图通过全面科学化的评价指标体系，帮助政策制定者以及其他相关部门和人员了解琴澳两地高质量发展的已取得的成效及存在的不足，并可以基于指数结果不断完善和推进琴澳经济迈向高质量发展。

琴澳高质量发展指数共包含珠海（横琴）和澳门两个部分的内容，由于两个地区统计口径以及统计指标等的差异，本书在保持一级指标和二级指标数量及内容一致的情况下对三级指标进行了一定的调整。在珠海（横琴）高质量发展指数下，共有一级指标 5 个，二级指标 16 个，三级指标 54 个；而澳门高质量发展指数下三级指标则为 48 个。指数分别从创新发展、协调发展、绿色发展、开放发展和共享发展 5 个方面来衡量琴澳两地经济高质量发展的情况。具体的指数内容如表 3-1 ～表 3-5 所示，其中，黑色字体为珠海（横琴）和澳门共同指标，蓝色字体为珠海（横琴）指标，绿色为澳门指标。部分三级指标因为数据无法获得，在实际计算中并未将其纳入。本书对该类指标进行了脚注标示，不在正文中进行指标解释。

表 3-1　琴澳高质量发展指数——创新发展指标

一级指标	二级指标	三级指标
创新发展[①]	创新环境	每万人的 R&D 人员总数
		大学本科学历以上人数
		每名 R&D 人员的研发仪器和设备支出（万元）
		科研新增固定资产占比
		具备高等教育人口比例
		工业外来直接投资占总直接投资的比重

[①] 如表所示，在衡量创新发展时，澳门的三级指标要远少于珠海（横琴）的指标，其主要原因在于部分有关澳门的指标数据目前无法获得，因此在实际计算中可用于衡量澳门的指标较少，待未来可获得数据进一步增加后，相关指标的计算结果将更加准确全面。

续表

一级指标	二级指标	三级指标
	创新投入	每万人的 R&D 科研人数 企业 R&D 科研人员所占比重 R&D 经费支出占 GDP 的比重 地方财政科技支出占总财政支出的比重 企业 R&D 经费支出
	创新产出	获得的国家级及省级科技成果奖数量 每万人的发明专利拥有量 技术市场活动的成交额 发明专利授权总量 科学技术基金获批项目
	成果转化	高新技术产业增加值占工业增加值的比重 知识密集型服务业增加值占服务业增加值的比重 高技术产品出口额占商品出口额的比重 新产品销售收入占主营业务收入的比重[①]

表 3-2　琴澳高质量发展指数——协调发展指标

一级指标	二级指标	三级指标
协调发展	产业协调发展	先进制造业增加值占 GDP 的比重 现代服务业增加值占 GDP 的比重 除博彩外服务业增加值占 GDP 的比重
	城乡协调发展	城镇化率 城乡居民人均可支配收入之比
	社会协调发展	产业结构与就业结构偏离度 居民人均可支配收入增长率 恩格尔系数 收入房价比 基尼系数[②]

表 3-3　琴澳高质量发展指数——绿色发展指标

一级指标	二级指标	三级指标
绿色发展	资源环境	绿化覆盖率 人均绿地面积 人均水资源 空气质量优良天数所占比重 出厂水氯化物含量
	环境治理	节能环保固定资产投资占固定资产投资比重 财政性节能环保支出占公共财政支出比重 城镇污水集中处理率 污水处理量 一般工业固体废物综合利用率 特殊和危险废物处理率

[①] 新产品进入市场通常代表着企业的创新成果实现了转化，则其销售收入占主营业务收入的比重可以有效反映企业创新成果转化的情况。目前该指标数据无法获得，因此在实际计算中并未加入该指标，待未来能够得到确切数据时再纳入计算中。

[②] 基尼系数是指国际上通用的，用以衡量一个国家或地区居民收入差距的常用指标。这是一个比较重要的指标，但是由于目前中国各地区均没有公布基尼系数相关数据，将其设为三级指标会导致后续无法进行二级指标的数值计算，所以本书只是将其列入协调发展指标体系之中，但后续研究中只能暂时舍弃该指标，待以后国家相关部门公布该数据时，再行纳入研究范围。

续表

一级指标	二级指标	三级指标
	消耗排放	人均用水量
		日均耗水量
		人均用电量
		工业烟（粉尘）排放量
		工业二氧化硫排放量
		家居废料
		工业厂废料
		单位 GDP 的能源消耗①

表 3-4　琴澳高质量发展指数——开放发展指标

一级指标	二级指标	三级指标
开放发展	贸易开放	贸易依存度
		商品和服务进口额
	外资开放	实际吸收外资额
		外商直接投资占 GDP 的比重
		外资企业数量
		新增外资股东企业数量
		中外合资企业数量
		新增内地股东企业数量
	人员流动	入境旅游人数
		外国游客占入境旅游人数的比重
		外国人员在本地工作人数②

表 3-5　琴澳高质量发展指数——共享发展指标

一级指标	二级指标	三级指标
共享发展	社会保障	养老保险参保人数
		养老金每月发放金额
		医疗保险参保人数
		疾病津贴每月发放金额
		城乡低保人数
		社会救济金
		社会保障支出占财政支出的比重
		福利金发放总数
	文化生活	教育文化支出占财政支出的比重
		区域内高校数量
		普通高等学校专任教师数
		公共图书馆藏书量
	健康生活	医疗卫生支出占财政支出的比重
		每万人公共文化设施面积
		公共康体设施使用人次
		每万人卫生机构床位数
		每万人卫生技术人员数量

---

① 该指标是一次能源供应总量和 GDP 的比率，能够反映能源的利用效率，在衡量消耗排放中应用广泛。但目前无法准确获得琴澳两地能源消耗总量的数据，因此在本书计算中并未将其纳入其中，未来获得准确数据结果后再进一步优化计算。

② 外国人员在本地工作人数可以直接反映出人员流动的情况，但是目前数据不可得，在高质量发展指数的计算中暂时将其剔除，未来获得准确数据后再将其纳入其中。

3.3 琴澳高质量发展指数的指标说明

3.3.1 创新发展

中国共产党第十九次代表大会提出了创新是引领发展的第一动力，是建设现代化经济体系的战略支撑。习近平新时代中国特色社会主义科技创新思想为中国高质量创新发展提供了总体纲领。可以看出，创新是未来中国发展最为重要的引擎之一，在中国经济的高质量发展中占据着重要的地位。因此，本书将创新发展选为琴澳高质量发展指数下的第一个一级指标。创新发展下共有二级指标 4 个，分别为：创新环境、创新投入、创新产出以及成果转化。本书将从环境情况、投入情况、产出情况以及成果转化情况 4 个方面对琴澳两地高质量发展中的创新情况进行阐述。

① 创新环境

创新环境主要考虑的是珠海市及横琴新区和澳门特别行政区的创新发展环境的基本情况，创新环境的完善和提升能有效提高本地区的企业和研究机构的创新能力，进而能够促进地区的创新发展，因此本书也将创新环境作为创新发展指标下的第一个二级指标。在该指标下，总计三级指标 6 个，其中衡量珠海（横琴）指标 4 个，衡量澳门指标 2 个，分别为：每万人的 R&D 人员总数、大学本科学历以上人数、每名 R&D 人员的研发仪器和设备支出（万元）、科研新增固定资产占比；具备高等教育人口比例、工业外来直接投资占总直接投资的比重。

每万人的 R&D 人员总数主要反映的是珠海从事 R&D 相关工作的人员数量，这里的工作人员不仅包括从事创新研发等核心工作的 R&D 人员，也包括其他相关支持性岗位。每万人的 R&D 人员总数越高，越有利于创新环境的发展，促进高质量的创新发展。**大学本科学历以上人数**反映的是珠海高层次人才的数量。硕士及博士是进行科学研究的主要人员，因此，通过该指标能够有效反映高层次人才的数量情况，大学本科学历以上人数数量越多，越有利于创新发展。**每名 R&D 人员的研发仪器和设备支出**反映的是珠海在提供科技研发设备方面的支出情况，支出越多，说明珠海对于创新的重视程度越高，创新环境越好，越能够促进高质量创新发展。**科研新增固定资产占比**反映的是珠海在科技创新方面的固定资产投入情况，新增固定资产占比越大，说明珠海对于 R&D 的重视程度越高，创新环境越好，越能够促进高质量创新发展。**具备高等教育人口比例**反映的是澳门特别行政区拥有的较高层次人才的情况，具备高等教育人口比例越大，说明澳门整体受教育程度越高，越有利于创新的发展。**工业外来直接投资占总直接投资的比重**反映的是澳门工业外来直接投资的情况，比重越大说明澳门地区工业的发展支持力度越大，由于主要的创新都集中在工业，因此能够反映出高质量的创新发展环境较好。将数据结果进行处理并按照确定的权重加权平均，可以分别得到琴澳两地二级指标"创新环境"的指标结果。

❷ 创新投入

创新投入主要考虑的是珠海横琴和澳门特别行政区在创新发展上的投入情况。创新投入不仅包括人员方面的投入，也包括企业以及政府在创新方面的经费投入。创新投入能够有效反映琴澳两地对于高质量创新发展的支持和重视程度。因此，本书将创新投入选为创新发展指标下的第二个二级指标。该指标下共有三级指标 5 个，其中衡量珠海（横琴）的指标 5 个，衡量澳门的指标 3 个，三级指标分别为：每万人的 R&D 科研人数、企业 R&D 科研人员所占比重、R&D 经费支出占 GDP 的比重、地方财政科技支出占总财政支出的比重以及企业 R&D 经费支出。**每万人的 R&D 科研人数**反映的是琴澳两地进行科技创新研究的人员数量。研究人员是进行 R&D 的主要力量，因此，投入的研究人员数量越多，说明创新的投入越多，越能够促进高质量创新发展。**企业 R&D 科研人员所占比重**反映的是珠海企业研究人员的比重。该指标能够反映出企业对于研究人员的重视情况，比重越大说明企业对于科技创新的重视程度越高，创新的投入越多，因此越能够促进创新发展。**R&D 经费支出占 GDP 的比重**是从另一个角度反映琴澳两地的 R&D 经费支出情况，该比重越大，说明两地对于 R&D 经费的投入比重越大，越能够促进高质量创新发展。**地方财政科技支出占总财政支出的比重**反映的是珠海地方政府在科技创新方面的投入情况，比重越大，说明政府对于科技创新投入程度越高，对于科技创新的重视程度越高，则越能够促进本地区的创新发展。**企业 R&D 经费支出**是从珠海的企业角度反映其在科技创新方面的投入情况，支出越大说明企业对于科技创新的投入程度越高，越能够促进本地区的高质量创新发展。将以上指标的结果进行处理后按照确定的权重进行加权平均，可以得到二级指标"创新投入"指标的结果。

❸ 创新产出

创新产出主要考虑的是珠海横琴和澳门特别行政区两地科技创新的产出情况。优秀的科技创新能力除了要保证充分的创新投入外，还要能够通过创新投入得到足够的创新产出。创新产出越高，说明琴澳两地对于创新投入的应用能力和效率越高，因此，本书将创新产出选为创新投入之后第三个用来衡量创新发展指标的二级指标。该指标下共有三级指标 5 个，其中衡量珠海（横琴）情况的指标 3 个，衡量澳门情况的指标 2 个，分别为获得的国家级及省级科技成果奖数量、每万人的发明专利拥有量、技术市场活动的成交额；发明专利授权总量以及科学技术基金获批项目。**获得的国家级及省级科技成果奖数量**反映的是珠海的科技研发机构以及企业所获得奖励的数量，获得成果的奖励越多，说明地区的创新产出效果越好，则说明创新发展成果越好。专利拥有量是 R&D 最直接的产出之一，**每万人的发明专利拥有量**能够有效反映珠海的创新产出情况，专利拥有量越多，说明创新产出越多，高质量创新发展成果越好。**技术市场活动的成交额**反映的是珠海技术交易额的情况，技术交易额越大，说明创新产出率越高，则创新发展程度越高。**发明专利授权总量**反映了澳门在专利授权方面的情况，总量越大说明澳门的创新产出情况越好，越有利于高质量的创新发展。**科学技术基金获批项目**反映的是澳门地区获得科技基金的情况，获批数量越多，说明该地区的科技创新产出情况效果越好，越有利于创新发展。将以上指标结果进行处理并按照确定的权重进行加权平均，可以得到二级指标"创新产出"指标的结果。

❹ 成果转化

创新的投入会带来有益的产出，将产出进行应用并带来商业价值是创新的成果转化。创新的成果转化是衡量创新发展的重要指标，因此，本书将成果转化选为创新发展下的重要的二级指标。通过该指标可以有效地衡量珠海（横琴）和澳门特别行政区创新成果的转化情况。该指标下共有三级指标 3 个，均为可同时衡量珠海和澳门两地的指标，分别为：高新技术产业增加值占工业增加值的比重、知识密集型服务业增加值占服务业增加值的比重以及高技术产品出口额占商品出口额的比重。**高技术产业增加值占工业增加值的比重**反映的是琴澳两地高新技术产业增加值对于工业增加值的贡献作用，该比重越大，说明琴澳两地的高新技术产业的发展越好，创新成果越能够转化为企业的发展成果，即成果转化效率越高，越能够促进创新发展。**知识密集型服务业增加值占服务业增加值的比重**反映的是琴澳两地高技术知识密集类型的服务业对于服务业增加值的贡献程度，其比重越大，说明两地该类型服务业的成果转化效果越好，越能够促进创新发展，一级指标创新发展的结果越好。**高技术产品出口额占商品出口额的比重**也是有效反映成果转化的指标，该比重越大，说明琴澳两地依靠成果转化的出口比重越大，创新发展效果越好。将以上数据结果进行处理并按照设定的权重进行加权平均，可以得到二级指标"成果转化"指标的结果。

以上 4 个方面即为一级指标"创新发展"下 4 个二级指标的主要内容，将 4 个方面的数据按照特定的权重进行加权平均，可以得到一级指标的结果，了解琴澳高质量发展过程中创新发展方面的情况，并可根据指标结果进一步计算高质量发展指数。

3.3.2　协调发展

我国的社会主要矛盾已经变成了人民日益增长的美好生活需要和不平衡不充分的发展之间的矛盾。为了解决这一主要矛盾，就要深入贯彻新发展理念。社会的发展离不开各种因素的相互作用，不平衡的因素会阻碍社会的进步和发展，统筹兼顾各方面的发展、重视发展的全面性和协调性极为重要。协调发展也是我国高质量发展的重要方面，因此，本书将"协调发展"选为琴澳高质量发展指数的第二个一级指标。在该指标下共有二级指标 3 个，分别为：产业协调发展、城乡协调发展和社会协调发展。由于乡村概念并不适用于澳门具体情况，因此，在协调发展指标下，主要考察澳门在产业协调发展和社会协调发展 2 个方面的情况。

❶ 产业协调发展

我国经济虽然在高速增长，但仍伴随着粗放型增长、产业不协调等问题。尽管许多传统工业产业以及低端服务业在快速增长，但是许多具备较高增长潜力能够成为未来经济转型升级的重要力量的支撑产业没有得到快速的发展。我国产业结构存在着不协调的问题，而促进产业的协调发展是提升高质量发展水平的重要路径，因此，本书将"产业协调发展"选为一级指标"协调发展"下的第一个二级指标。该指标下共有三级指标 3 个，其中衡量珠海的指标 2 个，衡量澳门的指标 2 个，三级指标分别为：先进制造业增加值占 GDP 的比重、现代服务业增加值占 GDP 的比重、除博彩外服务业增加值占 GDP 的比重。**先进制造业和现代服务业**是促进我国经济转型升级、推进高质量发展的重要产业，也是我国未来产业的主要发展方向，代表着经济发展的新动能。分别计算两个类型的产业占 GDP 的比重可以得知各个产业对经济发展的贡献程度，比重越高，贡献度越大，则可以说明产业协调发展的效果越好，协调发展指标的值也越大。**除博彩外服务业增加值占 GDP 的比重**主要针对澳门的产业协调发展情况，去除博彩业增加值是为了让指标更好地展现澳门经济适度多元化的情况。将上述数据指标结果进行处理并按照确定的权重进行加权平均，可以得到二级指标"产业协调发展"的结果。

❷ 城乡协调发展

当前我国面临着城乡发展不平衡、不协调和二元结构的现实情况，这也成为我国社会发展的突出矛盾，因此，城乡协调发展是我国未来经济社会发展的重要方面，是一项关系全局和长远的重要任务。党中央高度重视城乡协调发展，因此，本书将"城乡协调发展"选为二级指标。度量城乡协调发展的三级指标主要有：城镇化率及城乡居民人均可支配收入之比。城镇化是城乡协调发展的重要举措，推进新型城镇化有利于促进城乡一体化的发展，**城镇化率**可以反映珠海在城镇化方面的成果。**城乡居民人均可支配收入之比**反映的是琴澳两地城乡居民的收入差距，比值越小，则收入差距越小，城乡协调发展效果越好，越有利于经济的协调发展。将以上 2 个指标的结果处理并进行加权平均，可以得到二级指标"城乡协调发展"指标的结果。

❸ 社会协调发展

除了产业和城乡的协调发展以外，社会的协调发展也是高质量发展的重要内容。过去我国经济的粗放式发展带来了许多社会问题，党的十八大以来，国家高度重视社会的协调发展，积极推进共同富裕，让每个中国人都能享受社会发展的成果，因此，本书将"社会协调发展"选为第三个二级指标。"社会协调发展"指标下共有三级指标 4 个，其中衡量珠海的指标 4 个，衡量澳门的指标 3 个，三级指标分别为：产业结构与就业结构偏离度、居民人均可支配收入增长率、恩格尔系数以及收入房价比。**产业结构与就业结构偏离度**反映的是琴澳两地产业结构和就业结构的匹配程度。当一个地区的产业发生调整时，会带动就业结构的调整，但就业的调整存在一定的滞后性，偏离度越小，则匹配程度越高，越有利于社会的协调发展。**居民人均可支配收入增长率**是直观反映琴澳两地居民收入情况的指标，居民人均可支配收入增长率越高，则社会协调发展效果越好。**恩格尔系数**即食品支出总额占个人消费支出总额的比重，一个家庭的收入越多，则恩格尔系数越小，该指标可以有效反映地区家庭生活水平。恩格尔系数越小，说明社会协调发展的效果越好。**收入房价比**直观反映珠海和澳门两地购房压力情况，该指标越大，说明收入越能够支撑房价，社会越能协调发展。将以上数据结果进行处理并进行加权平均，可以得到二级指标"社会协调发展"的结果。

以上 3 个方面的内容即为一级指标"协调发展"下的二级指标的主要介绍，将 3 个方面的数据结果按照确定的权重进行加权平均可以得到"协调发展"指标的结果，从而反映出琴澳两地在协调发展方面的成效评价，并可以据此进一步计算琴澳高质量发展指数。

3.3.3 绿色发展

绿水青山就是金山银山，改善和保护生态环境就是在发展生产力。国家高度重视生态环境的保护，并且已经通过大量的政策促进中国生态环境的改善。未来中国的发展也将坚持绿色发展理念，不以破坏生态环境为代价谋求快速发展，因此，绿色发展也是高质量发展的重要内容。本书将"绿色发展"选为重要的一级指标。在该指标下共有三级指标 3 个，分别为：资源环境、环境治理、消耗排放，主要从资源、治理以及消耗排放 3 个方面评价琴澳两地的绿色发展成果。

❶ 资源环境

促进绿色发展离不开对于资源和环境的节约和保护，一个地区的自然资源越丰富，其绿色发展的基础越好，在保护生态环境的前提下就可以更好地促进经济高质量发展。珠海（横琴）和澳门两地有着丰富的自然环境，基础较好，本书将通过资源环境指标来评价琴澳两地的自然资源基础。用来衡量资源环境的三级指标主要有 5 个，其中衡量珠海（横琴）的指标主要有 3 个，衡量澳门的指标有 3 个，三级指标分别为：绿化覆盖率、人均绿地面积、人均水资源、空气质量优良天数所占比重及出厂水氯化物含量。**绿化覆盖率**反映了珠海市的绿色覆盖情况，绿化覆盖率越高，说明资源环境情况越好，越有利于绿色发展。**人均绿地面积**反映了琴澳两地拥有的绿地资源情况，保持一定程度的绿地资源、避免过度开发是绿色发展的重要举措，该指标能够有效反映琴澳两地的绿地面积情况，绿地资源主要包括森林、林木、草原、耕地、湿地等。**人均水资源**反映的是珠海的水资源情况，人均水资源越高，水资源环境基础越好，越有利于绿色发展。**空气质量优良天数**所占比重反映的是澳门特别行政区的空气情况，该比重越大，该地空气质量越好，越有利于绿色发展。**出厂水氯化物含量**反映的是澳门的出厂水质情况，氯化物含量越低，水质越好，则澳门的资源环境基础越好，越有利于绿色发展。将以上的数据结果处理后按照确定的权重进行加权平均，可以得到二级指标"资源环境"的指标结果。

❷ 环境治理

为了促进绿色发展，需要对环境资源提供预防性的保护措施，并及时处理环境污染问题。环境治理对于保护生态环境具有重要的意义，加大环境保护力度、对环境污染进行综合治理是绿色发展的重要任务，也是促进可持续发展的重要举措，因此，本书将"环境治理"选为第二个二级指标。衡量环境治理的三级指标主要有 6 个，其中衡量珠海（横琴）的指标有 3 个，衡量澳门的指标有 3 个，三级指标分别为：节能环保固定资产投资占固定资产投资比重、财政性节能环保支出占公共财政支出的比重、城镇污水集中处理率、污水处理量、一般工业固体废物综合利用率及特殊和危险废物处理率。**节能环保固定资产投资占固定资产投资比重**反映的是珠海在节能环保方面的固定资产投资情况，该比重越大，说明对于节能环保的重视程度越强，越有利于绿色发展。**财政性节能环保支出占公共财政支出的比重**反映的是澳门对于环境的重视程度，该比重越大，说明政府对于环境治理的重视程度越高，越有利于绿色发展。**城镇污水集中处理率**和**污水处理量**分别反映的是琴澳两地污水处理能力的情况，集中处理率越高、污水处理量越大，则两地在污水治理和处理方面的能力越强，越有利于绿色发展。**一般工业固体废物综合利用率**反映的是珠海在处理工业固体废物方面的能力，综合利用率越高，处理能力越强，越能够促进绿色发展。**特殊和危险废物处理率**反映的是澳门在废物处理方面的能力和情况，处理率越高，越有利于环境保护和绿色发展。将以上指标的数据结果处理后进行加权平均，可以得到二级指标"环境治理"的结果。

❸ 消耗排放

资源的消耗以及污染物的排放对于生态环境有着巨大的影响，为了保护生态环境，促进绿色发展，需要降低能源消耗，减少污染物以及消耗的排放。促进经济发展不能以加大消耗排放为代价，本书将"消耗排放"选为重要的二级指标。衡量消耗排放的三级指标有 7 个，其中衡量珠海（横琴）的指标有 4 个，衡量澳门的指标有 4 个，三级指标分别为：人均用水量、日均耗水量、人均用电量、工业烟（粉尘）排放量、工业二氧化硫排放量、家居废料以及工业厂废料。**人均用水量**和**日均耗水量**分别反映珠海和澳门两地在水资源耗费方面的情况，数值越小，消耗越少，越有利于节能减排。**人均用电量**反映的是珠海和澳门两个地区的耗电情况，用电量越大，耗能越多，越不利于绿色发展。**工业烟（粉尘）排放量**和**工业二氧化硫**排放量反映的是珠海和澳门工业污染物的排放情况，排放量越大，越不利于绿色发展。**家居废**

料和**工业厂废料**反映的是澳门在两种废料排放方面的情况，数值越大说明污染物排放量越多，越不利于绿色发展。将以上数据结果处理并进行加权平均，可以得到二级指标"消耗排放"的结果。

以上 3 个方面的数据即为一级指标"绿色发展"二级指标的主要内容介绍，将 3 个二级指标的结果按照设定的权重进行加权平均，可以得到绿色发展指标的结果，从而反映出琴澳两地在绿色发展方面的成效评价，并可依据此进一步计算琴澳高质量发展指数。

3.3.4 开放发展

中国经济的飞速发展离不开改革开放，它使中国社会的面貌焕然一新，开放也成为中国经济增长的重要动力。开放带来社会的进步，是新发展理念的重要内容，中国要实现高质量的发展离不开进一步的开放，并通过开放促进创新，通过开放促进进步，因此，本书将"开放发展"选为琴澳高质量发展指数下的第四个一级指标。该指标下共有二级指标 3 个，分别为：贸易开放、外资开放、人员流动，分别从贸易、外资和人力资源 3 个方面评价琴澳两地的开放发展的情况。

❶ 贸易开放

贸易的开放是我国开放型经济建设的重要内容，改革开放推动了我国对外贸易的发展，从而促进了中国经济的发展，未来中国建设开放型经济新体制离不开贸易的开放。开放、透明、包容、非歧视性的多边贸易体制是我国开放型经济的发展方向，因此，本书将"贸易开放"选为第一个二级指标。衡量珠海（横琴）和澳门两地贸易开放的数据指标有 2 个，分别为：贸易依存度、商品和服务进口额。**贸易依存度**即进出口贸易总额与 GDP 的比值，该指标能够反映出琴澳两地的经济发展对贸易的依赖程度，数值越大，说明贸易开放指标的结果越高。**商品和服务进口额**反映的是琴澳两地的进口情况。贸易的开放不仅是出口，还包括进口，增加进口能够促进更加平衡的贸易关系，因此，商品和服务进口额越大，贸易开放指标的结果越高。将以上的数据结果经处理后按照确定的权重进行加权平均，可以得到二级指标"贸易开放"指标的结果。

❷ 外资开放

促进开放发展，离不开外商投资的引入；提高开放水平，离不开外资开放水平的提高。珠海（横琴）和澳门作为中国对外开放的前沿地区，其外资水平是衡量开放发展的重要指标。外资开放能够反映出两地所吸收的外资水平以及外资在两地的投资情况，而扩宽资金渠道也能够促进高质量发展，因此，本书将"外资开放"选为第二个二级指标。衡量该指标的三级指标有 6 个，其中衡量珠海（横琴）的指标有 4 个，衡量澳门的指标 4 个，三级指标分别为：实际吸收外资额、外商直接投资占 GDP 的比重、外资企业数量、新增外资股东企业数量、中外合资企业数量及新增内地股东企业数量。

实际吸收外资额反映的是琴澳两地在吸收外资方面的情况。实际吸收外资额越高，说明两地越受外资的青睐，外资开放情况越好，则开放发展情况越好。**外商直接投资额占 GDP 的比重**反映的是琴澳两地外商直接投资对经济增长的贡献程度，该比重越大，说明外资对于经济的贡献越大，则越有利于对外开放。**外资企业数量**、**新增外资股东企业数量**分别反映的是琴澳两地设立的外资企业的情况，外资企业设立也反映了两地的外资活力，其结果与外资开放指标的结果呈正相关关系。**中外合资企业数量**反映的是在珠海设立的中外合资企业的情况，中外合资企业是外商投资国内市场的方式，能有效反映城市的对外开放程度，企业数量越多说明对外开放程度越高。**新增内地股东企业数量**反映的是澳门地区在吸引内地投资企业的情况，数量越多说明澳门经济越开放。将以上的数据结果处理并按照确定的权重进行加权平均，进而得到二级指标"外资开放"的结果。

❸ 人员流动

人员流动主要考虑的是珠海（横琴）和澳门特别行政区两地的外国人员流动情况。一个地区的开放与发展会通过对于外国人员的吸引情况反映出来，人员流动越频繁，说明一个地区的开放发展情况越好，因此，本书将人员流动选为第三个二级指标。共同衡量珠海（横琴）以及澳门的人员流动情况的三级指标主要有 2 个，分别为：入境旅游人数和外国游客占入境旅游人数的比重。**入境旅游人数**和**外国游客占入境旅游人数的比重**两个指标从两个角度反映旅游人员的流动情况，人数越多或者该比重越大，说明当地的开放程度越高，人员流动情况越好。将两组数据进行处理并按照确定的权重加权平均，可以得到二级指标"人员流动"的结果。

以上 3 个方面的内容即为一级指标"开放发展"的二级指标的主要介绍，将 3 个方面的数据结果按照确定的权重进行加权平均可以得到"开放发展"指标的结果。通过该结果可以得到琴澳两地在开放发展方面的情况，并可以据此进一步计算琴澳高质量发展指数。

3.3.5　共享发展

中国的发展要以人民为中心，高质量的发展是为了让最广大的人民群众能够享受发展带来的成果，共享是新发展理念的重要内容，只有让人民真切感受到生活品质的提升，经济的发展才更有意义。共享发展使人民在多个方面都得到了更多的保障与完善，不断满足人民对美好生活的向往，因此，本书将共享发展选为重要的一级指标。通过该指标可以衡量珠海（横琴）和澳门特别行政区两地在共享发展方面的推进情况。"共享发展"指标下的二级指标有 3 个，分别为：社会保障、文化生活以及健康生活，主要从保障、文化和健康 3 个方面评价琴澳两地人民享受发展带来的成果情况。

❶ 社会保障

提高人民生活品质首先要提供充分的社会保障，保障群众的基本生活，解决基本生活问题，进而不断满足人民日益增长的对于美好生活的需要。社会保障是民生的支撑，对于社会稳定具有重要的意义，本书将"社会保障"选为共享发展下的第一个二级指标，用以衡量两地的社会保障工作执行情况。衡量社会保障指标的三级数据指标有 8 个，其中，衡量珠海（横琴）和澳门的指标各 4 个，三级数据指标分别为：养老保险参保人数、养老金每月发放金额、医疗保险参保人数、疾病津贴每月发放金额、城乡低保人数、社会救济金、社会保障支出占财政支出的比重、福利金发放总数。**养老保险参保人数**反映的是珠海养老保险的参保情况，参保人数越多，社会养老保障情况越好。**养老金每月发放金额**反映了澳门在养老方面的支持情况，该金额越大，说明政府对于养老支持力度越大，养老保障能力越强。**医疗保险参保人数**反映的是珠海医保情况，该人数越多，说明医疗保障情况越好。**疾病津贴每月发放金额**反映的是澳门保障居民疾病治疗的情况，该金额越大，则保障情况越好。**城乡低保人数**反映的是珠海城乡最低生活保障实践的情况，该人数越多，越有利于社会保障。**社会救济金**反映的是澳门在社会救济方面的投入，该金额越大，则社会保障能力越强。**社会保障支出占财政支出的比重**反映的是珠海政府在社会保障方面的重视程度和投入程度，该比重越大，则越有利于社会保障。**福利金发放总数**是从总额上反映澳门社会保障相关福利金的投入情况，总数与社会保障呈正相关关系。将以上数据结果进行处理后按照确定的权重进行加权平均，可以得到二级指标"社会保障"的结果。

❷ 文化生活

改革开放以来，中国经济已经取得了举世瞩目的成就，人民生活水平得到了显著的提高，人民的物质需要得到了很大程度的满足，但在精神文化生活上还有着较大的提升空间。教育文化方面是促进共享发展的重要方面，因此，本书将"文化生活"选为共享发展的第二个二级指标。衡量文化生活的三级指标有 4 个，并共同衡量两个地区的文化生活发展情况，三级指标分别为：教育文化支出占财政支出的比重、区域内高校数量、普通高等学校专任教师数、公共图书馆藏书量。**教育文化支出占财政支出的比重**反映的是琴澳两地对于教育文化的财政支出情况，该比重越大，说明政府对于教育文化越重视，文化生活指标的结果越高。**区域内高校数量**反映了琴澳两地提供高等教育单位的数量情况，高校数量越多，越有利于教育的发展，文化生活指标结果越高。**普通高等学校专任教师数**反映的是琴澳两地的教师供应情况，该数量越多，文化生活指标结果越高。**公共图书馆藏书量**反映的是琴澳两地为人民提供公共图书资源的情况，藏书量越大，该地的文化生活发展情况越好，越能够支持共享发展。将以上的数据结果处理后按照确定的权重进行加权平均可以得到二级指标"文化生活"的指标结果。

❸ 健康生活

保证人民的健康生活是促进人全面发展的必然要求，也是国家的重要任务。健康的生活是共享发展的重要方面，并能促进共享发展，因此，本书将"健康生活"选为一级指标"共享发展"下的二级指标。衡量健康生活的三级指标有 5 个，其中衡量珠海和澳门的指标各有 4 个，三级指标分别为：医疗卫生支出占财政支出的比重、每万人公共文化设施面积、公共康体设施使用人次、每万人卫生机构床位数和每万人卫生技术人员数量。**医疗卫生支出占财政支出的比重**反映的是琴澳两地政府在医疗卫生方面的支出情况，该比重越大，说明政府对于医疗卫生的重视程度越高，越有利于人民的健康生活。**每万人公共文化设施面积**和**公共康体设施使用人次**分别反映珠海和澳门两地为居民提供基本休闲文化运动场地的情况，面积越大、设施使用人次越多，人民享有的运动条件越好，越有利于人民的健康生活。**每万人卫生机构床位数**和**每万人卫生技术人员数量**是从床位和卫生技术人员两方面衡量琴澳两地为居民提供健康支持的保障情况，该数量越多，越有利于人民健康生活。将以上数据结果处理后按照确定的权重进行加权平均，可以得到二级指标"健康生活"的结果。

以上 3 个方面即为一级指标"共享发展"下的二级指标的主要内容介绍。将 3 个方面的数据结果按照确定的权重进行加权平均可以得到共享发展指标的结果。通过结果可以评价琴澳两地共享发展的推进情况，并可以据此进一步计算琴澳高质量发展指数。

3.4　琴澳高质量发展指数的指标结果及分析

3.4.1　珠海（横琴）高质量发展指数

❶ 珠海（横琴）高质量发展指数的统计结果

表 3-6 是琴澳高质量发展指数中珠海（横琴）部分的高质量发展指数的指标得分结果，以 2014 年为基期，各个年度的指标结果如表所示。从表中可以看出，高质量指数从 2014 年开始逐年递增，其中 2015 年的增幅比较小，仅增长了约 0.4%，此后几年的增幅不断扩大，2018 年相比 2014 年增长了约 23%。从图 3-1 珠海（横琴）高质量发展指数的指标结果的柱状图可以更加直观地了解到指数的发展趋势。由此可见，珠海市（横琴新区）在贯彻落实高质量发展要求方面的工作完成得较好，地区也正在稳步朝着高质量的方向发展，并且发展的速度逐年增加，整体趋势向好。

表 3-6　珠海（横琴）高质量发展指数的指标结果

年　份	2014	2015	2016	2017	2018
指标值	100	100.41	104.55	113.96	123.58

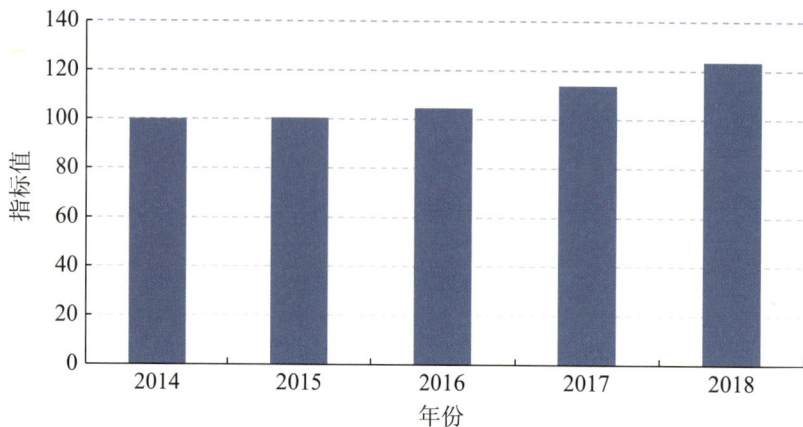

图 3-1　珠海（横琴）高质量发展指数的指标结果

❷ 珠海（横琴）高质量发展指数的一级指标结果

表 3-7 是珠海（横琴）高质量发展指数中各一级指标的数值结果。从表中可以看出，以 2014 年为基期，创新发展、绿色发展、开放发展以及共享发展 4 个指标都在总体上实现了提高。开放发展提升幅度最大，2017 年相较 2014 年提高了约 49%，创新发展也提高了约 48%，绿色发展提高了约 5%，共享发展提高了约 20%。绿色发展相比其他 3 个指标而言提升幅度相对较小。而在协调发展方面，指标得分在此后的几年一直低于 2014 年的数值，2018 年指标结果相比于基期降低超过约 4%。因此，截至 2018 年末，珠海市在创新发展、绿色发展、开放发展和共享发展 4 个方面都取得了进步，并且在开放发展和创新发展方面进步最快，共享发展方面进步适中，绿色发展方面相较而言进步较小；在协调发展方面有一定的退步，还需要进一步完善相关方面的发展。

图 3-2 为珠海（横琴）高质量发展指数各一级指标走势，从该图可以更加直观地观察到各一级指标的走势。创新发展指标发展趋势较好，并且在 2018 年出现较大程度的涨幅；协调发展指标在 2015 年下降较多，在之后的两年缓步回升，在 2018 年又出现小幅回落；绿色发展在 2014—2017 年间保持上升趋势，但在 2018 年出现了回落；开放发展指标在 2016 年出现小幅下降之后保持高速增长，指标结果提高明显，到了 2018 年末已经是 5 个指标中最高；共享发展则一直保持着稳步上升的态势。珠海市有关部门可以根据该结果在保持创新发展、开放发展以及共享发展的有效提高的情况下，着重完善绿色发展和协调发展两个方面工作，促进珠海市以及横琴新区全面高质量发展水平的提高。

图 3-3 为珠海（横琴）高质量发展指数一级指标雷达图，该图能够直观反映各一级指标的直观情况。从图中明显可见，2017 年各指标普遍提升较多，说明珠海市 2017 年的高质量发展相关工作完成较好，取得了较为突出的成果。2018 年，珠海市在创新发展和开放发展两

个方面取得了突破，发展迅速，但是在其他 3 个方面成效并不明显，且在协调发展和绿色发展方面出现了退步，因此 2018 年在促进协调和绿色发展等方面需要加大力度，具体的举措方面可参考后文对一级指标具体的分析。

表 3-7　珠海（横琴）高质量发展指数的一级指标结果

年　份	2014	2015	2016	2017	2018
创新发展	100	100.35	110.64	118.68	148.11
协调发展	100	91.31	94.37	96.04	94.57
绿色发展	100	103.71	108.01	114.39	105.31
开放发展	100	107.51	103.02	123.49	149.33
共享发展	100	99.16	106.71	117.18	120.58

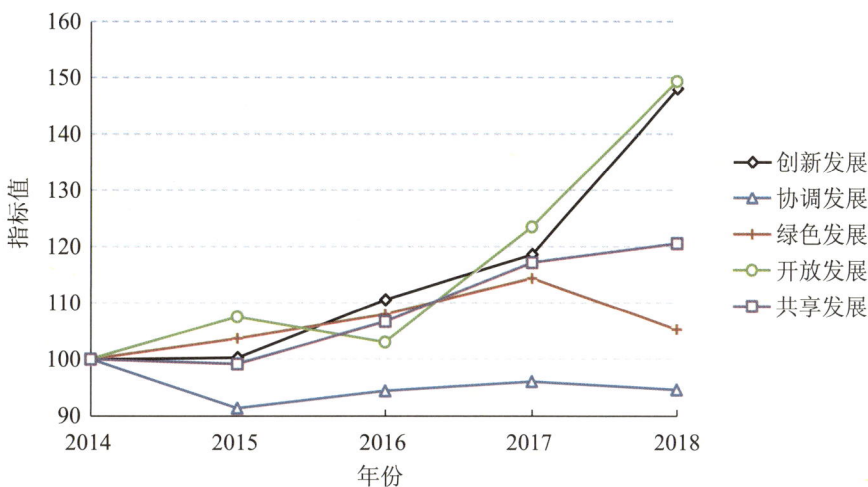

图 3-2　珠海（横琴）高质量发展指数各一级指标走势

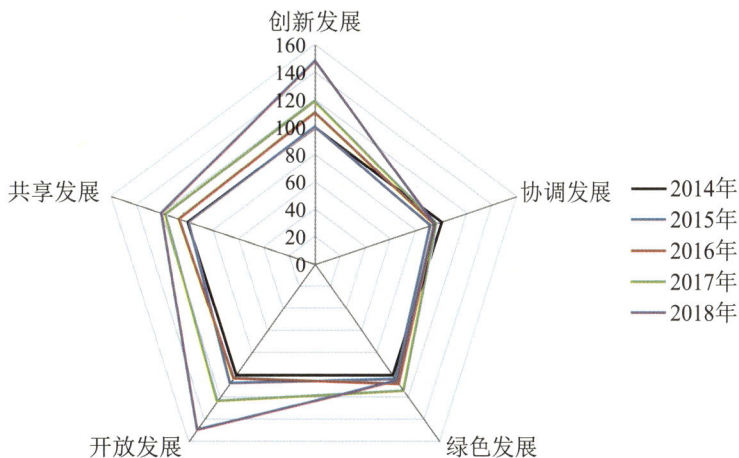

图 3-3　珠海（横琴）高质量发展指数一级指标雷达图

❸ 珠海（横琴）部分创新发展指标结果分析

表 3-8 为珠海（横琴）部分创新发展指标下二级指标的得分结果。以 2014 年为基期，创新发展指标下的创新环境、创新投入、创新产出和成果转化 4 个二级指标都有着明显的

增长。2014—2018 年，创新环境指标增长了约 60%，创新投入指标增长了约 76%，创新产出指标提高了约 82%，成果转化提高了约 20%。其中，创新环境和创新投入两个指标始终保持着逐年增长的趋势。创新产出指标在 2015 年出现了下降，在之后的三年间也并不稳定，2017 年又出现了下降，直到 2018 年末创新产出实现了大幅度的增长。成果转化指标在 2014—2017 年间增长较为迅速，2018 年指标结果与前一年差距不大，增长较小。因此，珠海市在创新环境建设以及创新投入 2 个方面发展较好，在创新产出和成果转化方面也取得了一定的进步，但是还需进一步加强。其中，在创新产出方面，2018 年末取得较好的成果，可总结成功经验，继续促进创新产出。此外，在创新成果转化方面，2018 年的效果并不明显，可结合前几年成功的经验综合总结进一步完善的措施。

图 3-4 为珠海（横琴）部分创新发展指标下二级指标的雷达图，该图可以更加直观反映创新环境、创新投入、创新产出、成果转化 4 个方面二级指标在 2014—2018 年的得分走势情况。从图可知，2018 年创新发展发展情况较好，除成果转化方面以外，其他 3 个方面工作完成均较好，指数得分扩大较为明显。此外，总体上珠海市在创新发展的各个方面能够保证逐年提升，但如上文所示，珠海市有关部门也需要总结 2015 年和 2017 年相关工作情况，了解创新产出方面退步的主要原因，结合 2018 年的工作成果为未来的工作形成有效的指导和经验。综上，2014—2018 年，珠海市在优化创新环境、加大创新投入、促进创新产出和成果转化方面均取得了突出的效果，有效地促进了珠海市以及横琴新区的创新发展，进而深入贯彻落实高质量发展的目标和任务。

表 3-8 珠海（横琴）部分创新发展指标下二级指标结果

年　份	2014	2015	2016	2017	2018
创新环境	100	113.87	118.62	134.14	160.09
创新投入	100	110.26	126.76	150.05	176.44
创新产出	100	83.31	100.05	90.24	182.23
成果转化	100	103.11	109.3	120.04	120.87

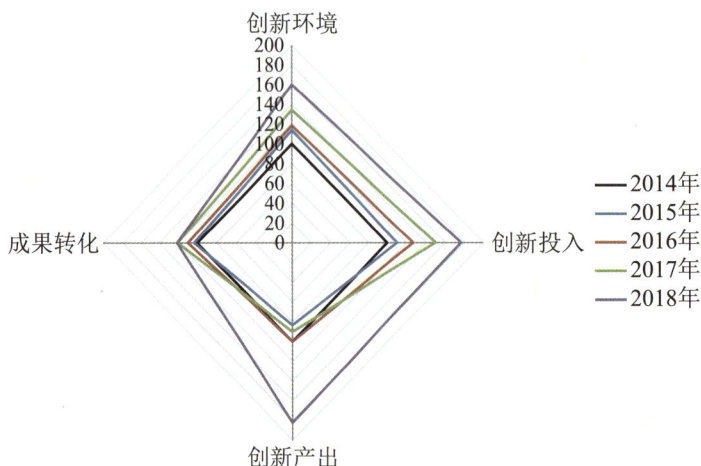

图 3-4 珠海（横琴）部分创新发展指标下二级指标雷达图

❹ **协调发展指标结果分析**

表 3-9 为珠海（横琴）部分协调发展指标下二级指标的得分结果。以 2014 年为基期，协调发展指标下的产业协调发展、城乡协调发展以及社会协调发展 3 个方面的走势存在着明显的不同。2014—2018 年，产业协调发展指标的得分下降了近 4%，城乡协调发展指标的得分下降了近 24%，社会协调发展是唯一在 2018 年末与基期相比保持增长的指标，增长了约 11%。具体来看，产业协调发展指标在 2015 年和 2016 年保持了小幅的增长，此后开始回落，到 2018 年年末低于 2014 年的得分。由此可见，2018 年珠海产业协调发展方面还需要加强，近几年产业协调发展效果相比 2014—2016 年较差。城乡协调发展指标从 2015 年开始各年度得分未能够达到基期的水平，2016 年和 2018 年均相较前一年有所提高，但是提升有限。珠海还需要加强并总结近几年城乡协调发展存在的问题。社会协调发展指标在 2015 年下降了近 7%，此后开始逐渐提高。2016 年开始珠海在社会协调发展方面的促进效果明显，保持着良好的趋势，其中 2017 年的涨幅较大。

图 3-5 为珠海（横琴）部分协调发展指标下二级指标雷达图，从该图可以更加直观了解珠海市 2014—2018 年在产业协调发展、城乡协调发展和社会协调发展 3 个方面的具体情况。如图所示，珠海市近几年在产业协调发展和城乡协调发展方面的效果不显著，但在社会协调发展方面出现了显著的进步。因此，珠海市有关部门可结合本书结果总结相关经验，在产业协调方面，积极总结 2015 年和 2016 年的进步经验，查找 2018 年下降原因；在城乡协调发展方面，珠海市可了解近几年城乡发展的具体情况，进一步优化城乡协调发展政策；在社会协调发展方面，了解 2015 年和 2016 年发展面临的主要问题，保持近几年上升的发展势头。综合来看，珠海市在协调发展方面需要进一步完善发展，从而才能有效促进全面高质量发展任务的完成。

表 3-9　珠海（横琴）部分协调发展指标下二级指标结果

年　份	2014	2015	2016	2017	2018
产业协调发展	100	102.59	105.93	103.92	95.97
城乡协调发展	100	78.25	79.04	73.91	76.59
社会协调发展	100	93.09	98.15	110.28	111.15

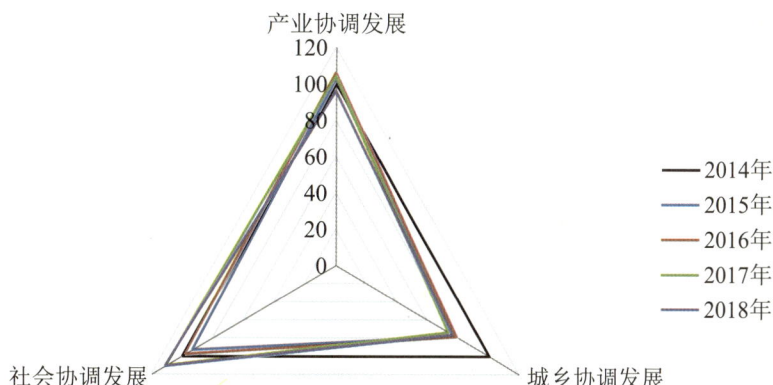

图 3-5　珠海（横琴）部分协调发展指标下二级指标雷达图

⑤ 绿色发展指标结果分析

表 3-10 为珠海（横琴）部分绿色发展指标下二级指标的得分结果。以 2014 年为基期，绿色发展指标下的资源环境、环境治理以及消耗排放 3 个二级指标并不能全部保持上升的趋势。2014—2018 年，资源环境指标下降了近 9%；环境治理指标下降了近 14%；只有消耗排放指标保持升高趋势，总计涨幅超过 37%。具体来看，资源环境指标在 2015 年出现了约 6% 的提高，但是随后便出现下降，在之后的 3 年间稳定在 90 左右，只在 2018 年有微弱的提高，但仍旧低于基期的得分，因此近几年珠海资源环境情况相较于 2014 年几乎均处于下降趋势。环境治理指标在 2015—2017 年保持较好的增长态势，但在 2018 年出现了大幅度的下降，同比下降约 32%，可见，2018 年珠海的环境治理方面工作还需进一步加强。在对于绿色发展至关重要的消耗排放方面，珠海市的指标保持着稳步上升态势，其中 2016 年上升幅度最大，同比增长约 18%，可见珠海市在 2016 年的节能减排工作取得了较好的效果，在此后的两年，消耗排放指标依旧保持着稳定的上升趋势，说明珠海市在降低消耗排放方面的工作成效较为显著。

图 3-6 为珠海（横琴）部分绿色发展指标下的二级指标雷达图，通过该图可以更加直观地了解 2014—2018 年珠海市资源环境、环境治理和消耗排放的指标结果变动和发展情况。如图所示，除了消耗排放方面以外，珠海市 2018 年在其他两个方面的工作成效并不显著，而 2017 年珠海市在环境治理和消耗排放方面工作完成效果较好，因此，有关部门可以在环境治理以及消耗排放方面参考 2017 年的经验，根据具体实际进一步完善相关方面的工作。在资源环境的保护和完善方面，可参考 2015 年的具体情况，同时了解 2016—2018 年具体指数结果下降的原因，从本书选择的指标来看，其主要原因在于绿化覆盖率的下降，以及人均水资源的减少。因此，珠海可以进一步平衡环境保护和经济发展的关系，节约水资源，实现绿色发展，从而有效推进全方面高质量发展。

表 3-10 珠海（横琴）部分绿色发展指标下二级指标结果

年 份	2014	2015	2016	2017	2018
资源环境	100	106.04	90.83	90.45	91.49
环境治理	100	102.99	112.62	118.31	86.79
消耗排放	100	102.07	120.56	134.42	137.63

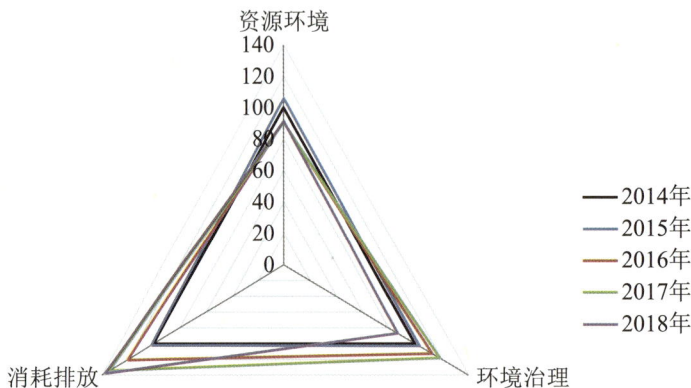

图 3-6 珠海（横琴）部分绿色发展指标下二级指标雷达图

6 开放发展指标结果分析

表3-11为珠海（横琴）部分开放发展指标下各二级指标的数据结果。以2014年为基期，开放发展指标下的外资开放发展指标以及人员流动指标处于良好的上升趋势，而贸易开放方面则出现了显著的降低。2014—2018年，贸易开放指标降低了近30%；外资开放则实现了大幅度的增长，总计增长了约138%，并且在2017年和2018年两年增长幅度较大，增幅均达到了近49%；人员流动指标也保持着稳步的上升态势，共计提高了近13%。具体来看，贸易开放指标自2015年开始每一年的指标结果均低于基期，并且在2016年和2017年一直处于同比下降趋势，直到2018年才出现回升，同比增长约9%。外资开放在2016年相对涨幅较小，只有约3%，而其余几个年度均保持在30%以上。在人员流动指标方面，指标得分结果上升趋势虽然不大，只有3%左右，但是始终保持着逐年上升的趋势，发展态势较好，说明珠海市人员流动较为活跃。

图3-7为珠海（横琴）部分开放发展指标下各二级指标的雷达图。通过该图可以更加直观地了解珠海市在贸易开放、外资开放、人员流动方面的走势以及发展态势。从图中可以明显看到珠海市在外资开放方面成效比较突出，开放外资也有效地促进了珠海市的开放发展以及高质量发展。在贸易开放方面，各年度指标结果退步比较明显，有关部门可以根据相关结果深入了解2015—2018年地区贸易开放的具体情况，总结发展经验并逐渐完善。从本书所构建的指数来看，珠海市从2014年开始在贸易依存度以及商品和服务的进口额方面出现了下降的趋势，但是在2018年均出现了明显的回升，可以继续保持增长态势。人员流动方面则反映了珠海市的入境旅游人数以及外籍游客情况，可见珠海市正在成为世界商务旅游的热点地区，保持该趋势能够更好地促进珠海市的开放发展，从而促进全方位的高质量发展。

表3-11 珠海（横琴）部分开放发展指标下二级指标结果

年 份	2014	2015	2016	2017	2018
贸易开放	100	78.43	63.98	61.41	70.81
外资开放	100	137.08	140.32	189.36	238.81
人员流动	100	104.97	107.09	109.67	112.82

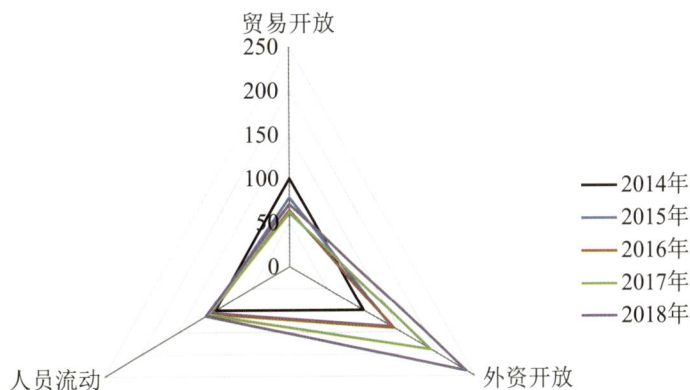

图3-7 珠海（横琴）部分开放发展指标下二级指标雷达图

❼ 共享发展指标结果分析

表 3-12 为珠海（横琴）部分共享发展指标下各二级指标的具体数据得分结果，从该表可以了解社会保障、教育文化以及健康生活 3 个二级指标各年度的具体得分情况。2014—2018 年，3 个方面的指标都出现了显著的提高，社会保障指标提高了约 29%，教育文化指标提高了约 8%，健康生活指标提高了约 23%。具体来看，社会保障在 2015 年出现了小幅度的下降，之后开始逐渐提高，并在 2017 年同比增长约 21%；教育文化指标同样也在 2015 年出现了小幅的下滑，降低约 1%，自 2016 年开始逐年提高，2018 年虽然数据也实现了提高，但是增长幅度并不大，同比仅增长约 0.5%，而 2016 年同比增长了近 6%；健康生活指标则在基期之后一直保持着增长的趋势，2016 年增长较高，同比增长约为 8%。

图 3-8 为珠海（横琴）部分共享发展指标下各二级指标所构成的雷达图，从该图可以更加直观地了解珠海市在社会保障、教育文化、健康生活 3 个方面的具体发展成效以及发展趋势。从图中可知，2018 年珠海市在 3 个方面的工作都取得了较好的效果，并且在 2017 年和 2018 年有着更高的提升态势。特别对于社会保障而言，2017 年的增长幅度明显更大，有关部门可以总结该年度社会保障工作的相关成果经验，并进一步发展和完善。此外，2015 年各指标的普遍增长不明显，甚至出现了退步，因此也要总结相关年度的问题和不足，并且在日后不断完善，力图更好地完成高质量发展的任务，进一步促进珠海市共享发展，让全社会居民都能够享受到高质量的发展成果，切实提高人民的社会保障和物质及文化生活水平。

表 3-12　珠海（横琴）部分共享发展指标下二级指标结果

年　　份	2014	2015	2016	2017	2018
社会保障	100	96.25	104.59	125.99	129.61
教育文化	100	98.16	104.09	108.11	108.69
健康生活	100	103.06	111.42	117.43	123.43

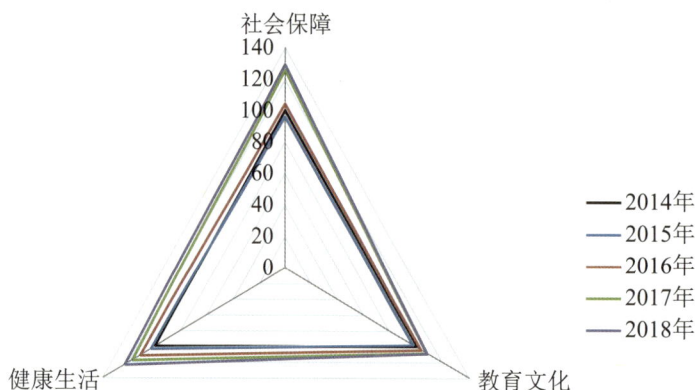

图 3-8　珠海（横琴）部分共享发展指标下二级指标雷达图

3.4.2　澳门高质量发展指数

❶　澳门高质量发展指数的指标结果

表 3-13 是琴澳高质量发展指数中澳门特别行政区部分的高质量发展指数的指标得分结果，通过该结果可以从总体上了解澳门在 2014—2018 年的高质量发展状况。指标以 2014 年为基期，各个年度的得分结果如表 3-13 所示。从表中可以看出，澳门高质量发展指数从 2014—2018 年的结果总体上是在增加的，到 2018 年指数指标总计增加了约 16%。与此同时也可以看出从 2017 年开始指数结果出现下降趋势，但到 2018 年末仍旧高于基期结果。从图 3-9 澳门高质量发展指数的指标结果中可以更加直观地看到澳门高质量发展的情况和趋势。结合图 3-9 和表 3-13，2016 年是近几年澳门高质量发展指数最高的一年，相比于基期增长了约 23%，说明该年度澳门在高质量发展方面做得较好。同时，2014—2016 年也有着明显的上升趋势，说明在这 3 年间，澳门正逐渐朝着高质量的方向发展。通过 2017—2018 年下降的趋势可以发现澳门这两年对于高质量发展的步伐有所放缓，需要进一步深入了解该下滑造成的原因，并采取相应对策进一步提高高质量发展成效。从总体上而言，澳门特别行政区 2014—2018 年高质量发展成效显著，取得了显著的进步和成果。

表 3-13　澳门高质量发展指数的指标结果

年　份	2014	2015	2016	2017	2018
指数值	100	109.22	123.49	120.18	116.75

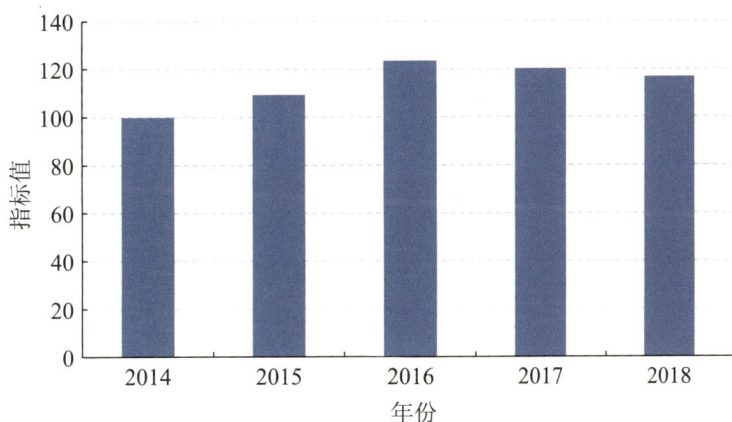

图 3-9　澳门高质量发展指数的指标结果

❷　澳门高质量发展指数的一级指标结果

表 3-14 是澳门高质量发展指数中的一级指标结果，从表中可以了解 2014—2018 年澳门在创新发展、协调发展、绿色发展、开放发展和共享发展方面的具体指标得分结果。从表中可以看出，以 2014 年为基期，澳门在创新发展、协调发展、绿色发展、开放发展和共享发展 5 个方面都得到了提高。其中，创新发展指标提升幅度最大，提高了近 50%，开放发展指标和协调发展指标提升幅度较为相近，分别约为 13% 和 8%，绿色发展指标提升幅度最小，

仅约为 0.2%。根据具体分析，创新发展在这几年间的峰值出现在 2016 年，相比基期提高了约 96%；协调发展的峰值出现在 2017 年，之后一年出现了小幅下降，总体呈现上升的趋势；绿色发展的峰值出现在 2015 年，此后两年逐渐降低，在 2018 年有所回升，但得分与 2015 年相比仍旧低了约 3%；开放发展的峰值出现在 2018 年末，此外，在 2015 年提升 6% 左右以后出现了下降，在 2017 年开始回升；共享发展的峰值出现在 2017 年，相比基期提高了约 14%，并且该年度以前的数据结果呈逐渐递增，但在 2018 年同比降低约 1%。

图 3-10 是澳门高质量发展指数各一级指标走势，从该图可以更加直观地观察澳门部分各一级指标的走势。创新发展是 5 个一级指标中提升幅度最大的，呈现着先上升后下降的趋势。协调发展则变化更为平缓，整体得分结果低于创新发展和共享发展。绿色发展在 5 个指标中得分最低，并且一度低于基期。开放发展则是在 2016 年后开始呈现上升趋势，在 2018 年超过了协调发展指标的结果。最后，共享发展指标增长较为稳定，得分结果也始终保持在第二位。

图 3-11 为澳门高质量发展指数一级指标雷达图，该图可以直观反映不同年度 5 个指标的走势发展情况。首先，创新发展保持着稳定的增长，变动幅度也最大，远大于其他指标；共享发展、开放发展以及协调发展 3 个指标的变动幅度相近；绿色发展指标的变动幅度最小。具体来说，5 个指标没有保持逐年扩大的趋势，开放发展指标和共享发展指标在 2018 年相对数值较高，但该年度和 2015 年是 5 个指标均高于基期的年度。此外，除了绿色发展指标以外，其他几个指标在 2017 年普遍得分较高。

表 3-14　澳门高质量发展指数的一级指标结果

年　份	2014	2015	2016	2017	2018
创新发展	100	126.05	196.39	173.47	149.83
协调发展	100	103.94	110.24	111.22	107.79
绿色发展	100	103.24	98.62	97.63	100.17
开放发展	100	106.71	100.71	104.36	112.82
共享发展	100	106.16	111.53	114.22	113.15

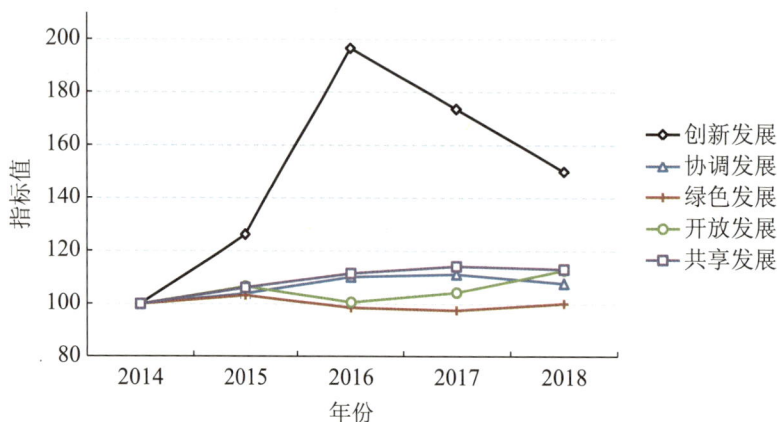

图 3-10　澳门高质量发展指数各一级指标走势

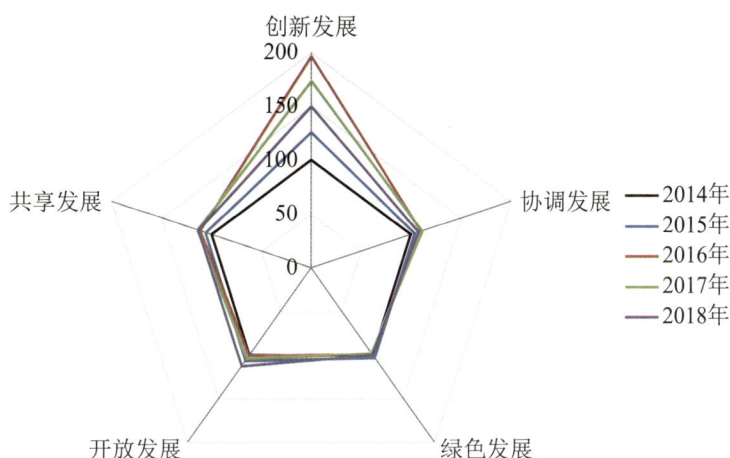

图 3-11　澳门高质量发展指数一级指标雷达图

综上，澳门特别行政区在创新发展、协调发展、绿色发展、开放发展和共享发展 5 个方面都得到了显著的提高。其中，在创新发展方面提升幅度最大，说明澳门在科技创新方面的动力；从协调发展指标则可以看出澳门也在积极促进产业以及社会的协调发展，并取得了一定的成效。伴随着经济发展的同时，澳门的生态环境情况出现了一定的下滑，但在 2018 年又得到了提升。澳门作为世界著名的旅游城市，其在开放发展方面也在不断进步。最后，澳门在发展的同时注重共享发展成果，并不断提升人民生活水平。

❸ 创新发展指标结果分析

表 3-15 为澳门部分创新发展指标下二级指标结果，从该表可以了解到创新环境、创新投入、创新产出以及成果转化 4 个二级指标各年度的具体得分情况。以 2014 年为基期，2014—2018 年，创新环境、创新投入和创新产出 3 个指标都出现了显著的提高，创新环境指标提升了约 16%，创新投入指标提升了 192%，创新产出指标提高了约 87%，而成果转化指标处于波动趋势，到 2018 年末总体降低了约 6%。具体来看，创新环境峰值出现在 2016 年，相比于基期提高了约 17%，之后两年有小幅下降；创新投入指标的峰值则在 2018 年，除在 2017 年出现小幅下降以外，总体上保持着上升趋势，并且从 2016 年开始与基期相比超过了 150%；创新产出指标的峰值出现在 2018 年，并且每年都保持着上升的趋势；成果转化指标的峰值出现在 2016 年，相比基期达到了约 124%，此后出现下降，并在 2018 年下降至基期以下。

图 3-12 为澳门部分创新发展指标下二级指标的雷达图，该图可以更加直观地展示澳门在创新环境、创新投入、创新产出以及成果转化 4 个方面的具体发展成效以及发展趋势。从图中可知，2015 年各指标的变化和增长幅度不大，但之后的走势出现了明显的差异。2016 年各指标都提升明显，但 2017 年只有创新产出指标提升明显。2018 年成果转化指标表现较差，创新产出和创新投入取得较好的得分结果，而创新环境在 2018 年与 2017 年相比相差不大。

表 3-15　澳门部分创新发展指标下二级指标结果

年　份	2014	2015	2016	2017	2018
创新环境	100	103.73	117.44	116.73	116.64
创新投入	100	139.64	255.98	250.52	292.14
创新产出	100	115.45	131.61	151.61	186.96
成果转化	100	131.09	223.88	170.91	94.69

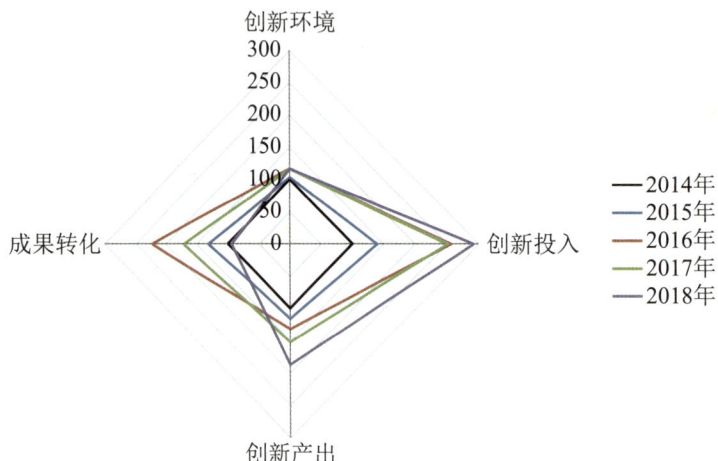

图 3-12　澳门部分创新发展指标下二级指标雷达图

　　综上所述，澳门在创新环境建设、创新投入加大以及创新产出 3 个方面都取得了明显的成效，而在创新成果转化方面出现了一定的退步。在创新环境的完善方面，有关部门可以参考 2016 年的具体经验，进一步构建更加有利于创新发展的环境。在创新投入方面，有关部门可进一步完善相关工作，保持投入的进一步增加。在产出方面，得益于优良的创新环境以及充分的创新投入，创新产出方面也取得了突出的成果。最后，2016 年澳门在创新成果转化方面的工作完成较好，可根据该年度创新发展的政策与方式，寻找 2018 年成果转化明显下降的原因。从本书所构建的三级指标来看，该年度的创新成果转化下降的一个重要原因在于澳门高新技术产业增加值占工业增加值比重的下降，有关部门可进一步加强对于本地高新技术产业的支持以及优秀项目的孵化。

　❹ 协调发展指标结果分析

　　表 3-16 为澳门部分协调发展指标下二级指标结果。以 2014 年为基期，协调发展指标下的产业协调发展和社会协调发展两个方面的走势有着明显的不同。产业协调发展指标在 2015 年即达到了 5 年间的峰值，同比增长约 37%，此后指标结果逐渐下降，到 2018 年末产业协调发展指标值相比基期提高了约 25%，虽然近几年处于下降趋势，但是总体上仍旧取得了较大的进步。社会协调发展指标则在 2015 年下降明显，同比下降约 64%，之后逐渐回升到 2017 年达到峰值，但与基期相比仍旧较低，到 2018 年则又出现下降，同比下降约 9%。

　　图 3-13 是澳门部分协调发展指标下指标走势，因为二级指标只有两种，因此不便于绘

制雷达图。通过该走势图可以更加直观了解产业协调发展指标和社会协调发展指标在 2014—2018 年的具体走势。由图可知，两指标自 2014 年开始出现明显分化，产业协调发展出现明显上升之后开始缓慢下降，但得分保持在 120 ～ 140。而社会协调发展指标则呈现在基期得分以下波动的态势，并且没有明显的上升趋势。

表 3-16　澳门部分协调发展指标下二级指标结果

年　份	2014	2015	2016	2017	2018
产业协调发展	100	137.28	135.47	127.66	125.25
社会协调发展	100	36.39	65.15	87.63	78.61

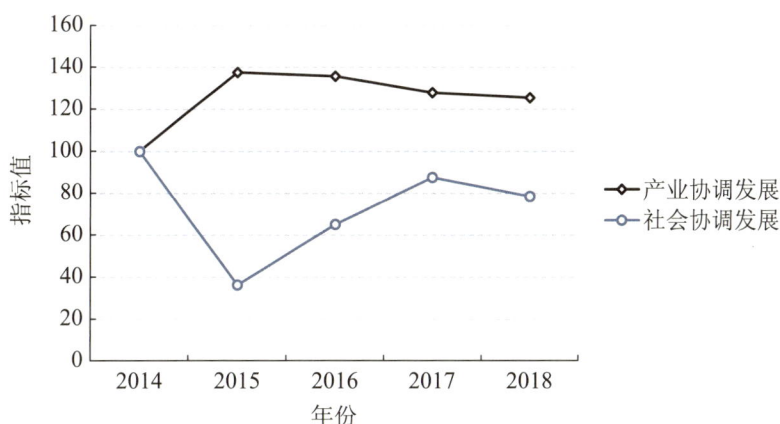

图 3-13　澳门部分协调发展指标下二级指标走势

综上所述，澳门特别行政区在产业协调方面取得了显著的成果，但是近几年的趋势却逐渐下降，可以根据具体产业发展情况研究下降的主要原因。在社会协调发展方面，澳门特别行政区的得分并不高，虽然自 2015 年后总体处于逐渐上升趋势，但还是要进一步加大力度促进社会协调发展。从本书所构建的三级指标角度分析来看，造成社会协调发展指标下降的主要原因在于 2014 年以后，澳门人均居民可支配收入增长率的降低以及收入房价比的降低。将条件放宽，如果将可支配收入的增长率变为可支配收入来衡量，那么社会协调发展指标将会有更好的结果。本书也将指标设置得较为严格。澳门人均可支配收入逐年增长，说明其在社会协调发展方面取得了较为突出的成果，但仍有很大的提升空间。

❺ 绿色发展指标结果分析

表 3-17 为澳门部分绿色发展指标下二级指标结果。以 2014 年为基期，绿色发展指标下的资源环境、环境治理以及消耗排放 3 个二级指标并不能全部保持上升的趋势。2014—2018 年间，资源环境指标总体上保持了增长，但是在 2016 年和 2017 年出现了一定的下降，此后有所回升，到 2018 年年末相比基期增长约 21%，接近 2015 年的峰值 22%。环境治理在这几年间总体上处于下跌，2018 年末下降约 8%；消耗排放指标与环境治理指标类似，后 4 年也低于基期，2018 年末相对基期下降约 14%。

　　图 3-14 为澳门部分绿色发展指标下二级指标雷达图，通过该图可以更加直观地了解
2014—2018 年澳门特别行政区在资源环境、环境治理以及消耗排放指标结果的变动和发展
情况。从该图可知，资源环境指标相对基期能够保持着增长，另两个指标则普遍出现基期
即最大的现象。除此之外，在每个年度，只有资源环境指标变动稍大，另两个指标的变动
较小。

表 3-17　澳门部分绿色发展指标下二级指标结果

年　份	2014	2015	2016	2017	2018
资源环境	100	122.58	113.76	112.82	121.94
环境治理	100	89.18	91.21	93.12	92.54
消耗排放	100	97.93	90.87	86.94	86.01

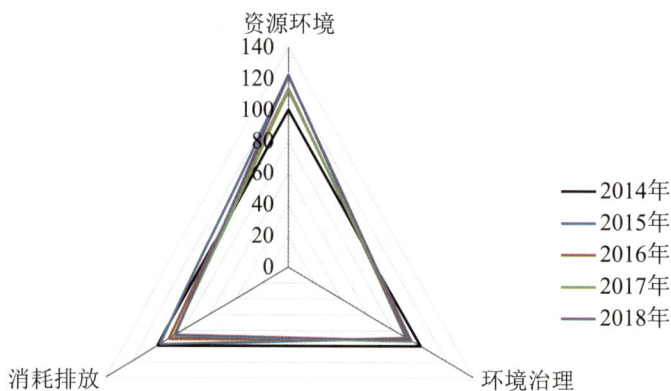

图 3-14　澳门部分绿色发展指标下二级指标雷达图

　　综上所述，澳门特别行政区在绿色发展方面存在的问题是消耗排放和环境治理，因此需
要加大对环境治理的力度，以及进一步节能减排，从而有效促进绿色发展。此外，澳门也需
要节约资源保护生态环境，平衡经济发展与生态保护之间的关系。

⑥ 开放发展指标结果分析

　　表 3-18 为澳门部分开放发展指标下各二级指标的数据结果。以 2014 年为基期，开放发
展指标下的贸易开放、外资开放以及人员流动 3 个指标在总体上都相比基期出现了提高，其
中提高最大的是外资开放指标，提高了约 25%，人员流动指标提高了约 7%，而贸易开放提
高幅度较小，相比基期仅提高了约 2%。具体来看，贸易开放指标的峰值为 2015 年，同比增
长约 6%；最小值为 2017 年，相比基期降低了约 10%。外资开放指标则始终保持着上升趋势，
数值结果也保持在 110 以上。人员流动指标的最大值出现在 2018 年，但在 2015 年出现了下
降，同比下降约 3%。

　　图 3-15 为澳门部分开放发展指标下二级指标雷达图。通过该图可以更加直观地了解澳
门特别行政区在贸易开放、外资开放以及人员流动方面的情况走势以及发展态势。从图中可

以明显看到 2018 年 3 个指标相比其他年度均较高，并且外资开放增长趋势更为明显，对于开放发展指标的贡献较大。人员流动指标保持着稳定上升的态势，但幅度相对较小。最后，贸易开放指标各年度结果处于波动状态，在 2015 年出现增长之后开始下降，到 2018 年才超过 2014 年的结果。

表 3-18　澳门部分开放发展指标下二级指标结果

年　　份	2014	2015	2016	2017	2018
贸易开放	100	106.21	90.18	90.11	101.66
外资开放	100	110.06	111.11	118.41	125.61
人员流动	100	97.87	100.81	104.54	107.42

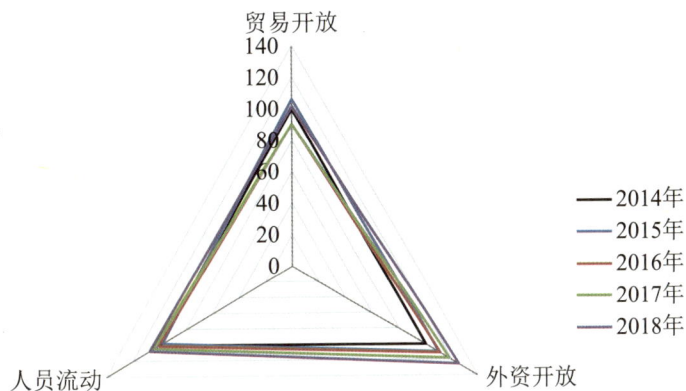

图 3-15　澳门部分开放发展指标下二级指标雷达图

综上所述，2018 年澳门特别行政区在贸易开放、外资开放以及人员流动方面的工作完成得较好，有效地促进了澳门地区的开放发展。关于贸易开放层面，有关部门可以进一步分析 2016—2017 年的具体情况，进一步加大贸易开放力度；同时，在外资开放方面应保持开放步伐，并促进人员流动，将澳门建设成为中国最开放的地区之一。

❼ 共享发展指标结果分析

表 3-19 为澳门部分共享发展指标下二级指标结果，从该表可以了解社会保障、教育文化和健康生活 3 个二级指标各年度的具体得分情况。2014—2018 年，社会保障和教育文化指标都得到了显著的提高，社会保障指标总体提高近 32%，教育文化指标总体提高近 12%。然而，健康生活指标虽然在 2015—2017 年均大于 2014 年结果，但是 2018 年结果与基期相比降低了约 5%。

图 3-16 为澳门共享发展指标下二级指标所构成的雷达图，从该图可以更加直观地了解澳门特别行政区在社会保障、教育文化和健康生活几个方面的具体发展成效以及发展趋势。从图中可知，社会保障指标对于共享发展的贡献最大，并且在 2018 年社会保障指标和教育文化指标都取得了较大的成果，而健康生活的最大值出现在 2016 年，2018 年表现较差。

综上所述，澳门特别行政区在社会保障和教育文化建设方面都取得了长足的进步，而在居民的健康生活方面，虽然在 2017 年末仍旧保持着进步，但在 2018 年末出现了明显的下滑。有关部门可以了解造成该年度指标下降的明显原因。根据本书所构建的三级指标观察，2018 年澳门在健康生活方面工作成效相对较差的原因在于政府在医疗卫生方面的支出所占的比重减小。

表 3-19　澳门部分共享发展指标下二级指标结果

年　　份	2014	2015	2016	2017	2018
社会保障	100	109.47	119.04	125.23	131.94
教育文化	100	100.17	102.34	109.87	111.88
健康生活	100	108.83	113.19	107.54	95.62

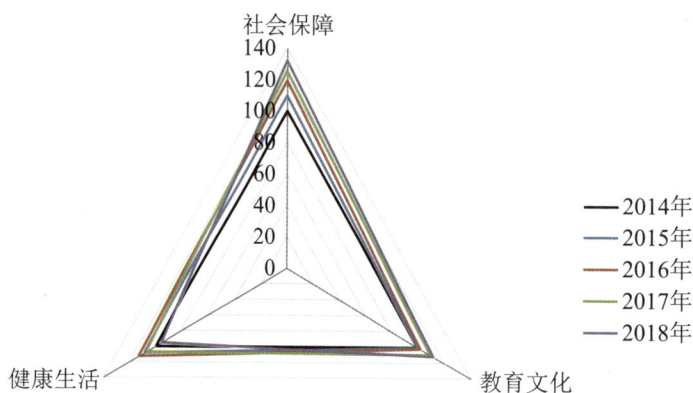

图 3-16　澳门部分共享发展指标下二级指标雷达图

3.4.3　琴澳高质量发展指数

根据 3.4.1 和 3.4.2 的内容，将二者的指标结果进行加权平均，可以得到琴澳高质量发展指数的结果。表 3-20 和图 3-17 分别为琴澳高质量发展指数的指标结果和指标趋势。结合图表可见，琴澳高质量发展指数在 2014—2018 年保持着稳定的上升趋势，到 2018 年末指标值增长了约 20%。

综上所述，在粤港澳大湾区的融合发展下，珠海市和澳门特别行政区作为一个整体，地区的高质量发展取得了显著的成效，两地正在不断推动经济发展的变革，促进全方位的高质量发展。琴澳当前高质量发展的趋势也较好，说明两地的政府有效执行了我国的战略规划，有效促进了琴澳地区的转型升级，为粤港澳大湾区的高质量发展起到了引领的作用。

表 3-20　琴澳高质量发展指数的指标结果

年　　份	2014	2015	2016	2017	2018
指标值	100	104.81	114.02	117.07	120.17

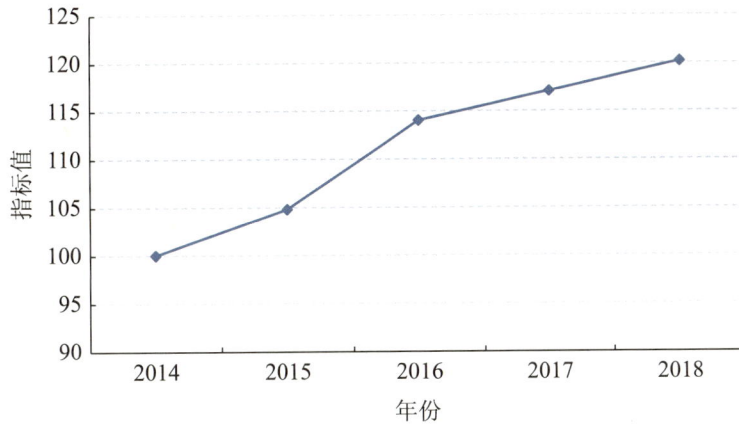

图 3-17　琴澳高质量发展指数的指标趋势

第4章

琴澳可持续发展指数体系

4.1 可持续发展战略概述

根据 1987 年世界环境与发展委员会出版的《我们共同的未来》报告，可持续发展是指在不损害后代人满足其自身需要的能力的前提下，满足当代人需要的发展。可持续发展是当今世界发展的目标之一。

2015 年 9 月，国家主席习近平出席联合国发展峰会，并同与会的各国领导人一致通过《2030 可持续发展议程》，开启全球可持续发展事业的新纪元，为各国发展和国际合作指明了新的方向。联合国《2030 可持续发展议程》重点关注人与自然和谐相处，兼顾当今人类和子孙后代发展需求，提出协调推进经济增长、社会发展和环境保护三大任务，为全球发展描绘了新愿景。

近几年，中国高度重视可持续发展，并且出台了《中国落实 2030 年可持续发展议程国别方案》，在经济、社会、环境三大领域平衡推进落实工作，并且已经取得了显著的成果。2019 年 6 月 7 日，习近平主席在参加第 23 届圣彼得堡国际经济论坛时进行的主旨演讲中表示，可持续发展是破解当前全球性问题的"金钥匙"，是各方最大利益契合点和最佳合作的切入点。随着"一带一路"倡议的不断推进以及粤港澳大湾区建设进入实质阶段，我国对大湾区的发展也提出了可持续发展的要求和原则。横琴新区和澳门特别行政区作为粤港澳大湾区"9+2"的重要组成部分，也在不断积极贯彻可持续发展战略。

4.2　琴澳可持续发展指数的构建

近些年来，两地在经济开放发展、社会稳定、人民幸福、环境保护等方面进行了诸多的实践，并且也取得了诸多的成果。但是目前还没有制定出能够有效衡量两地可持续发展成果的评价指数体系。因此，本书在该部分构建琴澳可持续发展指数，用来衡量横琴新区和澳门特别行政区两地在可持续发展方面取得的成果，并帮助当地政府和企业等了解两地在可持续发展方面的进展情况，通过指数评价结果进一步优化发展战略，促进横琴新区和澳门进一步发展，提升当地人民生活水平，建设资源节约型、环境友好型社会。

琴澳可持续发展指数包含珠海（横琴）和澳门两部分内容，由于两个地区统计口径以及统计指标等的差异，本书在保持一级指标和二级指标数量及内容一致的情况下对三级指标进行了一定调整。在珠海（横琴）可持续发展指数中，共有一级指标 3 个，二级指标 11 个，三级指标 55 个；而澳门可持续发展指数中三级指标有 52 个。指数分别从经济增长、社会发展、环境保护三个方面来衡量琴澳两地可持续发展的情况。具体的指数内容如表 4-1～表 4-3 所示，其中，黑色字体为珠海（横琴）和澳门共同指标，蓝色字体为珠海（横琴）指标，绿色的为澳门指标。

表 4-1　琴澳可持续发展指数——经济增长指标

一 级 指 标	二 级 指 标	三 级 指 标
经济增长	稳定发展	GDP 增长率 人均 GDP 劳动生产率 人均财政收入 居民消费贡献率 社会消费品零售总额 城镇登记失业率 固定资产投资增长率
	创新发展	R&D 科研人员数 发明专利授权总量 省级以上科技进步奖数量 R&D 经费支出占 GDP 的比重 地方财政科技支出占总财政支出的比重 企业 R&D 经费支出
	开放发展	商品和服务进口额 实际吸收外资额 外资企业数量 中外合资企业数量 新增外资股东企业数量 新增内地股东企业数量
	结构优化	先进制造业增加值占 GDP 的比重 现代服务业增加值占 GDP 的比重 制造业增加值占 GDP 的比重 除博彩外服务业增加值占 GDP 的比重 产业结构与就业结构偏离度

表 4-2 琴澳可持续发展指数——社会发展指标

一级指标	二级指标	三级指标
社会发展	人民生活水平	城镇常住居民可支配收入 民生支出占一般公共预算支出的比重 新增城镇就业人数 收入房价比
	人口持续性	人口自然增长率 大学本科及以上文化人口比重 每万元地区生产总值负荷的人口 家庭从业人口所占比重 劳动参与率
	教育发展	财政性教育支出占 GDP 的比重 区域内高校数量 普通高等学校专任教师数 专业技术培训学校数量 职业培训修读人次 公共图书馆藏书量
	交通发展	民航旅客周转量 往来商业飞机班次 港口旅客吞吐量 客轮班次 港口货物吞吐量 铁路营运里程 道路行车线 口岸出入境人数 口岸车辆通关量
	医疗保障	专业公共卫生机构数量 每万人医疗床位数 每千人卫生机构床位数 每万人拥有卫生技术人员数量 每千人口医生 社会福利机构收养性单位数

表 4-3 琴澳可持续发展指数——环境保护指标

一级指标	二级指标	三级指标
环境保护	资源环境	空气质量优良天数所占比重 建成区绿化覆盖率 人均公园绿地面积 人均绿地面积 人均水资源 出厂水氯化物含量
	环境治理	财政性节能环保支出占公共财政支出比重 城镇污水集中处理率 污水处理量 一般工业固体废物综合利用率 特殊和危险废物处理率

续表

一级指标	二级指标	三级指标
	消耗排放	人均用水量
		日均耗水量
		人均用电量
		工业烟（粉尘）排放量
		工业二氧化硫排放量
		人均固体废物弃置量
		家居废料
		工业厂废料

4.3　琴澳可持续发展指数的指标说明

4.3.1　经济增长

可持续发展的深入推进离不开经济增长，健康的经济增长环境也是国家社会进步和环境友好的重要基础。当前世界经济形势日趋复杂，世界经济发展不平衡、不平等问题依旧突出。我国也处于重要的经济转型期，在这样的背景下，横琴新区和澳门在经济发展方面的评价则被视为可持续发展的第一个重要关注方面。因此，本书将经济增长选为琴澳可持续发展指数的第一个一级指标。该指标主要关注的是横琴新区和澳门两个地区经济的总体发展情况。中国经济当前已经从高速发展转为高质量发展，因此，本部分在经济增长方面也注重考察经济总体情况、经济创新、结构优化、经济开放等方面的情况。作为一级指标，"经济增长"下共有二级指标 4 个，分别为：稳定发展、创新发展、开放发展、结构优化。

❶ 稳定发展

稳定发展指标主要考虑的是珠海（横琴）和澳门两地在经济稳定和经济总体发展方面的情况。该指标主要反映的是琴澳两地的经济总体发展情况，力图通过稳定发展的评价结果对经济情况有一个整体的了解。衡量稳定发展的三级指标主要有 8 个，分别为：GDP 增长率、人均 GDP、劳动生产率、人均财政收入、居民消费贡献率、社会消费品零售总额、城镇登记失业率和固定资产投资增长率，以上 8 个指标均为衡量珠海（横琴）和澳门两地的共同指标。

GDP 是衡量经济增长最普遍、最重要的指标。该指标主要通过 **GDP 增长率**和**人均 GDP** 来衡量琴澳两地经济发展情况。GDP 增长率能够有效反映出琴澳两地的经济增长速度，人均 GDP 则可以更加清晰地反映琴澳两地的人均经济贡献，两个指标的值越高，说明经济发展总体情况越好，稳定发展指标越高。**劳动生产率**也是考核经济发展的重要指标，该指标能够有效反映企业生产技术水平、经营管理水平、职工技术熟练程度和劳动积极性等方面的情况。劳动生产率越高，说明经济发展情况越好，稳定发展指标越高。**人均财政收入**也能够从地方财政方面反映出经济的发展情况，通常经济发展情况越好，财政收入也越高。选择人均财政收入指标可以将常住人口数量考虑进去，反映人均水平。**居民消费贡献率**反映的是琴澳两地居民的消费活动对经济的贡献情况，居民消费贡献率越高，说明经济总体情况越好。**社会消费品零售总额**反映的是琴澳两地的消费需求情况，消费是拉动经济发展的重要力量，因此，该数据指标可以从消费的角度考察琴澳两地的经济发展情况，社会消费品零售总额越高，说明消费需求越大，经济发展情况越好，稳定发展指标的结果就越高。**城镇登记失业率**则是从就业角度反映琴澳两地的经济发展总体情况，降低失业率是政府的重要任务，也是体现经济稳定发展的重要考察因素，失业率越低则说明经济形势越好。**固定资产投资增长率**则是从投资角度来反映宏观经济的情况，增长率越高则越说明该地区固定资产投资的投入总量越大，速度也越快，越发能够促进经济稳健发展。将以上 8 个方面指标的结果进行处理后按照确定的权重进行加权平均，可以得到琴澳两地二级指标"稳定发展"的数据结果。

❷ 创新发展

创新发展指标主要考虑的是珠海（横琴）和澳门两地通过创新促进经济发展的情况。增强自主创新能力是我国未来发展的重要任务，科技创新也是未来经济发展的重要增长点。可持续发展离不开经济的创新发展，科技创新能够有效带动经济向着更加良性、健康、可持续的方向迈进，因此，本部分将创新发展选为经济增长的二级指标。衡量创新发展的三级指标主要有 6 个，分别为：R&D 科研人员数、发明专利授权总量、省级以上科技进步奖数量、R&D 经费支出占 GDP 的比重、地方财政科技支出占总财政支出的比重、企业 R&D 经费支出。其中，用来衡量珠海（横琴）的指标为 6 个，衡量澳门的指标有 3 个。

R&D 科研人员数主要反映的是琴澳两地进行科技研发的专业人员的充足度，R&D 科研人员数越多，说明两个地区的科技创新人才越多，这些人才是地区科技创新的重要力量，是促进经济创新发展的核心动力，则创新发展指标的数据结果就越大。**发明专利授权总量**是从科技创新成果方面反映经济创新发展的，专利是科技创新成果的重要表现形式，通常也是科技创新产出的最直接的成果。因此，发明专利授权总量越多，说明地区的科技创新成果越丰厚，科技创新能力越强，创新发展的效果越好，最终可以得到经济增长数据指标越高的结果。**省级以上科技进步奖数量**反映的是珠海的科技研究成果所获得的奖励的情况，获得的科技进步奖数量越多，说明其科技成果质量越高，越有利于创新发展。**R&D 经费支出占 GDP 的比重**主要反映的是琴澳两地在科技研发中投入的强度。R&D 过程是科技活动中的主要创新性活动，因此本部分也将该过程筛选出来以考察地区在该方面投入的强度。经费支出的多少直接影响科技创新能力的强弱，R&D 经费支出占 GDP 的比重越大，说明琴澳两地在科技研发中的投入强度越大，创新发展的效果越好，进而带动经济增长指标的数据结果增大。**地方财政科技支出占总财政支出的比重**反映的是珠海在科技方面的投入情况和对于科技创新的重视情况。地方政府对于科技创新的投入和重视程度加大能够有效促进一个地区科技创新能力的提高。当两地政府不断提高地方财政科技支出占总财政支出的比重后，地方的经济创新发展情况便会越来越好，最终会带动一级指标"经济增长"的数据结果不断增大。**企业 R&D 经费支出**是从企业层面反映珠海（横琴）的科技创新情况。企业科技研发的经费支出越多，说明企业越重视科技创新，当企业增加 R&D 经费支出时，企业将会进一步增强自身的创新能力，提供更多的新产品和新服务，企业取得快速的创新发展也能够带动地区的科技创新发展，从而经济增长得以保证。将以上 6 个方面的数据进行处理并计算后，按照确定的权重进行加权平均，可以得到二级指标"创新发展"的数据结果。

❸ **开放发展**

开放发展指标主要考虑的是珠海（横琴）和澳门两地在经济对外开放方面的发展情况。近几年，中国非常注重高质量的经济对外开放，中国有着坚定的对外开放的决心。打造开放多元的世界经济也是中国在世界经济可持续发展进程中所提出的中国建议。因此，经济的开放发展是可持续发展中的重要内容。对外开放能够促进中国经济向着更高质量的方向迈进，也能够促进世界经济全球化的进一步深化发展，为世界经济发展提供新的机遇。正因如此，本书也将经济的开放发展选为"经济增长"指标下重要的二级指标。通过对开放发展的衡量，了解琴澳两地在开放型经济建设方面的主要情况。衡量开放发展的数据指标主要有 6 个，分别为：商品和服务进口额、实际吸收外资额、外资企业数量、中外合资企业数量、新增外资股东企业数量和新增大陆股东企业数量。其中衡量珠海（横琴）和澳门两个方面的指标各有 4 个。

商品和服务进口额主要反映的是琴澳两地在商品和服务进口方面的情况，随着中国对外开放力度的不断增强，商品和服务的进口也将大规模增加，因此，通过商品和服务的进口额可以看出琴澳两地在经济开放发展方面的情况，商品和服务进口额越大，说明两地的对外开放力度越大，开放发展情况越好，从而带动一级指标"经济增长"数据结果的提升。**实际吸收外资额**是从外商投资的角度反映琴澳两地的经济开放发展情况。对外开放是中国的基本国策，利用外资也是中国的重要政策，外商投资能够帮助地方完善资源配置，促进市场化改革，实际吸收外资额越大，说明琴澳两地的经济的开放发展程度越高，同时带动一级指标"经济增长"数据结果的提升。**外资企业数量**和**新增外资股东企业数量**分别反映的是琴澳两地外资企业注册发展的情况。引入外资企业是中国经济开放的重要举措，在未来，中国也会不断完善外资营商环境，放宽外资企业准入条件。因此，两个指标一方面能够反映琴澳两地在放宽外资准入条件、完善外资营商环境方面取得的成果，另一方面也能够反映其对外开放的力度和成效。因此，外资企业数量或新增外资股东企业数量越多，说明经济的开放发展效果越好，经济增长的指标的结果越高。**中外合资企业数量**反映的是珠海中外合资企业的设立情况。成立中外合资企业是外商投资的重要表现形式，中外合资企业能够加强中外企业合作，促进地方经济的开放发展。中外合资企业越多，说明珠海（横琴）在对外开放、吸引外资等方面的成果越好，开放发展程度越高，经济增长的指标结果越大。**新增内地股东企业数量**反映的是澳门所吸引的内地股东企业数量情况。澳门与内地的经济密切联系，澳门经济的开放也离不开内地的参与，因此该指标也能够反映澳门地区的经济开放发展情况。将以上 6 个指标按照确定的权重进行加权平均，可以得到二级指标"开放发展"的数据结果。

❹ 结构优化

结构优化指标主要考虑的是珠海（横琴）和澳门两地在经济结构优化调整方面的总体情况。经济的高质量和可持续发展离不开经济结构的调整。随着中国经济的转型升级，经济结构也在不断优化。新一轮的技术革命正在展开，新的发展动能也不断涌现，世界经济结构面临着重大调整。提升自主创新能力，大力发展先进制造业和现代服务业也是中国未来发展的重要任务。横琴新区和澳门特别行政区也面临着经济结构的调整和优化，促进特色产业的发展是两地的重要任务，特别是对于澳门而言，促进经济适度多元化发展是其未来重要的使命和任务。因此，本部分将"结构优化"选为重要的二级指标。衡量该指标的主要数据指标有 5 个，分别为：先进制造业增加值占 GDP 的比重、现代服务业增加值占 GDP 的比重、制造业增加值占 GDP 的比重、除博彩外服务业增加值占 GDP 的比重、产业结构与就业结构偏离度。其中衡量珠海（横琴）和澳门两方面的三级指标各有 3 个。

先进制造业增加值占 GDP 的比重主要反映的是珠海先进制造业的发展对于地方经济增长的促进作用。先进制造业的快速健康发展能够促进两地经济的高质量发展，提升自主创新能力。促进先进制造业发展也是我国经济发展的方向。因此，先进制造业增加值占 GDP 的比重越大，说明珠海的先进制造业对于经济的贡献越大，相关产业的发展情况越好，经济结构优化情况越好，最终可带动一级指标"经济增长"数据结果的提升。**现代服务业增加值占GDP 的比重**反映的是珠海第三产业的发展对于地方经济增长的促进作用。第三产业对经济增长的贡献比重越大，说明经济结构优化情况越好，经济发展越多元。本书并没有直接考察第三产业对经济增长的贡献，而是选择了现代服务业作为替代指标，相比于前者，现代服务业的指标更能够体现珠海（横琴）的特色产业发展。因此，现代服务业增加值占 GDP 的比重越大，说明经济结构越合理，经济增长指标的数据结果越好。**制造业增加值占 GDP 的比重和除博彩业外服务业增加值占GDP 的比重**反映的是澳门的制造业以及服务业的发展情况。在服务业方面，本书去除了澳门的主要经济增长动力博彩业，从而可以有效衡量澳门经济适度多元化的发展情况。二者所占 GDP 的比重越大，越能够说明澳门经济适度多元化效果好，越有利于产业结构优化和促进经济增长。**产业结构与就业结构偏离度**就是每个产业的占 GDP 的比重与就业人员结构之间的差距的总和。地区的产业结构的调整也会导致就业结构出现调整，当二者的偏离度较低的时候，说明产业结构和就业结构相适应，经济结构优化转型较好。产业偏离度越低，则经济的结构优化的指标的结果越好，进而一级指标"经济增长"的结果越好。产业与就业结构偏离度的计算方法为：产业与就业结构偏离度 = 第二产业增加值占GDP 的比重 - 第二产业就业人员比重 + 第三产业增加值占 GDP 的比重 - 第三产业就业人员比重。将以上数据进行加权平均可以得到二级指标"结构优化"的结果，并可据此进一步计算"经济增长"指标的结果。

以上 4 个方面即为一级指标"经济增长"下二级指标的主要内容，将 4 个方面的数据按照确定的权重进行加权平均，可以得到一级指标的结果，了解琴澳两地可持续发展过程中经济增长方面的情况，并可以据此进一步计算可持续发展指数的结果。

4.3.2　社会发展

为深入践行可持续发展的道路，中国始终坚持建设普惠包容的幸福社会，民生和社会保障问题也是中国政府一直关注的重点问题。增进人民福祉也是国家发展的根本目的，社会的进步和发展能够提升人民生活水平，提升人民生活幸福感，增强人民的获得感。珠海（横琴）和澳门特别行政区的社会发展程度较高，历来重视民生发展，在社会发展方面也取得了一系列的突出成就。与此同时，在新的世界环境和国家战略的背景下，琴澳两地的社会发展也有了新的目标和方向。因此，本书将"社会发展"选为琴澳可持续发展指数的第二个一级指标，通过该指标可以从社会的角度反映两个地区在推进可持续发展的情况和评价结果。社会发展指标下共有二级指标 5 个，分别为：人民生活水平、人口持续性、教育发展、交通发展和医疗保障，从 5 个角度测度了琴澳两地的社会发展成果。

❶ 人民生活水平

人民生活水平指标主要考察的是珠海（横琴）和澳门两地人民生活的总体情况。以人民为中心，提高人民生活水平，是中国经济发展的目标，人民对美好生活的向往也要求各地更加坚持可持续发展，实现经济高质量发展。珠海（横琴）和澳门地处粤港澳大湾区，是中国经济最发达的地区之一，人民生活水平也处于全国前列，社会的发展为人民提供了更加广阔的发展空间，但是也存在着一定的短板和问题。因此，本书将"人民生活水平"选为"社会发展"指标下的第一个二级指标，通过人民生活水平方面来评价横琴和澳门两地的社会发展情况。衡量人民生活水平的数据指标主要有 4 种，分别为：城镇常住居民可支配收入、民生支出占一般公共预算支出的比重、新增城镇就业人数、收入房价比。以上 4 个指标共同衡量琴澳两地的人民生活水平情况。

城镇常住居民可支配收入反映的是琴澳两地居民的可支配收入的水平。居民的可支配收入是人民生活水平的最直观的体现，不断增加居民的可支配收入可以为居民带来更好的生活，也能够使社会更加健康。因此，当城镇常住居民可支配收入越高时，人民生活水平越高，说明社会发展情况越好，最终可以带动琴澳可持续发展指数计算数值的提高。**民生支出占一般公共预算支出的比重**反映的是琴澳两地的政府对于民生的预算投入情况。增加民生支出能够体现地方政府对民生的重视，可以帮助提高人民生活水平，促进社会的发展。因此，当民生支出占一般公共预算支出越高时，说明政府对民生的投入越大，人民的生活水平也会不断提高，社会将实现进一步的发展。**新增城镇就业人数**主要反映的是两地在就业人数方面的情况。就业的保证是促进社会稳定的重要因素，就业岗位和就业人数的增加也能够促进人民生活向好发展，帮助人民提高自身生活水平，实现个人价值。因此，当琴澳两地的新增城镇就业人数增加时，可以从就业的角度反映出该地区人民生活水平的提高，进一步可以得到社会发展的结论。**收入房价比**反映的是琴澳两地的居民在住房方面的负担情况。房价是影响居民生活水平和生活质量的重要因素，过高的房价会导致居民生活水平的下降，居民面临着较大的生存压力。因此，控制房价、提高收入也是地方促进人民生活水平提高的有力手段。收入房价比可以直观反映出房价对于琴澳两地居民的压力和负担，收入房价比越低，说明居民的购房压力越大，人民生活水平越低，则社会的发展也会受到影响。将以上 4 个方面的数据处理后按照确定的权重进行加权平均，可以得到二级指标"人民生活水平"的结果，并可据此进一步计算社会发展的指标结果。

❷ 人口持续性

人口持续性指标主要考察的是琴澳两地的人口可持续发展的情况。社会的发展离不开人的参与和贡献，只有当地区有着良性的人口发展趋势，人口才会有持续性，才有利于可持续发展的推进。人口结构和人口素质等的优化也是国家近些年来工作的重点内容。在地区的人口数量适宜、劳动人口数量众多、人口素质较高、人口压力负荷相对较小的情况下，人口才能得以持续，这也是促进地区未来长期发展的重要因素。因此，本部分将"人口持续性"选为重要的二级指标。通过该指标可以反映琴澳两地在人口方面的发展情况，人口的发展是否具有可持续性。为了准确衡量人口的可持续性，本部分选择了 5 个三级指标，分别为：人口自然增长率、大学本科及以上文化人口比重、每万元地区生产总值负荷的人口、家庭从业人口所占比重、劳动参与率。其中衡量珠海（横琴）和澳门的指标各有 4 个。

人口自然增长率是反映珠海（横琴）和澳门两地的人口持续性的直接指标，人口的适度增长能够维持地区生命的持续，保持地区的获利，因此人口自然增长率越高，说明人口持续性越强。**大学本科及以上文化人口比重**则是从人口素质的角度反映琴澳两地的人口持续性的情况，人口素质的不断提高不仅有利于人类文明的发展，也直接关系本地区的经济和社会发展情况，而高等教育是直接提高人民文化素质的有效方式。因此，大学本科及以上文化人口比重越大，说明人口素质越高，越有利于人口的持续性。**每万元地区生产总值负荷的人口**是地方 GDP 与常住人口的比值，主要反映的是琴澳两地的生产总值的负荷压力。地区的经济发展与人口发展越匹配，人口的持续性越强。人口的大量增加也会导致地区的经济压力增大，因此，每万元地区生产总值负荷的人口增加后，说明琴澳两地的负荷压力增大，人口持续性减低，不利于社会的发展，也会导致社会发展指标的降低。**家庭从业人口所占比重**从劳动力的角度反映珠海的劳动力情况，家庭从业人口所占比重越高，说明每个家庭的劳动力越多，收入越能够得到保障，越有利于人口的持续性和社会的发展。**劳动参与率**指的是劳动人口占年龄 16 岁以上人士的百分比，可以反映澳门地区的劳动参与情况，劳动参与率越高，越有利于人口持续性以及社会发展。将以上 5 个方面的数据按照确定的权重进行加权平均，可以得到二级指标"人口持续性"的指标结果，并可以进一步计算一级指标的结果。

❸ 教育发展

教育发展指标主要考虑的是珠海（横琴）和澳门两地在促进教育发展方面的情况和成果评价。国家高度重视教育问题，不断推出各类举措深化教育体制改革。高等教育能够反映一个国家的发展水平。并且随着国家经济结构调整和产业升级，对于自主创新能力的要求也对教育提出了更高的要求，对于高层次的人才的需求也越来越大。因此，对科学知识和人才的需要都与教育的发展息息相关。人民通过教育的途径实现自身的价值，社会也通过教育的发展得到完善和发展，这对于可持续发展战略的推进也有着重要的意义。因此，本书将"教育发展"选为社会发展下的二级指标。为了有效和准确地衡量琴澳两地的教育发展程度，本部分选择了 6 个三级指标，分别为：财政性教育支出占 GDP 的比重、区域内高校数量、普通高等学校专任教师数、专业技术培训学校数量、职业培训修读人次、公共图书馆藏书量。其中衡量琴澳两地的三级指标各 5 个。

财政性教育支出占 GDP 的比重主要反映的是琴澳两地在财政性教育支出方面的投入程度。教育的发展离不开政府的建设和支持，每一年的财政性教育支出反映的便是地区政府在教育方面的投入，而该数据占 GDP 的比重则可以有效地衡量政府对于教育的投入程度。财政性教育支出占 GDP 的比重越高，说明政府对于教育的投入越大，政府越积极促进教育的发展，教育也因此能够得到更好的发展，从而促进社会的发展，因而能够带动一级指标"社会发展"的结果的提高。**区域内高校数量**反映的是琴澳两地的高等院校的数量情况。高等院校是培养人才、为社会输送劳动力的主要力量，因此，一个地区的高等院校数量与地区的经济发展和社会发展都有着紧密的联系。高等院校的数量越多，说明地区在培养人才、输送劳动力方面的能力越强，人民也越能够获得充分的教育，社会也会得到发展，进而带动"社会发展"指标数据的提升。**普通高等学校专任教师数**则是从教师数量角度反映琴澳两地的高校教育的情况。大学教师是直接提供教育的人员，教师的数量也与教育质量和教育的发展有着密切的关联。因此，本书从教师数量角度对教育的发展进行考察。普通高等学校专任教师越多，说明教师资源越充分，教育发展程度越高，进而带动社会的发展，提升"社会发展"指标数据结果。**专业技术培训学校数量**和**职业培训修读人次**则分别反映的是珠海（横琴）和澳门在专业技术培训教育方面的供给情况。地区的发展和社会的进步离不开专业技术人才素质的提高，发展专业教育能够有效促进地方专业技术劳动力的供应，为企业发展提供足够的支持。因此，通过衡量专业技术培训学校的数量或职业培训修读人次可以得到琴澳两地在专业技术教育的供应情况，专业技术培训学校数量和职业培训修读人次越多，则教育发展程度越高，社会发展也就越好。**公共图书馆藏书量**反映的是琴澳两地提供的公共图书资源的情况。公共图书馆是提供知识来源的重要场所，一个国家和地区居民的阅读量在很大程度上可以反映出人民的素质水平以及社会的发展程度。而增加公共图书馆的藏书量可以促进人民知识文化生活水平的提高，带动教育的发展。因此，公共图书馆的藏书量越多，则教育发展越好，进而社会发展程度越高。将以上6个方面的数据进行加权平均可以得到二级指标"教育发展"的数据结果。

❹ 交通发展

交通发展指标主要考察的是珠海（横琴）和澳门两地在交通建设方面的发展情况。经济发展和城市建设都需要交通的良好发展。交通发展程度的高低也时刻影响着人民生活以及企业经营活动的便利性。因此，良好的交通运输建设可以有效地促进社会的发展和进步，提高人民的生活水平，促进当地经济的发展。横琴新区和澳门特别行政区正面临着新的发展机遇，交通基础设施也需要不断加强与完善，特别是对于横琴新区而言，进一步加强交通的发展对推动特色产业有着重要的作用。而加快构建安全、便捷、高效、绿色、经济的现代综合交通运输体系也是促进可持续发展的重要举措。因此，本书将"交通发展"选为"社会发展"指标下重要的二级指标。衡量交通发展的数据指标有9个，分别为：民航旅客周转量、往来商业飞机班次、港口旅客吞吐量、客轮班次、港口货物吞吐量、铁路营运里程、道路行车线、口岸出入境人数、口岸车辆通关量。其中衡量珠海和澳门的指标各6个。

民航旅客周转量和**往来商业飞机班次**反映的是琴澳两地机场的旅客周转和商业班机航班方面的发展情况。澳门作为世界知名旅游休闲度假胜地，其机场飞机班次一直处于较高的水平，而随着近几年珠海的快速发展，金湾机场的旅客周转量也快速提高。因此，民航旅客周转量和往来商业飞机班次指标数值越大，说明琴澳两地航空客运能力越强，交通发展情况越好，能够促进社会的快速发展。**港口旅客吞吐量**和**客轮班次**反映的是琴澳两地港口在旅客吞吐和客轮班次方面的情况。作为沿海城市和地区，船舶是重要的运输工具，因此港口发展情况也是衡量交通发展的重要因素。两个指标的结果越高，则说明港口旅客运输能力越强，交通发展情况越好，能够促进社会的快速发展。**港口货物吞吐量**主要反映的是琴澳两地的港口船舶在运输货物方面的能力和情况。除了旅客运输以外，货物运输是港口运输重要的功能和作用之一，因此通过港口货物吞吐量可以了解交通发展情况。港口货物吞吐量越大，说明交通发展情况越好，同时也能够说明琴澳两地的社会发展情况越好。**铁路营运里程**反映的是珠海在铁路方面的发展情况。铁路交通是内地重要的交通方式之一，其营运里程的增加能够直接影响交通的发展，因此，铁路营运里程越高，则越有利于社会的发展。**道路行车线**主要反映的是澳门地区的道路交通情况。澳门地理环境导致道路行车线是其内部的主要交通方式，因此，道路行车线越长，说明交通发展情况越好。**口岸出入境人数**和**口岸车辆通关量**则是从口岸的角度反映琴澳两地的交通发展效率，横琴口岸和莲花口岸是往返澳门与内地的重要枢纽，口岸通关量越大，说明交通运输效率越高，社会发展情况越好。将以上 9 个方面的指标数据结果按照确定的权重进行加权平均，可以得到二级指标"交通发展"的数据结果，并可以据此进一步计算一级指标的数值。

❺ 医疗保障

医疗保障指标主要考察的是珠海（横琴）和澳门两地提供医疗保障的能力。一个城市或者地区的可持续发展需要保证社会的稳定可持续，这也需要优良的医疗保障体系。一个健全优良的医疗保障体系是保证人民健康的重要支撑。习近平总书记在全国卫生健康大会上提出要把人民健康放在优先发展的战略地位，没有全民的健康就没有全面的小康。而人民的健康也是可持续发展的重要内容。因此，本书将"医疗保障"选为"社会发展"指标下的重要的二级指标。通过医疗保障指标可以从医疗和健康保障的角度了解琴澳两地的医疗水平和能力，进而从中了解社会发展情况。衡量医疗保障的数据指标有 6 个，分别为：专业公共卫生机构数量、每万人医疗床位数、每千人卫生机构床位数、每万人拥有卫生技术人员数量、每千人口医生、社会福利机构收养性单位数。用来衡量两地的三级指标各有 4 个。

专业公共卫生机构数量主要反映的是琴澳两地为居民提供医疗救助服务机构的数量情况。该数量的多少直接关系一个地区的医疗保障的能力，辖区内的机构数量越多，说明该区域的医疗保障能力越强，因此社会发展越好。**每万人医疗床位数**和**每千人卫生机构床位数**是从床位的数量的角度来反映琴澳两地的医疗保障情况。医疗床位数可以反映出地区的接待住院病人的能力，医疗床位数越多，说明医院接待住院病人的能力越强，则医疗保障情况越好，从而可以得到社会发展情况越好的结果。**每万人拥有卫生技术人员数量**和**每千人口医生**反映的是琴澳两地医疗工作者的供给情况。充足的医疗工作者是一个地区实现社会发展、促进社会可持续发展的重要力量，一个地区的医疗工作者数量越多，说明该地区的医疗保障情况越好，社会发展越稳定可持续。**社会福利机构收养性单位数**反映的是琴澳两地在社会保障机构方面的情况，这里关注的是社会福利收养性单位数量。建立社会福利机构是解决社会问题的重要举措，因此，社会福利机构收养性单位数越多，越有利于医疗保障，进而促进社会的稳定发展。将以上 6 个方面的指标结果进行处理后，按照确定的权重进行加权平均，可以得到二级指标"医疗保障"的数据结果，并可以进一步计算一级指标的数值。

以上5个方面即为一级指标"社会发展"下二级指标的主要内容，将5个方面的数据按照特定的权重进行加权平均，可以得到一级指标的数据结果，了解琴澳可持续发展过程中社会发展方面的情况，并可以根据指标结果进一步计算可持续发展指数的指标数值。

4.3.3　环境保护

近些年来，我国粗放式的发展已经引起了国家的关注和反思，国家同时也开始重视环境保护。可持续发展需要人与自然和谐相处，经济环境、社会环境以及生态环境的有机统一，而环境保护有利于建设资源节约型、环境友好型社会，对于生态环境的保护和发展至关重要。加强环境保护、促进生态文明建设是促进可持续发展的重要举措，而节约资源与保护环境也是我国的基本国策。珠海（横琴）和澳门特别行政区沿海发展，有着丰富的海洋和森林资源，琴澳两地特别是横琴新区在生态环境方面处于中国前列，具备促进实现可持续发展的基本生态条件。因此，本报告将环境保护选为琴澳可持续发展指数下重要的一级指标。通过该指标可以从环境保护和生态环境建设的角度反映琴澳两地在推进可持续发展方面的情况和评价结果。环境保护指标下共有二级指标3个，分别为：资源环境、环境治理和消耗排放。

❶ 资源环境

资源环境指标主要考虑的是珠海（横琴）和澳门两地资源环境的基本情况及其评价。资源环境的基本情况能够有效反映出一个地区的环境保护成效和生态环境发展的情况。生态系统的有效保护也是实现可持续发展的必要途径，对于可持续发展具有重要意义。琴澳两地环境较好，资源丰富，在可持续发展方面具有重要的优势，依托于优良的地理位置，两地尤其是横琴新区也得到了较快的发展。本书选择"资源环境"指标衡量琴澳两地环境保护方面的成果。衡量资源环境主要通过以下6个三级指标的数据进行计算得到，分别为：空气质量优良天数所占比重、建成区绿化覆盖率、人均公园绿地面积、人均绿地面积、人均水资源和出厂水氯化物含量。其中衡量珠海的指标有4个，衡量澳门的指标有3个。

空气质量优良天数所占比重反映琴澳两地的空气环境情况。衡量空气质量常用的PM2.5浓度主要反映的是年度的平均水平，有一定的局限性，因此本书加入了空气质量优良天数进一步衡量空气环境情况。空气质量优良天数越多，说明琴澳两地的空气环境越好，则资源环境越好。**建成区绿化覆盖率**反映的是珠海的绿化情况。近些年来，我国大力推进大规模国土绿化活动，持续推进森林城市、森林乡村建设，绿化覆盖率与人民的生活环境质量息息相关。绿化覆盖率越高，说明城市的生态环境建设越好，对于绿色经济发展、社会发展和环境保护的促进都有着重要的作用。因此，该指标与可持续发展指数有着显著的正相关关系。**人均公**

园绿地面积和**人均绿地面积**反映的是琴澳人均享有的绿地情况，人均绿地面积越大，说明生态环境保护情况越好、越有效，环境保护指标越高。**人均水资源**则是从水资源角度反映珠海的自然资源情况。水资源对于人类必不可少，水资源的多少直接反映了一个地区的资源情况。水资源越丰富，资源环境情况越好，一级指标"环境保护"的指标结果越高。**出厂水氯化物含量**反映的是澳门的水质情况，出厂水氯化物含量越低，其水质情况越好，资源环境情况越好。将以上 6 个方面的指标按照确定的权重进行加权平均，可以得到二级指标"资源环境"的指标结果，并可以据此进一步计算一级指标数值。

❷ 环境治理

环境治理指标主要考虑的是珠海（横琴）和澳门两地在环境治理方面取得的成果和基本评价结果。一个优良的生态环境需要得到有效的保护，除此之外，也需要进行有效的环境治理。生态文明的建设离不开有效的环境治理。过去经济粗放式发展所造成的环境代价需要有效的环境治理进行改善和解决，通过环境治理情况可以有效地反映出一个地区对于环境的重视和保护的程度。因此，本书也将"环境治理"选为"环境保护"指标下的二级指标。环境治理可以通过以下 5 个方面的数据进行衡量，分别为：财政性节能环保支出占公共财政支出比重、城镇污水集中处理率、污水处理量、一般工业固体废物综合利用率、特殊和危险废物处理率。其中衡量珠海和澳门的三级指标各有 3 个。

财政性节能环保支出占公共财政支出比重反映的是琴澳两地政府在节能环保方面的投入支出情况。环境治理的有效推进离不开政府的主导和支持，政府增加环境治理方面的开支能有效促进环境保护和生态环境的改善。因此，当财政性节能环保支出占公共财政支出比重增大时，说明琴澳两地对于环保的支出和重视程度增加，环境治理的效果越好，环境保护指标的数据结果越好。**城镇污水集中处理率**和**污水处理量**分别反映的是琴澳两地的污水处理能力。污水治理是环境治理的重要内容，因此，二者指标结果越高，说明两地的污水处理能力越强，这也说明了环境治理能力越强，越有利于环境保护。**一般工业固体废物综合利用率**以及**特殊和危险废物处理率**则分别反映的是珠海和澳门两地在废物方面的处理能力，二者指标结果越大，说明处理能力越强，则环境治理能力越强，越有利于环境保护。将以上 5 个指标的数据结果处理后，按照确定的权重进行加权平均可以得到二级指标"环境保护"指标数值，并可以据此进一步计算一级指标的结果。

❸ 消耗排放

消耗排放指标主要考虑的是珠海（横琴）和澳门两地在资源消耗和废物排放等方面的基本情况及其评价。资源消耗的多少关系生态环境发展的可持续性，而废物排放的增加又会增加生态环境恶化的压力。珠海（横琴）和澳门两地的区域范围较小，在消耗排放方面的情况较好，但也不能忽视，为了实现地区的可持续发展，进一步促进节能减排具有重要意义，本书将消耗排放作为一级指标"环境保护"下最后一个二级指标。衡量消耗排放的数据指标有8个，分别为：人均用水量、日均耗水量、人均用电量、工业烟（粉尘）排放量、工业二氧化硫排放量、人均固体废物弃置量、家居废料、工业厂废料。其中衡量珠海的指标有4个，衡量澳门的指标有5个。

人均用水量和**日均耗水量**主要反映的是琴澳两地的水资源消耗情况。水资源对于人类可持续发展至关重要，节约水资源也是每个公民的义务，因此，人均用水量和日均耗水量越小，消耗排放越少，越有利于资源环境发展，环境保护指标的结果越高。**人均用电量**主要反映的是琴澳两地的用电资源的消耗情况。生活和工业都离不开电力的支持，但是过度用电也会对生态环境造成不利的影响。因此，人均用电量越低，消耗排放程度越低，环境保护指标越高。**工业烟（粉尘）排放量**和**工业二氧化硫排放量**反映的是珠海的工业排放情况，工业烟（粉尘）和二氧化硫对人类身体和生态环境都有着不利的影响，因此，各地也在推出各类举措降低工业有害物质的排放。二者的排放量越高，消耗排放越多，环境保护指标的结果越好。**人均固体废物弃置量、家居废料**和**工业厂废料**反映的是澳门废物的弃置和产生情况，三者的数量越大，消耗排放越多，环境保护指标的结果越差。将以上8个方面的指标按照确定的权重进行加权平均可以得到二级指标"消耗排放"的指标结果，可以据此进一步计算一级指标的结果。

以上3个方面是"环境保护"指标下二级指标的主要内容，将3个方面的数据按照特定的权重进行加权平均可以得到一级指标的结果，了解琴澳可持续发展过程中环境保护方面的情况，并可以据此进一步计算可持续发展指数的指标结果。

4.4　琴澳可持续发展指数的指标结果及分析

4.4.1　珠海（横琴）可持续发展指数

❶ 珠海（横琴）可持续发展指数的结果

表4-4为琴澳可持续发展指数中珠海（横琴）部分的可持续发展指数的指标结果，以2014年为基期，各个年度的指标结果如表所示。从表中可以看出，珠海（横琴）可持续发展指数从2014年开始逐年递增，其中2015年相对增幅比较小，增长了约4%，此后几年的增幅开始增大。截至2018年末，指数相较于基期增长了约44%。图4-1是珠海（横琴）可持续发展指数结果的柱形图，该图可以更加直观地展现可持续发展指数在2014—2018年的变化情况。结合图4-1和表4-4可以发现，珠海正朝着可持续的方向发展，每年都有一定的进步和提升，珠海政府和有关部门在可持续发展方面工作完成得较为出色。按照当

前的趋势，未来珠海将会进一步提升自己的可持续发展水平，同时兼顾经济增长、社会发展以及环境保护。

表 4-4　珠海（横琴）可持续发展指数的结果

年　份	2014	2015	2016	2017	2018
指数值	100	104.62	113.63	129.24	144.13

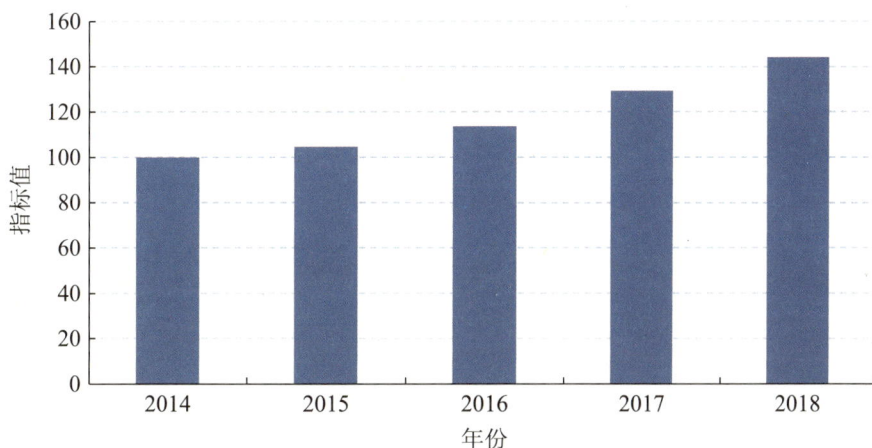

图 4-1　珠海（横琴）可持续发展指数的结果

❷ 珠海（横琴）可持续发展指数的一级指标结果

表 4-5 是珠海（横琴）可持续发展指数的一级指标结果，从该表可以得到珠海（横琴）可持续发展指数下经济增长、社会发展和环境保护 3 个一级指标的具体得分结果。从表中可以看出， 2014—2018 年，3 个指标在总体上相对于基期都实现了提高，其中经济增长提高了约 98%，社会发展指标提高了约 22%，环境保护指标提高了近 12%。具体来看，经济增长指标保持着逐年上升的趋势，增长态势较好；社会发展指标也保持着逐年上升的趋势，但2015 年和 2018 年同比增长较小；环境保护指标的峰值则是在 2017 年末，相较基期增长近16%，最小值则出现在 2015 年，低于基期近 1%。

图 4-2 是珠海（横琴）可持续发展指数各一级指标的走势图，从该图可以更加直观地了解 3 个一级指标在 2014—2018 年的变化情况。经济增长指标的上升趋势最为明显，2018 年上升幅度最大；社会发展指标在前三年上升趋势较为平缓，2017 年出现了较大的增幅，而后又趋于平稳；环境保护指标则在 2015 年出现了下降，在 3 个指标中得分最低，此后两年逐渐升高，在 2016 年超越了社会发展的得分结果，但是 2017 年末被社会发展指标超过，最后在 2018 年出现了小幅的下降。

图 4-3 是珠海（横琴）可持续发展指标各一级指标的雷达图，该图可以直观反映各个年度 3 个一级指标的情况。从图中可见，经济增长指标增长较为突出，社会发展次之，而环境保护各个年度相较变化并不明显。从 2018 年的图形可见，该年度各指标结果良好，证明了指标变化的增长趋势。除此之外，2017 年各个指标相较 2016 年有显著提高。

表 4-5   珠海（横琴）可持续发展指数的一级指标结果

年　份	2014	2015	2016	2017	2018
经济增长	100	114.03	124.83	149.62	198.41
社会发展	100	100.81	105.58	122.19	122.26
环境保护	100	99.03	110.49	115.91	111.74

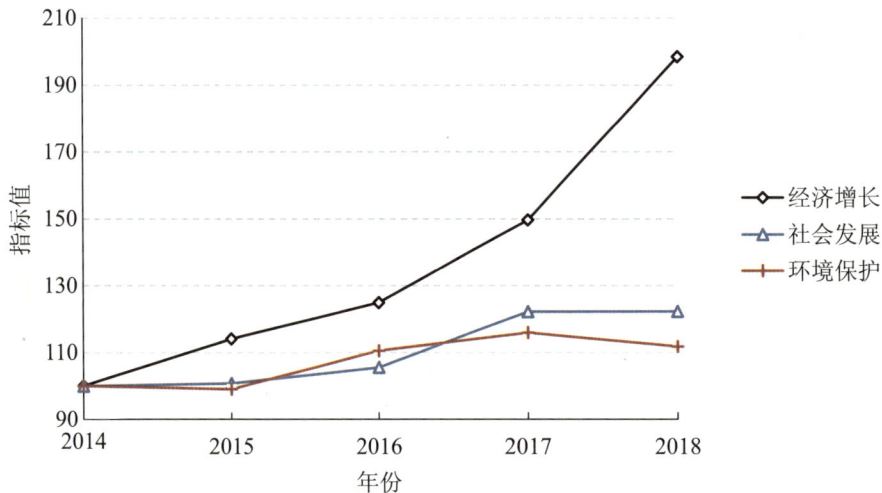

图 4-2   珠海（横琴）可持续发展指数各一级指标走势

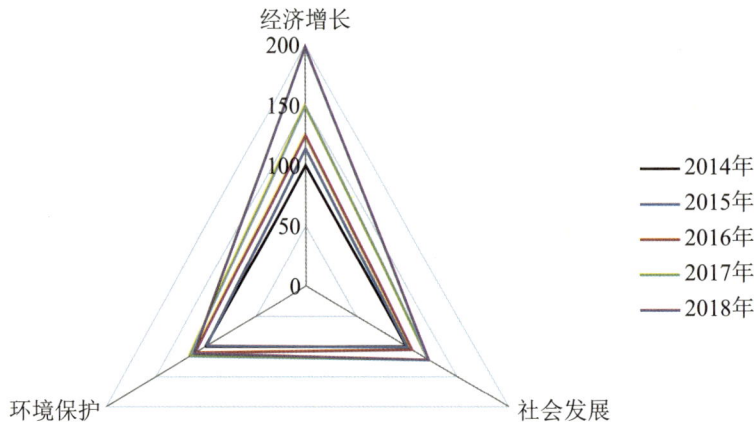

图 4-3   珠海（横琴）可持续发展指数各一级指标雷达图

综上所述，2014—2018 年，珠海在经济增长、社会发展以及环境保护 3 个方面都取得了较好的成效，在这其中，经济增长最为明显，表现出强劲的经济增长动力，特别是 2018 年的经济增长情况在近几年中提升最大。除此之外，社会发展在 2017 年进步较为突出，总体上保持着向好的趋势。最后，环境保护工作在 2015 年出现了小幅的退步，而 2017 年工作完成较为出色，2018 年稍有下降，有关部门可以在保持经济稳定增长和社会稳定发展情况下进一步加大对环境的保护力度。

❸ 经济增长指标结果分析

表 4-6 为经济增长指标下二级指标的结果。从该表可以了解经济增长指标中稳定发展、创新发展、开放发展和结构优化 4 个方面的二级指标在 2014—2018 年具体的指标得分结果。

从该表可以发现，稳定发展、创新发展以及开放发展指标总体上都实现了提高，其中稳定发展提高了约 21%，创新发展指标提高了约 156%，开放发展指标提高了 224%。而结构优化指标在总体上出现了下降，在 2018 年末相较基期降低了近 8%。具体来看，稳定发展保持着逐年递增的趋势；创新发展也保持着逐年递增的趋势，并且相较于稳定发展增长幅度更大；开放发展则在 2018 年涨幅最大；结构优化则只有在 2017 年超出基期，相较基期增长约 6%，而其他年份都明显低于基期，最小值出现在 2018 年。

图 4-4 为经济增长指标中二级指标的雷达图，从该图可以直观了解稳定发展、创新发展、开放发展和结构优化 4 个方面二级指标在 2014—2018 年的发展趋势。由图可知，开放发展和创新发展是促进经济增长指标提升的主要二级指标，稳定增长相较于上述两个指标贡献相对较小，但是也保持着增长的态势，而结构优化指标始终处于基期附近，对经济增长贡献不大。具体来看，稳定发展指标各个年度增长较为稳定；创新发展各年度都有着明显的增幅，2017 年的增幅较小，2018 年增幅最大；开放发展指标在 2015 年和 2016 年差距并不明显，2018 年增幅最大，得分结果也明显高于其他指标；结构优化指标则在 2017 年结果较高，2018 年下降较为明显。

表 4-6 珠海（横琴）部分经济增长指标下二级指标结果

年 份	2014	2015	2016	2017	2018
稳定发展	100	103.72	105.99	112.34	121.24
创新发展	100	132.76	174.15	196.59	256.04
开放发展	100	121.19	119.52	183.59	324.33
结构优化	100	98.43	99.65	105.95	92.04

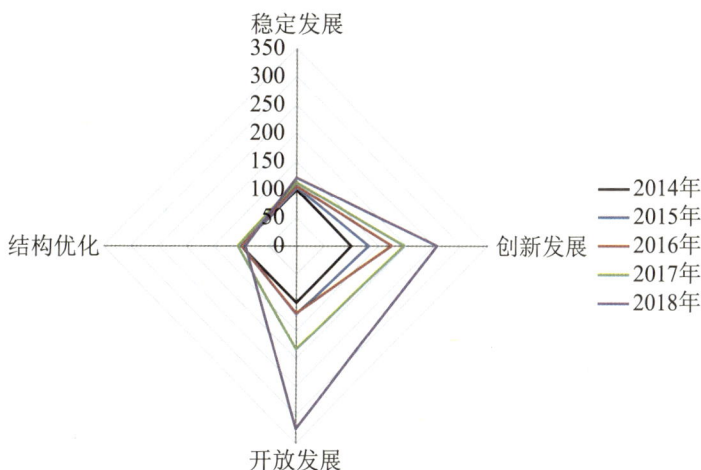

图 4-4 珠海（横琴）部分经济增长指标下二级指标雷达图

综上所述，2014—2018 年，珠海在稳定发展、创新发展以及开放发展 3 个方面都取得了明显的进步，其中，珠海在开放发展方面进步最大，并且 2018 年开放发展程度最高。除此之外，珠海在创新发展方面也取得了显著的进步，保持着稳定的上升趋势。在衡量经济基本发展状况的稳定发展方面，珠海也保持着逐年提升的趋势，以上 3 个方面也是支持珠海经济增长的主要动力。然而，在结构优化方面，珠海仅在 2017 年出现了明显的提高，2018 年退步相对较大，可进一步加大在经济结构优化方面的工作力度，促进稳定、创新、开放以及结构优化的多维度全面发展。

④ 社会发展指标结果分析

表 4-7 为社会发展指标下二级指标的得分结果。从该表可以了解人民生活水平、人口持续性、教育发展、交通发展和医疗保障 5 个指标具体的得分结果。以 2014 年为基期，从表4-7 可以明显看出，5 年间 5 个指标在总体上都实现了提高，其中人民生活水平总体提高约35%，人口持续性提高约 23%，教育发展提高约 9%，交通发展提高近 35%，医疗保障提高近 7%。具体而言，人民生活水平在 2015 年出现了下降，同比下降近 3%，在 2016 年开始保持着逐年上升的趋势；人口持续性指标则在 2014—2017 年保持着显著上升趋势，峰值出现在 2017 年，相较基期提高约 36%；教育发展峰值出现在 2017 年，提高近 10%，而在 2018年小幅下降，此外，2015 年指标也出现了下滑，同比下降约 4%；交通发展指标则保持着逐年上升的趋势，发展较为稳定；医疗保障指标则在 2017 年同比出现下降，并与 2015 年持平，与基期相比提高约 2%。

图 4-5 为社会发展指标的二级指标雷达图，从该图可以直观了解人民生活水平、人口持续性、教育发展、交通发展和医疗保障 5 个方面二级指标在 2014—2018 年的发展趋势。从图可见。人民生活水平、人口持续性和交通发展指标对社会发展指标的提高贡献较大，教育发展和医疗保障相对较小。具体而言，人民生活水平指标在 2017 年出现了显著的提高，而在 2018 年与前一年相比变化不大；人口持续性则保持着稳定的增长，2015 年相对涨幅较小；教育发展指标则在 2017 年和 2018 年差距不大；交通发展指标在 2017 年和 2018 年涨幅较大；医疗保障指标则在 2018 年出现较为明显的提升。

综上所述，珠海 2014—2018 年在人民生活水平、人口持续性、教育发展、交通发展以及医疗保障 5 个方面都取得了明显的进步，其中人民生活水平、人口持续性和交通发展提升更为明显。具体而言，人民生活水平在 2017 年提高较大，实现了突破；在人口持续性方面则保持着稳定的向好趋势；在教育发展方面，2018 年教育发展稍有下降，总体保持提升趋势；在交通发展方面，提升较大，说明对于交通基础设施的建设和完善投入力度较大，收效较好；最后，在医疗保障方面，2018 年工作完成情况更好，总体上保持着向好的趋势。

表 4-7　珠海（横琴）部分社会发展指标下二级指标结果

年　份	2014	2015	2016	2017	2018
人民生活水平	100	97.81	101.52	133.55	135.05
人口持续性	100	104.29	113.06	136.38	123.41
教育发展	100	96.12	104.27	109.64	109.01
交通发展	100	110.33	114.36	124.57	134.95
医疗保障	100	102.34	103.41	102.34	106.79

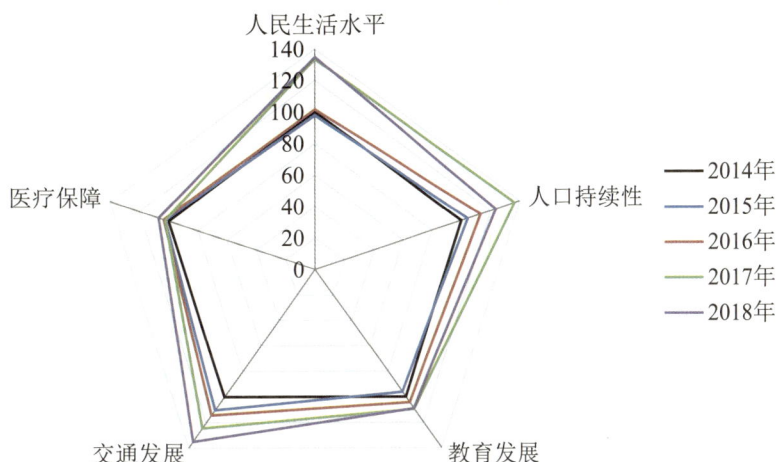

图 4-5　珠海（横琴）部分社会发展指标下二级指标雷达图

⑤ 环境保护指标结果分析

表 4-8 为环境保护指标下二级指标的得分结果。从该表可以了解资源环境、环境治理以及消耗排放 3 个指标具体的得分情况。以 2014 年为基期，从表中可以看出，至 2018 年末，环境治理和消耗排放指标实现了增长，分别提高了约 3% 和 38%，而资源环境指标出现了下降，与基期相比下降约 6%。具体来看，资源环境指标在 2014—2016 年保持增长，并在 2016 年末达到最大值，相较基期增长约 5%，而后出现下滑，2018 年同比微弱提升，但仍旧低于基期值；环境治理指标则在 2015 年出现明显的下滑，随后的两年逐年提高，2017 年达到峰值118.52，2018 年又出现下降趋势；消耗排放指标则保持着稳定的上升趋势。

图 4-6 为环境保护指标下二级指标的雷达图，从该图可以直观了解资源环境、环境治理以及消耗排放 3 个指标在 2014—2018 年具体的发展趋势。从图中可知，消耗排放指标对于环境保护指标增长的贡献较为明显，环境治理指标仅在 2017 年较为明显。具体来看，资源环境指标增长并不明显，且集中在 2015 年和 2016 年；环境治理指标在 2017 年有明显的增长；消耗排放指标在 2016 年和 2017 年增幅较大，但 2018 年同比变化不大。

综上所述，2014—2018 年，珠海在环境治理和消耗排放 2 个方面工作完成较好，资源环境情况出现了一定的退步。具体来看，珠海在 2016 年的资源环境情况较好，之后出现了下滑，日后需要加大对资源环境保护的工作力度；在环境治理方面，2017 年的工作完成较为突出，可以参考过往的工作经验，进一步提高环境治理水平；而在消耗排放方面，珠海市在五年间的工作效果保持着稳定的提升，促进了节能减排，也直接改善了环境情况。

表 4-8　珠海（横琴）部分环境保护指标下二级指标结果

年　份	2014	2015	2016	2017	2018
资源环境	100	100.61	105.43	94.78	94.94
环境治理	100	94.42	105.48	118.52	102.65
消耗排放	100	102.07	120.57	134.42	137.63

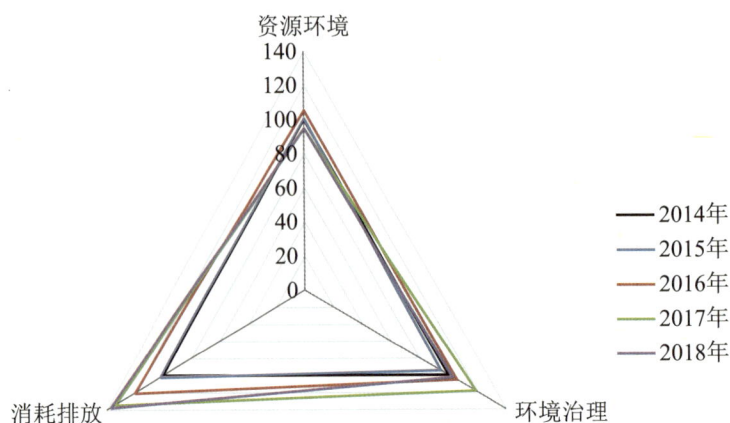

图 4-6　珠海（横琴）部分环境保护指标下二级指标雷达图

4.4.2　澳门可持续发展指数

❶ 澳门可持续发展指数的结果

表 4-9 为琴澳可持续发展指数中澳门部分的可持续发展指数的指标结果，以 2014 年为基期，各个年度的指标结果如表所示。从表中可以看出，澳门可持续发展指数从 2014 年开始逐年递增，其中 2017 年相对增幅较小，增长了约 0.3%，其余年度保持着约 4% 的增长，截至 2018 年末，指数相较于基期增长了近 14%。图 4-7 是澳门可持续发展指数结果的柱形图，该图可以直观展现可持续发展指数 2014—2018 年的变化情况。结合图 4-7 和表 4-9 可以发现，澳门正朝着可持续的方向发展，每年都有一定的进步和提升，澳门政府和有关部门在可持续发展方面总体完成得较为出色。按照当前的趋势来看，未来澳门将会进一步提升自己的可持续发展水平，同时兼顾经济增长、社会增长以及环境保护等多方面的发展要求。

表 4-9　澳门可持续发展指数的结果

年　　份	2014	2015	2016	2017	2018
指数值	100	104.66	109.04	109.34	113.65

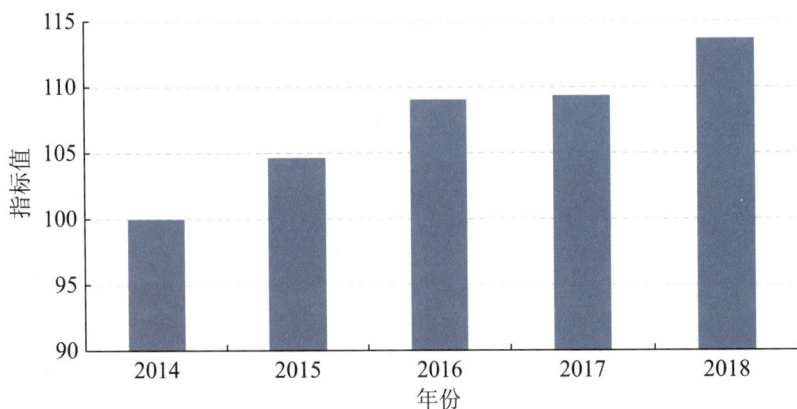

图 4-7　澳门可持续发展指数的指标结果

❷ **澳门可持续发展指数的一级指标结果**

表 4-10 是澳门可持续发展指数的一级指标结果，从该表可以得到澳门可持续发展指数在经济增长、社会发展以及环境保护 3 个一级指标的具体得分情况。从表中可以看出，2014—2018 年，3 个指标在总体上相对于基期都实现了提高，其中经济增长提高了约 37%，社会发展提高仅约 0.01%，环境保护指标提高了近 4%。具体来看，经济增长指标保持着逐年上升的趋势，增长态势较好；社会发展指标在 2015 年和 2016 年出现下降的趋势，随后两年有所回升，但只在 2018 年才微弱高于基期值；环境保护指标的峰值在 2015 年末，同比增长超过 4%，此后两年有所下降，2018 年回升。

图 4-8 是澳门可持续发展指数各一级指标的走势图，从该图可以更加直观地了解 3 个一级指标在 2014—2018 年的具体走势情况。经济增长指标上升趋势最为明显，并且 2015 年和 2016 年的上升幅度更大。社会发展指标则始终保持在基期值附近波动，变化较小，其指标值也始终是 3 个指标中最小的；环境保护指标呈现先上升后下降再上升的趋势，指数值在 100 ~ 105 波动。

图 4-9 是澳门可持续发展指数各一级指标的雷达图，该图可以直观反映各个年度 3 个一级指标的情况。从图中可见，经济增长指标提高最为突出，对于澳门可持续发展指数的贡献最大，环境保护和社会发展 2 个指标相比并不明显。从 2018 年的图形可见，该年度各指标普遍能够取得比较好的结果，证明了指标变化的增长趋势。

表 4-10　澳门可持续发展指数的一级指标结果

年　份	2014	2015	2016	2017	2018
经济增长	100	110.22	125.45	127.76	137.16
社会发展	100	99.64	99.26	99.51	100.01
环境保护	100	104.11	102.42	100.77	103.79

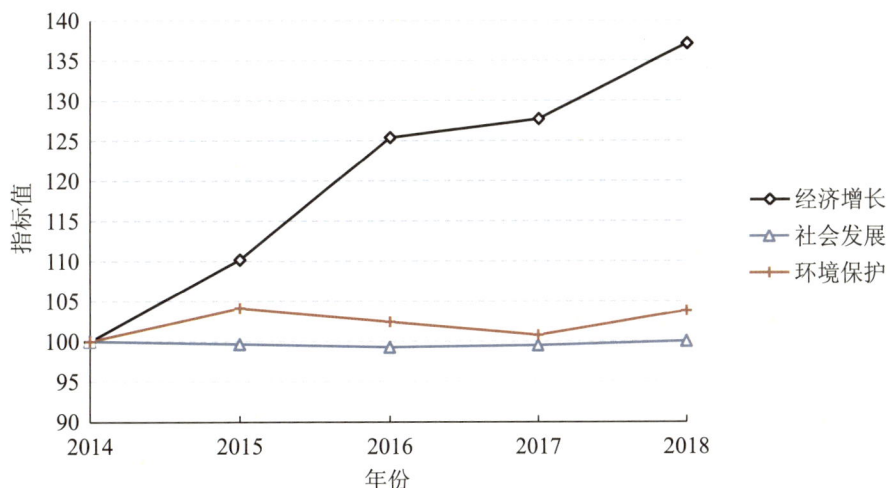

图 4-8　澳门可持续发展指数各一级指标走势

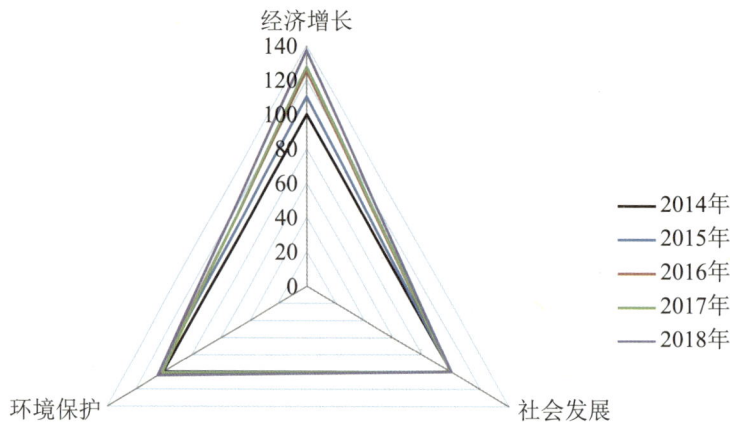

图 4-9　澳门可持续发展指数各一级指标雷达图

综上所述，2014—2018 年，澳门特别行政区在经济增长、社会发展和环境保护 3 个方面都取得了较好的成效，其中，经济增长最为明显，展现了较为强劲的经济增长动力，2015 年、2016 年和 2018 年的经济增长提高幅度较大，说明这 3 个年度的经济情况较好。伴随着经济发展的同时，澳门在社会发展方面相较而言并不突出，甚至在 2015—2017 年出现了微弱的退步，但在 2018 年得到了提高。在环境保护方面，2015 年澳门有关部门工作完成效果较好，虽然此后出现一定的下滑，但在 2018 年得到了回升。总体来看，2018 年澳门在经济增长、社会发展和环境保护 3 个方面工作完成效果均较好，实现了有效的提升，有力地促进了澳门特别行政区的可持续发展。

❸ **经济增长指标结果分析**

表 4-11 为经济增长指标下二级指标的结果。从该表可以了解经济增长下稳定发展、创新发展、开放发展、结构优化 4 个方面二级指标在 2014—2018 年具体的指标得分结果。从该表可以明显发现，创新发展、开放发展、结构优化指标总体上实现了提高，其中创新发展提高了近 27%，开放发展提高了近 7%，结构优化指标提高了近 25%。而稳定发展指标在总体上出现了下降，在 2018 年末相较基期降低了近 10%。具体来看，稳定发展在 2015 年下降较为严重，同比下降近 28%，而后出现缓慢回升，但均没有能够接近基期值；创新发展指标增长较为明显，除 2017 年出现微弱下降以外，其他各个年度都实现了明显的增长；开放发展在 2015 年和 2016 年出现了明显下降，随后两年逐渐回升；结构优化指标在 2015 年达到峰值，同比增长约 35%，此后逐渐下降，但仍旧保持高于基期 20% 以上。

图 4-10 为经济增长中二级指标的雷达图，从该图可以直观了解稳定发展、创新发展、开放发展和结构优化 4 个方面二级指标在 2014—2018 年具体的发展趋势。从图可知，创新发展和结构优化是促进经济增长指标提升的主要二级指标，稳定增长和开放发展相比而言同比基期并没有出现明显提高，对经济增长的贡献相对较小。具体来看，稳定发展指标各年度始终低于基期，2015 年数据下降最为明显；创新发展在 2016 年涨幅最为明显，2018 年也保

持着较为明显的涨幅；开放发展指标只有 2018 年对经济增长指标的提高做出了贡献；结构优化指标在 2015 年有明显的涨幅，然后保持着微弱的下降趋势。

表 4-11　澳门部分经济增长指标下二级指标结果

年　份	2014	2015	2016	2017	2018
稳定发展	100	72.38	76.81	90.52	90.49
创新发展	100	136.76	204.52	201.53	226.69
开放发展	100	96.35	86.66	92.34	106.85
结构优化	100	135.41	133.81	126.65	124.58

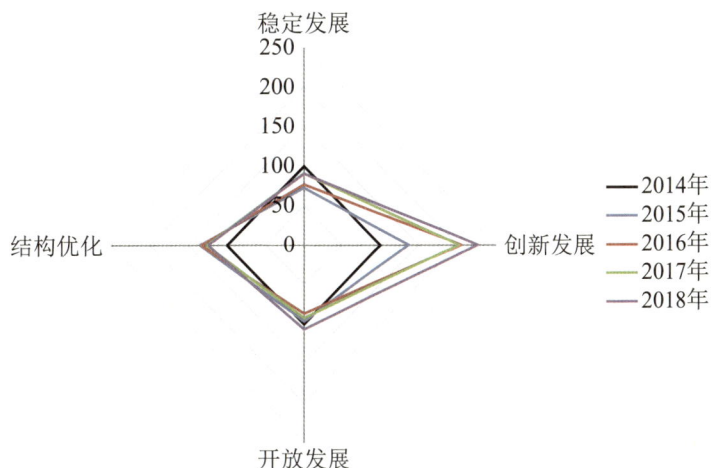

图 4-10　澳门部分经济增长指标下二级指标雷达图

综上所述，2014—2018 年，澳门在创新发展、开放发展和结构优化 3 个方面都取得了进步。其中，在创新发展方面进步最大，2016 年其发展效果最为明显。在开放发展方面，澳门在 2015 年开始出现了退步，2018 年开放发展情况较好。在结构优化方面，2015 年澳门结构优化效果最好，随后出现缓慢退步，但仍旧好于基期水平。最后，在稳定发展方面，澳门出现了较为明显的退步，特别是在 2015 年出现了明显的下降，这也与该年度博彩业收入下滑有着直接关系，但与此同时，该年度结构优化效果更好，可见稳定发展与结构优化目前呈现反向变动关系。因此，未来澳门可以进一步探索稳定发展与结构优化的支持，有效推进经济适度多元化。

❹ **社会发展指标结果分析**

表 4-12 为社会发展指标下二级指标的得分结果。从该表可以了解人民生活水平、人口持续性、教育发展、交通发展和医疗发展 5 个指标具体的得分结果。以 2014 年为基期，从表 4-12 可以明显看出，五年间出现提高的指标有教育发展、交通发展、医疗保障，相比基期分别提高约 9%、8%、0.4%，而人民生活水平和人口持续性指标则出现了明显的下降，其中人民生活水平下降近 4%，人口持续性下降超过 6%。具体而言，人民生活水平指标从 2015 年开始出现下滑，2016 年达到最低值，相较基期降低超过 15%，随后出现回升，但始

终低于基期数值；人口持续性指标 2014—2016 年逐渐上升，峰值相较基期提高约 5%，随后两年出现明显下滑；教育发展指标 2014—2017 年逐年增长，峰值相比基期提高近 20%，但在 2018 年出现明显下滑；交通发展指标在 2015 年提高后出现下滑，并在 2018 年回升；医疗保障指标在 2016 年达到峰值后，保持在 100 附近波动。

图 4-11 为社会发展指标中二级指标的雷达图，从该图可以直观了解人民生活水平、人口持续性、教育发展、交通发展以及医疗保障 5 个方面二级指标 2014—2018 年具体的发展趋势。从图可见，教育发展和交通发展对社会发展的贡献较大，人口持续性指标则在 2015 年和 2016 年对社会发展实现了正的贡献。而人民生活水平指标出现了明显的退步，2016 年退步最为明显。医疗保障指标未出现明显的变化。

表 4-12   澳门部分社会发展指标下二级指标结果

年　　份	2014	2015	2016	2017	2018
人民生活水平	100	88.91	84.93	88.11	96.32
人口持续性	100	104.88	105.34	99.17	93.95
教育发展	100	111.75	116.67	119.58	109.22
交通发展	100	105.15	102.11	102.45	107.59
医疗保障	100	100.61	102.11	100.85	100.41

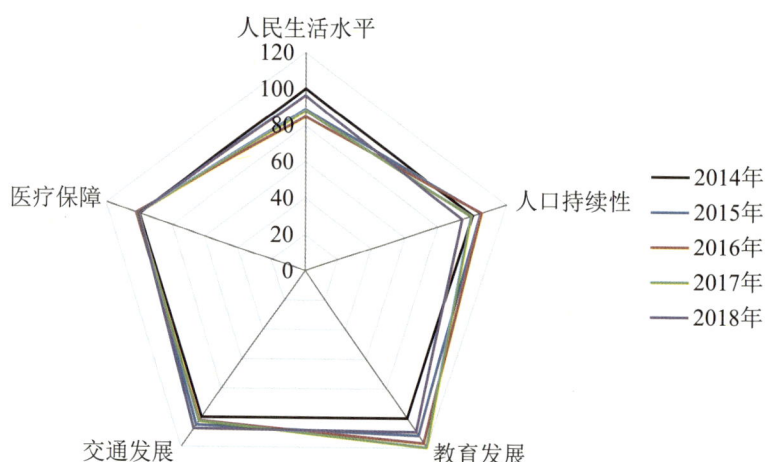

图 4-11   澳门部分社会发展指标下二级指标雷达图

综上所述，近几年，澳门特别行政区在教育和交通方面的发展最为明显，医疗保障方面没有出现明显的退步，但相比前两个方面进步较小。2015 年开始，澳门人民生活水平出现了明显的退步，有关部门可进一步加大对于民生的关注，促进人民生活水平的提高。在人口持续性方面，自 2017 年开始澳门也出现了一定程度的退步，可结合 2015 年和 2016 年有关经验进行有针对的政策调整。

❺ 环境保护指标结果分析

表 4-13 为环境保护指标下二级指标具体的得分结果。从该表可以了解资源环境、环境治理以及消耗排放 3 个指标的得分情况。以 2014 年为基期，从表中可以看出，至 2018 年末，

只有资源环境指标实现了明显的增长,相比基期增长约35%。而资源环境和消耗排放指标都出现了下降,与基期相比分别下降超过8%和5%。具体来看,资源环境指标在2015年提高之后出现下降,但在2018年末又出现大幅度的提高;环境治理指标在2015年出现了明显的下降,也是近几年最低值,同比降低超过13%,随后出现回升,但在2017年和2018年又出现下降趋势;消耗排放指标稳定处于下降的趋势。

图4-12为环境保护指标下二级指标的雷达图,从该图可以更加直观地了解资源环境、环境治理以及消耗排放3个指标2014—2018年具体的发展趋势。从图中可知,资源环境指标对于环境保护指标的贡献最为明显,并且2015年进步最为显著;环境治理指标始终处于低于基期的状态,2015年下降最为明显;消耗排放指标逐渐下降的趋势较为明显。

表 4-13   澳门部分环境保护指标下二级指标结果

年 份	2014	2015	2016	2017	2018
资源环境	100	131.23	123.27	122.85	135.39
环境治理	100	86.42	94.74	93.91	91.31
消耗排放	100	94.67	89.25	85.55	84.69

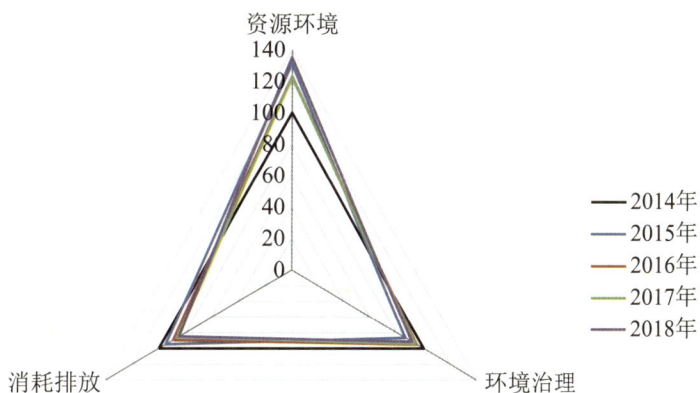

图 4-12   澳门部分环境保护指标下二级指标雷达图

综上所述,2014—2018年,澳门特别行政区在资源环境的维持和保护方面工作完成得较好,但是在环境治理和降低消耗排放方面都出现了明显的退步。具体来看,2015年,地区的环境治理力度下滑幅度最大,随后缓慢回升,有关部门需要进一步加大对于环境治理的力度。而在降低消耗排放方面,澳门可通过出台具有针对性的政策,进一步控制消耗排放,实现节能减排的可持续发展。

4.4.3 琴澳可持续发展指数

根据4.4.1和4.4.2的内容,将二者的指标结果进行加权平均,可以得到琴澳可持续发展指数的结果。表4-14和图4-13分别为琴澳可持续发展指数的指标结果和指标趋势图。结合图表可见,琴澳可持续发展指数2014—2018年保持着稳定的上升趋势,到2018年末指标值增长了近29%。

表 4-14   琴澳可持续发展指数的指标结果

年　　份	2014	2015	2016	2017	2018
指标值	100	104.64	111.34	119.29	128.89

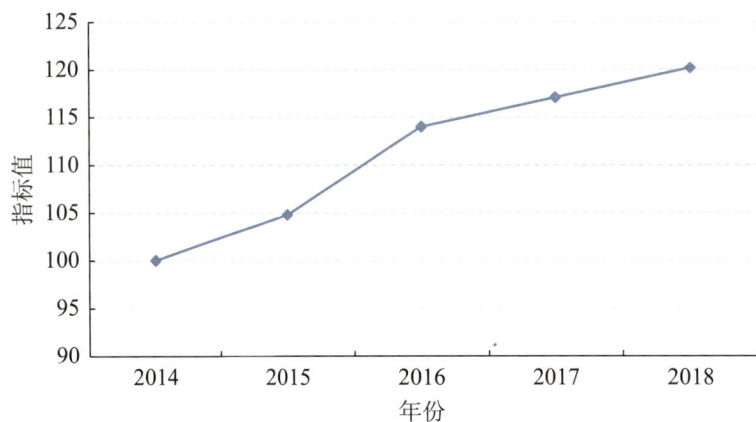

图 4-13   琴澳可持续发展指数的指标趋势

　　综上所述，在高质量发展和可持续发展的大背景下，珠海和澳门特别行政区作为整体，地区的可持续发展取得了显著的成效，两地在稳定增长、社会发展以及环境保护等方面做出积极工作，促进了地区的健康长远发展，未来两地在粤港澳大湾区建设的推进下，也将更好地促进双方的融合，进一步巩固发展成果，实现全方位的发展。

第 5 章

琴澳营商环境指数体系

5.1 营商环境建设概述

改善企业的营商环境一直是中国政府致力完成的一项重要任务。
2019 年在日本大阪举办的 G20 峰会上，习近平总书记在其主题演讲中再
一次提到了完善企业的营商环境，并且提出了要实施新的外商投资法律制
度，引入侵权惩罚性赔偿制度，增强民事司法保护和刑事保护力度，提高
知识产权保护水平。营商环境建设对于我国经济开放升级，促进高质量
发展具有重要的意义。营造更加出色的营商环境，一方面有利于吸引外资，
为中国经济发展提供外部资金力量；另一方面，完善的营商环境可以更好
地促进中国企业的健康发展，保护企业免受不公平竞争和待遇。近些年来，
我国高度重视营商环境的建设，根据世界银行发布的《2020 年营商环境
报告》，近些年大力推进改革进程使中国连续两年跻身全球营商环境改
善最大的经济体前 10 名。在报告中显示，中国政府实施了 8 项营商环境
改革举措，全球营商便利度排名第 31 位，总得分 77.9 分（满分 100 分）。
由此可见，我国的营商环境正在不断变好，未来随着国家对于营商环境
建设的重视程度不断加强，各国企业和资金将更加乐于在中国的土地上
从事经贸商务活动。

横琴新区作为国家级新区，成立以来便致力于促进营商环境的完善。
通过对标世界银行评价体系，积极向香港特别行政区等世界营商环境最佳
的经济体学习，至今已经实施落地了几百项改革创新制度措施，简化了
各类企业审批流程，促进了资源配置效率，为支持企业发展出台了大量
的针对性措施，吸引了大批的企业赴横琴新区落地发展。截至 2018 年 4 月，

横琴新区已有注册企业数量超过 45800 家，月均新增注册企业数近 1200 家，横琴新区正依托于其独特的政策优势和日益完善的营商环境，吸引着海内外的企业和资金在这里落地生根。澳门特别行政区作为中国的开放窗口，一直是世界上最开放的地区之一。澳门被世界贸易组织评为全球最开放的贸易和投资体系之一，单独关税区地位，企业所得税最高仅为 12%，国际市场网络广泛，与葡语国家联系紧密，中葡商贸合作服务平台的作用日益得到多方认同和肯定。澳门与全球 100 多个国家和地区保持贸易往来，所参加的国际性组织达 50 多个，商业运作准则与国际惯例相适应，投资营商手续简便，外地与本地投资者成立企业的程序相同，为来自世界各地的投资者发展业务提供理想的营商环境。据美国传统基金会和《华尔街日报》联合发布的 2018 年度"全球经济自由度指数"报告，澳门在全球 180 个经济体中排名第 34 位，在亚太地区排名第 9 位。未来随着粤港澳大湾区建设的深入开展和琴澳融合程度的不断加强，两地将在各个方面加强合作，共同促进地区的营商环境发展。

5.2 琴澳营商环境指数的构建

正如上文所述，目前世界主流针对营商环境的评价方式即为世界银行的营商环境报告所使用的指标体系，世界银行所设计的指标体系涵盖方面较全，指标选择合理，因此被世界的主要经济体所认可，各个国家也普遍用该指标结果来衡量自身的营商环境建设情况。然而，正因该指标体系适用性广的特点，因此无法根据各个经济体的具体特点进行更加细致深入的评价，这样造成了指标体系在一定程度上的局限性。本书在对琴澳两地进行综合评价过程中将营商环境建设作为重要的评价方面，构建了琴澳营商环境指数，该指数可以保留大部分世界银行的营商环境指数的评价指标，并在此基础上加入适合用于衡量琴澳两地营商环境的指标，从而能更加细致地评价横琴新区和澳门特别行政区两地的营商环境发展情况。更有针对性的指标体系能够帮助琴澳两地的政府进行更加准确的政策调整和突破，促进两地的经济高质量发展。

琴澳营商环境指数共有一级指标 7 个，二级指标 39 个，三级指标 75 个。指数分别从企业开办经营效率、企业商务成本、投资经营环境建设、营商交通设施建设、城市功能环境建设、人才储备与吸引程度、政策支持环境 7 个方面衡量评价横琴新区和澳门特别行政区的营商环境建设情况。指数内容如表 5-1～表 5-7 所示。

表 5-1 琴澳营商环境指数——企业开办经营效率指标

一级指标	二级指标	三级指标
企业开办经营效率	企业开办效率	开办企业所需的时间 开办企业所需要的流程数量

续表

一级指标	二级指标	三级指标
	施工许可证办理效率	企业办理施工许可证所需要的时间 企业办理施工许可证所需要的流程数量
	财产登记效率	企业进行财产登记所需要的时间 企业进行财产登记所需要的流程数量
	合同执行效率	解决纠纷平均消耗时间 解决纠纷平均成本
	破产办理效率	办理破产程序所需要的时间 办理破产程序所需要的成本

表 5-2 琴澳营商环境指数——企业商务成本指标

一级指标	二级指标	三级指标
企业商务成本	企业纳税成本	一般财政预算收入与 GDP 之比 企业纳税比例 企业缴税的次数
	企业用水价格	居民生活用水价格 非居民生活用水价格
	企业用电价格	大工业电度电价 一般工商业电度电价
	企业用气价格	居民用气价格 非居民用气价格
	企业用网成本	区域网络速度 用网价格
	劳动力成本	区域内的从业人员的平均薪酬
	用地成本	商业用途地价 居住用途地价 工业用途地价

表 5-3 琴澳营商环境指数——投资经营环境建设指标

一级指标	二级指标	三级指标
投资经营环境建设	内资投资情况	内资投资增速
	外资投资情况	外资投资增速
	固定资产投资情况	固定资产投资增速
	商业纠纷发生情况	每个年度商业纠纷事件发生的次数
	企业融资便利度	区域内企业贷款平均利率 区域内提供融资服务金融机构数量 区域内新增直接融资总额

表 5-4 琴澳营商环境指数——营商交通设施建设指标

一级指标	二级指标	三级指标
营商交通设施建设	机场航空建设情况	人均航空吞吐量 开通航线数
	公共交通建设情况	人均公交车数量 人均出租汽车数量
	道路建设情况	道路长度 人均城市道路面积

续表

一级指标	二级指标	三级指标
	邮电发展情况	邮政业务总量
		电信业务总量
	轨道交通建设情况	轨道交通线路长度
		轨道交通客运总量
	港口码头建设情况	港口码头泊位
		码头泊位长度
		港口旅客吞吐量
		港口货物吞吐量
	口岸交通建设情况	口岸人员通关量
		口岸车辆通关量
		平均口岸通关时间

表 5-5   琴澳营商环境指数——城市功能环境建设指标

一级指标	二级指标	三级指标
城市功能环境建设	居民消费水平	消费物价指数
	医疗资源条件	每万人医疗床位数
		每万人医生数
	城市办公条件	写字楼办公供给面积
		写字楼平均租赁价格
	教育资源条件	区域内高校数量
		专业技术培训学校数量
		公共图书馆藏书量
	生态环境情况	绿化覆盖率
		PM2.5 浓度
		空气质量达标天数
		废水排放量

表 5-6   琴澳营商环境指数——人才储量与吸引程度指标

一级指标	二级指标	三级指标
人才储量与吸引程度	新增高校劳动力	当年毕业生人数
	新招人才薪酬水平	所有招聘岗位平均薪酬水平
	劳动力学历水平	劳动力拥有硕士学位的比例
		劳动力拥有博士学位的比例
	青年劳动力水平	劳动力中青年所占的比例
	外来人口流失程度	外来人口流失率
	劳动纠纷发生情况	劳动纠纷事件发生次数

表 5-7   琴澳营商环境指数——政策支持环境指标

一级指标	二级指标	三级指标
政策支持环境	国家级战略及政策支持	每年国家下发规划文件的数量
	省级战略及政策支持	省级战略及政策支持文件数量
	区域政策支持	琴澳两地所融入的区域发展和合作的数量
	自贸区发展情况	注册市场主体数量增长
		企业注册资本增长
		固定资产投资增长
	产业园建设情况	产业园建设数量

5.3　琴澳营商环境指数的指标说明

5.3.1　企业开办经营效率

企业开办经营效率主要考虑的是一个地区企业在成立、经营以及破产全部过程的审批、核查等政务事项办理效率的情况。一个国家或者地区如果能够为企业提供更加高效的政务事务办理效率，缩短各项事务办理流程，降低审批门槛，那么企业将更加倾向于在该地开展经营活动。狭义上的营商环境通常也指该部分的内容。本书在构建琴澳营商环境指数时，充分参考了世界银行发布的《2019 年营商环境报告》，并根据澳门与横琴两地的实际情况进行了调整和优化，加入了许多其他二级指标。企业开办经营效率主要参考自该报告，并进行了一定的调整。企业开办经营效率指标下共有二级指标 5 个，分别为：企业开办效率、施工许可证办理效率、财产登记效率、合同执行效率和破产办理效率。

❶ 企业开办效率

企业开办效率是指在琴澳两地开办企业所需要的流程和时间，主要反映琴澳两地企业开办流程的便捷性。通过该指标可以有效衡量企业在琴澳两地开办所花费的时间成本情况。衡量企业开办效率的指标主要有 2 个，分别为：开办企业所需的时间和开办企业所需要的流程数量。

开办企业所需要的时间考察的是企业在琴澳两地开办企业需要花费的时间，所需时间越多，企业开办效率越低，反之效率越高。**开办企业所需要的流程数量**考察的是办理手续方面的烦琐程度，需要的手续流程数量越多，企业开办效率越低，反之亦然。将以上两个指标的结果进行处理后按照确定的权重进行加权平均可以得到二级指标"企业开办效率"的指标结果，并可以据此进一步计算一级指标的结果。

❷ 施工许可证办理效率

施工许可证办理效率是指琴澳两地企业在施工过程中办理施工许可证需要的流程和时间，主要反映琴澳两地的营商环境是否能够有效推动和提高施工建设效率。衡量施工许可证办理效率的三级指标主要有 2 个，分别是企业办理施工许可证所需要的时间和企业办理施工许可证所需要的流程数量。

企业办理施工许可证所需要的时间主要反映的是琴澳企业在办理施工许可证花费的时间，所需时间越多，企业施工许可证办理效率越低，反之效率越高。**企业办理施工许可证所需要的流程数量**考察的是办理手续方面的烦琐程度，所需要的手续流程数量越多，办理施工许可证的效率越低，反之效率越高。将以上 2 个指标的结果进行处理后按照确定的权重进行加权平均可以得到二级指标"施工许可证办理效率"的指标结果，并可以据此进一步计算一级指标的结果。

❸ 财产登记效率

财产登记效率是指琴澳两地的企业进行财产登记所需要的流程和时间，主要反映的是琴澳两地企业财产登记的效率和便捷性。企业财产对于企业至关重要，而财产的登记效率越高也越能够保护企业的财产。衡量财产登记效率的三级指标主要有 2 个，分别为：企业进行财产登记所需要的时间和企业进行财产登记所需要的流程数量。

企业进行财产登记所需要的时间考察的是企业在琴澳两地进行财产登记需要花费的时间，所需要的时间越多，财产登记效率越低，反之效率越高。**企业进行财产登记所需要的流程数量**则考察的是企业办理财产登记手续的烦琐程度，所需要的手续流程数量越多，则财产登记效率越低，反之效率越高。将以上 2 个指标的结果进行处理后按照确定的权重进行加权平均可以得到二级指标"财产登记效率"的指标结果，并可以据此进一步计算一级指标的结果。

❹ 合同执行效率

合同执行效率指的是琴澳两地的企业在解决商业纠纷时所需要的时间和成本，这里考察了当地司法程序的效率和执行质量，主要反映了琴澳两地企业在面临商业纠纷时是否能够得到有效快速的解决。衡量合同执行效率的三级指标主要有 2 个，分别是：解决纠纷平均消耗时间和解决纠纷平均成本。

解决纠纷平均消耗时间考察的是企业在琴澳两地有关部门解决纠纷事件所需要的时间成本，所需要消耗的时间越多，说明合同执行效率越低，反之效率越高。**解决纠纷平均成本**考察的是琴澳两地在解决纠纷时所需要的资金成本，通常的计算方式是按照索赔额的百分比得到资金成本。平均成本越高，则合同执行效率越低，反之效率越高。将以上 2 个方面的指标处理后按照确定的权重进行加权平均可以得到二级指标"合同执行效率"的指标结果，并可以据此进一步计算一级指标的结果。

❺ 破产办理效率

破产办理效率是指当琴澳两地的企业因为经营不佳等各种原因需要办理破产程序时的执行和办理效率，能够反映区域内的企业在办理破产程序时是否高效和低成本。衡量破产办理效率的三级指标主要有 2 个，分别为：办理破产程序所需要的时间和办理破产程序所需要的成本。

办理破产程序所需要的时间考察的是琴澳两地经营不善的企业在执行破产程序时所需要耗费的时间，需要的时间越长，说明破产办理效率越低，反之效率越高。办理破产程序所需要的成本考察的是琴澳两地经营不善的企业在执行破产程序时所需要花费的资金成本，计算方法通常是按照资产价值的百分比确定，指标结果也通常为百分比，百分比越高，说明执行破产程序需要花费的成本越高，破产执行效率越低，反之破产执行效率越高。将以上 2 个指标的数据结果处理后按照确定的权重进行加权平均可以得到二级指标"破产执行效率"的指标结果，并可以据此进一步计算一级指标。

以上 5 个方面即为一级指标"企业开办经营效率"下的二级指标的主要内容介绍，将上述 5 个指标的计算结果按照确定的权重进行加权平均可以得到企业开办经营效率的指标结果，了解琴澳两地的企业开办经营效率的情况，并可以据此进一步计算琴澳营商环境指数。

5.3.2　企业商务成本

企业商务成本指的是企业在一个地区进行商务活动和经营活动所面临的各种成本。在不同的国家和地区，企业面临的商务成本有着显著的不同。许多地区更乐于通过降低企业在本地的商务成本来吸引企业在当地注册经营。本书在构建琴澳营商环境指数的过程中充分考虑了企业在经营和商务活动过程中可能面临的各种成本，通过比较企业商务成本的大小，能够从一个角度衡量琴澳两地营商环境的情况，并综合其他方面的分值，得到琴澳营商环境指数的结果。

"企业商务成本"作为一级指标，在其之下共有 7 个二级指标，分别为：企业纳税成本、企业用水价格、企业用电价格、企业用气价格、企业用网成本、劳动力成本和用地成本。通过这 7 个指标可以更加全面地了解琴澳两地的企业在不同方面的成本情况。

❶ 企业纳税成本

企业纳税成本主要考虑的是琴澳两地的企业在进行生产经营活动并获取利润的行为时，所面临的纳税负担情况。通常一个地区的税负水平是影响企业是否在该地注册经营的至关重要的因素。本书在确定企业纳税成本时主要参考的三级指标更加多元，主要包括：一般财政预算收入与 GDP 之比、企业纳税比例、企业缴税的次数。

一般财政预算收入与 GDP 之比能够反映区域在当地制造 GDP 的税负水平，税负水平越低，企业纳税成本越低，反之企业纳税成本越高。**企业纳税比例**则直观地反映了企业纳税的高低，根据 2 个地区主要行业的均值进行计算，比例越低，企业纳税成本越低，反之成本越高。**企业缴税的次数**在一定程度上也能够反映企业纳税的成本，本书选择的是在琴澳两地每年需要缴税的次数，次数越少，企业纳税成本越低，反之越高。数据进行处理后加权平均，便可得到二级指标"企业纳税成本"的指标结果，并可以据此进一步计算一级指标的结果。

❷ 企业用水价格

企业用水价格主要考虑的是琴澳两地的企业在进行生产经营活动以及日常生活所涉及的用水成本情况，反映了该地区是否能够在用水方面为企业提供更多的降低成本举措。一个地区的用水价格对于企业商务活动成本来讲非常重要，那些对于用水需求较大的企业更是如此。

因此本书也将企业用水价格选为重要的二级指标，衡量该指标的三级指标有 2 个，分别为：居民生活用水价格和非居民生活用水价格。

居民生活用水是指居民居家生活和集体宿舍用水，以及国家和省有关政策规定按居民生活用水价格计收水费的特定用水。**非居民生活用水**是除居民生活用水和特种用水以外的各种用水，包括工业、行政事业和经营服务业等用水。本书在确定企业用水价格指标结果时综合考虑了**居民生活用水价格**和**非居民生活用水价格**，并没有将特种用水价格涵盖在内。特种用水是指营业性歌舞厅、夜总会、桑拿、洗浴、纤体中心、水疗、沐足、美容和外轮、洗车的用水，与两地重点产业的发展并不符合，所以本书不考虑特种用水价格。通过将这两方面的数据处理并进行加权平均，得到二级指标"企业用水价格"的结果，并可以据此进一步计算一级指标的结果。

❸ 企业用电价格

企业用电价格主要考虑的是琴澳两地的企业在进行生产经营活动以及日常生活所涉及的用电的成本情况，反映了该地区是否能够在用电方面为企业提供更多的降低成本的保障措施。一个地区的用电价格对于企业商务经营活动至关重要，是任何企业都要重点考虑的方面，因此琴澳营商环境指数将企业用电价格涵盖其中。电价主要包括 4 个方面，分别为：大工业度电价，一般工商业度电价，稻田排灌、脱粒度电价和农业生产度电价。在此处本书主要考虑前两种电价作为主要三级指标。

大工业度电价和**一般工商业度电价**分别衡量不同类型企业行业的用电价格，2 个指标越高，说明用电成本越高，反之企业面临的成本压力则越小。通过将这两方面的电价数据处理并进行加权平均，可以得到二级指标"企业用电价格"的指标结果，并可以据此进一步计算一级指标的结果。

❹ 企业用气价格

企业用气价格主要考虑的是琴澳两地的企业在进行生产经营活动以及日常生活所涉及的使用天然气的成本情况，反映了该地区是否能够在用气方面为企业和从业人员提供更多的降低成本的措施。一个地区的用气价格也是企业注册经营前所要综合考虑的重要问题，因此琴澳营商环境指数也将企业用气价格包含其中。衡量企业用气价格的指标主要有 2 个，分别为：居民用气价格和非居民用气价格。

居民用气价格和非居民用气价格主要衡量的是琴澳两地不同的用气客户类型，非居民用气价格主要考虑的是用气价格对企业的直接影响，居民用气价格则考虑的是对企业员工的影响，对企业属于间接影响。2 个指标越大，说明企业用气价格越高，反之越低。将 2 个指标结果按照确定的权重进行加权平均可以得到二级指标"企业用气价格"的指标结果，并可以据此进一步计算一级指标的结果。

❺ 企业用网成本

企业用网成本主要考虑的是琴澳两地企业在进行生产经营活动以及日常生活所涉及的使用网络的情况，反映了该地区是否能够在用网方面提供更多的优惠和更快速的网络服务。琴澳两地的重点产业都涉及新兴产业与科技创新应用，这必然离不开网络的支持，因此，网络连接速度和用网价格是企业需要重点考虑的问题。本部分主要考虑两方面的指标，分别为：区域网络速度和用网价格。

区域网络速度反映的是琴澳两地所提供的网络质量情况，区域网络速度越快，说明企业越能够有效通过网络基础设施进行商务活动，企业用网成本则越低。**用网价格**则是直接通过价格反映琴澳两地企业在使用互联网所需要花费的资金成本，价格越高，企业用网成本越高。将以上 2 个方面的数据处理后按照确定的权重进行加权平均可以得到二级指标"企业用网成本"的指标数值，并可以据此进一步计算一级指标的结果。

❻ 劳动力成本

劳动力成本主要考虑的是琴澳两地的企业进行生产经营活动所涉及的雇佣劳动力所承担的成本情况，反映了该地区的企业雇佣职工所需要花费的成本情况。薪酬支付是企业生产经营中重要的成本，因此本部分考虑了企业在雇佣员工所需要支付的薪酬情况。劳动力成本主要考虑的指标是区域内的从业人员的平均薪酬水平，将数据进行处理后可以得到劳动力成本的指标的结果。从业人员平均薪酬越高，琴澳两地企业在生产经营活动中所面临的劳动力成本就越高，企业的商务成本也就越高，反之亦然。

❼ 用地成本

用地成本主要考虑的是琴澳两地的企业在进行生产经营活动所涉及的购买土地的成本，反映了该地区的企业在购置土地等方面所需要花费的成本的情况。用地成本是企业所面临的重要成本，并且也是企业花费较大的成本，因此是琴澳营商环境指数中需要考虑的重要方面。衡量用地成本的指标主要有商业用途地价、居住用途地价、工业用途地价 3 个方面。

商业用途地价反映的是琴澳两地用于商业用途的土地价格情况，**居住用途地价**反映的是琴澳两地用于居住用途的土地价格情况，工业用途地价反映的是琴澳两地用于工业用途的土地价格情况。3 个价格越高则用地成本越高，反之用地成本越低。将 3 个指标处理后按照确定的权重加权平均可以得到二级指标"用地成本"的指标结果，并可以据此进一步计算一级指标结果。

以上 7 个方面即是一级指标"企业商务成本"下二级指标的主要内容，将 7 组数据按照确定的权重进行加权平均可以得到企业商务成本的结果，了解琴澳两地企业商务成本的情况，并可以据此进一步计算琴澳营商环境指数的数值。

5.3.3 投资经营环境建设

投资经营环境建设指的是一个国家或者地区在吸引投资、固定资产投资以及经营环境构建的完善度等方面所进行的建设和情况。一个国家或者地区的投资经营环境建设得越好，企业越愿意在该国家或者地区注册成立并进行经营活动。投资经营环境的建设也是琴澳两地近些年来重点完善的地方，同时也因此获得了更多企业的青睐。因而，本书选择投资经营环境建设作为重要的一级指标，从该角度衡量琴澳营商环境水平。一级指标"投资经营环境建设"下共有二级指标 5 个，分别为：内资投资情况、外资投资情况、固定资产投资情况、商业纠纷发生情况和企业融资便利度。指标将从这 5 个角度衡量琴澳两地的投资经营环境建设情况。

❶ **内资投资情况**

内资投资情况主要考虑的是琴澳两地所吸引的内地投资者和澳门本地投资者进行投资活动的情况。对于横琴而言，内地投资者对于横琴的了解更多，有着全面的信息，因此，当横琴营商环境好时，内地投资者也更倾向于投资于横琴。反观澳门，澳门本地投资者对于澳门也更为了解，澳门的本地投资越多，也证明其营商环境更好，投资环境建设较好。因此，本书选择内资投资情况作为投资经营环境建设的重要组成部分。反映该情况的指标是**内资投资增速**，通过增速可以了解每个年度内资投资者对于两地投资环境的认可程度。将数据进行处理，内资投资增速越高，说明内资投资情况越好，该地投资环境建设越好，反之则越差。

❷ **外资投资情况**

外资投资情况主要考虑的是琴澳两地吸引外资投资者的能力。对于横琴而言，港澳台三地的投资者也算作外资投资者；对于澳门而言，内地和中国香港以及中国台湾的投资者也算作外资投资者。一个城市和地区吸引外资的能力可以切实反映外资对于该地区的认可程度，当该地区的营商环境较好的时候，也更倾向于能够获得外资的投入。因此，本书将外资投资情况作为投资经营环境建设的重要组成部分。外资投资情况主要考虑的是琴澳两地的**外资投资增速**，通过增速可以了解每个年度外资投资者对于两地投资环境的认可程度。将数据处理后便可以得到二级指标"外资投资情况"的指标结果，外资投资增速越高，说明外资投资情况越好，该地投资经营环境建设越好，反之投资经营环境建设情况越差。

❸ **固定资产投资情况**

固定资产投资情况主要考虑的是琴澳两地所进行的固定资产投资的情况，固定资产投资是经济发展的重要推动力，同时也能够有效反映城市基础设施建设的情况。因此，固定资产投资情况在很大程度上能够反映某个国家或者地区的经济发展和基础设施建设情况，进而反映其对企业的吸引力。因此，本书将固定资产投资情况作为投资经营环境建设的重要组成部分。固定资产投资情况主要考虑的是琴澳两地的**固定资产投资增速**，通过增速可以了解每个年度的固定资产投资增长情况。固定资产投资增速越高，说明固定资产投资的情况越好，进而反映该地的投资经营环境建设越好，反之越差。将数据处理后可以得到二级指标"固定资产投资情况"的指标结果，并可以据此进一步计算一级指标数值。

④ 商业纠纷发生情况

商业纠纷发生情况主要考虑的是琴澳两地发生商业纠纷事件的情况，一个地区商业纠纷发生得越频繁，在一定程度上也反映了该地区提供的营商环境较差，不能够为商业活动提供较好的保障。因此，本书将商业纠纷发生情况作为主要指标之一进行衡量。商业纠纷发生情况可以有效反映出该地区是否有利于企业进行商业经营活动。主要考虑的指标是**每个年度商业纠纷事件发生的次数**，将数据进行处理可以得到二级指标"商业纠纷发生情况"的指标结果，商业纠纷事件发生次数越多，说明该地的投资经营环境建设效果越差，反之投资经营环境建设效果越好。

⑤ 企业融资便利度

企业融资便利度主要考虑的是琴澳两地的企业在融资方面的便利程度。一个地区的企业融资越便捷、融资成本越低，则企业越能够得到充分的资金支持，进而能够有效促进企业的快速发展。因此，本书也将企业融资便利度选为琴澳营商环境指数下的重要二级指标，通过该指标可以了解横琴和澳门两个地区的企业融资便捷程度。衡量企业融资便利度的指标主要有：区域内企业贷款平均利率、区域内提供融资服务金融机构的数量、区域内新增直接融资总额。

区域内企业贷款平均利率主要反映的是琴澳两地企业的间接融资成本，商业银行贷款目前仍旧是企业主要的融资方式，因此该指标能够有效衡量两地的具体融资情况。**区域内提供融资服务金融机构的数量**反映的是提供金融中介服务的机构供应情况，机构数量越多，企业融资越便利。**区域内新增直接融资总额**反映的是琴澳两地的直接融资情况，直接融资总额越大，说明区域直接融资情况越好，企业融资便利程度越高。将以上 3 个方面的数据进行处理并按照确定的权重进行加权平均可以得到二级指标"企业融资便利度"的指标结果，并可以据此进一步计算一级指标的数值。

以上 5 个方面即为一级指标"投资经营环境建设"下二级指标的主要内容，根据 5 个指标的结果按照确定的权重进行加权平均可以得到投资经营环境建设的结果，了解琴澳两地投资经营环境的建设情况，并可以据此进一步计算琴澳营商经营环境指数。

5.3.4　营商交通设施建设

营商交通设施建设是指一个地区可以支持企业生产经营活动以及就职者生活等多方面的交通设施建设情况，主要考虑的是交通运输等方面，这些方面能够有效地促进企业生产经营活动的开展，并且，一个有着便利交通设施的地区通常也更能够吸引世界各地的企业在该地注册发展。以横琴而言，该地是中国"一国两制"的交汇点，与澳门相邻，与香港有港珠澳大桥相连，并且通过港口可到深圳等地，这些都是该地营商环境的优势。一个地区的政府需要不断通过城市基础设施的建设来完善城市的营商环境。作为一级指标的"营商基础设施建设"共有 7 个二级指标，分别为：机场航空建设情况、公共交通建设情况、道路建设情况、邮电发展情况、轨道交通建设情况、港口码头建设情况和口岸交通建设情况。

❶ 机场航空建设情况

机场航空建设情况主要考虑的是琴澳两地的机场航空所能够提供服务的情况。一个地区的机场航空的建设情况与这个地区的经济发展息息相关。当今社会的发展，航空已经成为最重要的交通运输方式之一，所以机场航空建设的情况在一定程度上也能够反映营商环境建设的情况。因此，本书将机场航空建设情况作为营商基础设施建设下的重要指标。衡量机场航空建设情况的指标主要有 2 个，分别为：人均航空吞吐量和开通航线数。

人均航空吞吐量反映的是琴澳两地的机场航空吞吐量情况，人均航空吞吐量越大，机场航空建设情况越好。**开通航线数**反映的是琴澳两地机场所通达的国家和地区数目，开通航线数越多，机场航空建设也越好。将以上 2 个方面的指标结果处理后，按照确定的权重进行加权平均可以得到二级指标"机场航空建设情况"的指标结果，并可以据此进一步计算一级指标数值。

❷ 公共交通建设情况

公共交通建设情况主要考虑的是琴澳两地提供的公共交通工具的发展情况。公共交通工具是城市运输的重要力量，通常越发达的城市，其公共交通建设也越发达，因此，本书将公共交通建设情况作为三级指标进行考量。衡量公共交通建设情况的三级指标主要有 2 个，分别为：人均公交车数量和人均出租汽车数量。

人均公交车数量反映的是横琴新区和澳门特别行政区人均所能够拥有的公交车数量，人均公交车数量越多，公共交通建设情况越好，反之越差。**人均出租汽车数量**反映的是横琴新区和澳门特别行政区人均所能够拥有的出租汽车数量，人均出租汽车数量越多，则公共交通建设情况越好，反之越差。将 2 个指标的数据结果处理后，按照确定的权重进行加权平均可以得到二级指标"公共交通建设情况"的指标结果。

❸ 道路建设情况

道路建设情况主要考虑的是琴澳两地的城市道路建设情况。城市道路建设是提升客货运输效率、企业经营效率以及居民生活效率的重要方面。因此，本书将道路建设情况作为营商基础设施建设下的重要指标。道路建设情况的三级指标主要有 2 个，分别为：道路长度和人均城市道路面积。

道路长度所考察的是琴澳两地所建设完成的道路的长度情况，道路长度越长，道路建设情况越好，反之道路建设情况越差。**人均城市道路面积**则是从人均的角度反映琴澳两地的城市道路建设情况，人均城市道路面积越大，道路建设情况越好，反之情况越差。将两组数据进行处理并加权平均可以得到二级指标"道路建设情况"的指标结果，并可以据此进一步计算一级指标的结果。

❹ 邮电发展情况

邮电发展情况主要考虑的是琴澳两地的邮电通信企业为社会提供各类邮电通信业务的情况。企业在经营发展过程中需要当地提供高效快速的邮电通信业务，从而帮助企业和个人进行有效的沟通和互联。邮电业务总量数据主要包括邮政业务总量和电信业务总量两个方面，包括杂志、报纸、快递、电话、移动电话、互联网宽带等各个方面，能够从总体上衡量地区的邮电发展情况。因此，本书将琴澳两地的邮电发展情况作为衡量营商基础设施建设的重要指标。衡量邮电发展情况的三级指标主要有 2 个，分别为：邮政业务总量和电信业务总量。

邮政业务总量主要反映的是琴澳两地的邮政业务发展情况，邮政业务总量越多，说明发展情况越好。**电信业务总量**反映的是琴澳两地的电信业务发展情况，电信业务总量越多，说明发展情况越好。将以上 2 个方面的指标结果处理后按照确定的权重进行加权平均可以得到二级指标"邮政业务总量"的指标结果，并可以据此进一步计算一级指标的结果。

❺ 轨道交通建设情况

轨道交通建设情况主要考虑的是琴澳两地轨道交通的建设情况，这其中包括长距离的陆地运输，也包括日渐流行的中短距离的城市交通。轨道交通的建设情况能够很好地反映城市的基础设施建设情况，提高企业和个人出行效率，缩短各个城市和地区之间的距离。因此，该指标也从一个方面反映城市营商环境的建设情况，这也是本书选择其为二级指标的原因。轨道交通建设情况主要有两方面指标考虑，分别为：轨道交通线路长度和轨道交通客运总量。

轨道交通线路长度是从长度的角度反映横琴新区和澳门特别行政区两地的轨道交通建设情况，长度越长，建设情况越好。**轨道交通客运总量**则从客运的角度反映横琴新区和澳门特别行政区两地的轨道交通建设情况，客运量越大，建设情况越好。将以上 2 个方面的指标结果处理后按照确定的权重进行加权平均可以得到二级指标"轨道交通建设情况"的指标结果，并可以据此进一步计算一级指标的数值。

❻ 港口码头建设情况

港口码头建设情况主要考虑的是琴澳两地港口码头的建设和发展情况。两地均为沿海地区，因此港口码头建设至关重要，较好的港口码头建设也能够吸引更多的企业在该地注册发展。本书将港口码头建设情况作为二级指标主要考虑 4 个方面的内容，分别为：港口码头泊位、码头泊位长度、港口旅客吞吐量、港口货物吞吐量。

从这 4 个方面的数据可以总体了解两地港口码头的建设情况。**港口码头泊位**越多，港口码头建设情况越好；**码头泊位长度**越长，港口码头建设情况越好；**港口旅客吞吐量**越大，港口码头建设情况越好；**港口货物吞吐量**越大，港口码头建设情况越好。将以上 4 个方面的数据结果进行处理后按照确定的权重加权平均可以得到二级指标"港口码头建设情况"的指标得分，并可以据此进一步计算出一级指标数值。

❼ 口岸交通建设情况

口岸交通建设情况主要考虑的是琴澳两地的口岸交通设施建设和口岸交通发展情况。连接澳门和珠海之间的交通口岸有莲花口岸、横琴口岸、拱北口岸、跨境工业区口岸和港珠澳大桥口岸等，其中横琴口岸和莲花口岸是琴澳两地相连的地点，也是琴澳两地人员往返的最重要通道。随着琴澳两地合作发展越来越深入，两地口岸交通的建设情况也越来越重要，因此，本书将琴澳口岸交通建设情况考虑其中。该指标主要通过 3 个方面衡量，分别为：口岸人员通关量、口岸车辆通关量和平均口岸通关时间。

口岸人员通关量、口岸车辆通关量和**平均口岸通关时间**与口岸交通建设情况均为正向关系，能够有效反映口岸交通的建设情况。将 3 个方面的数据结果进行处理后按照确定的权重加权平均可以得到二级指标"口岸交通建设情况"的指标得分，并可以据此进一步计算一级指标的结果。

以上 7 个方面即为一级指标"营商交通设施建设"下二级指标的主要内容，将 7 个方面的数据按照确定的权重进行加权平均可以得到营商基础设施建设的指标结果，了解琴澳两地的营商交通设施建设的具体情况，并可以据此进一步计算琴澳营商环境指数的结果。

5.3.5 城市功能环境建设

城市功能环境建设是指一个地区为企业的工作人员和常住人口的办公和生活所提供的环境。城市功能环境的涵盖面比较广，包括居民的消费、医疗、教育、办公条件、生态环境等多个方面，这些环境是影响一个城市吸引人才工作生活的重要因素，同时也是决定一个地区营商环境好坏的重要条件。因此，本书将城市功能环境建设作为一级指标来反映琴澳两地营商环境的情况。一级指标"城市功能环境建设"下共有 5 个二级指标，分别为：居民消费水平、医疗资源条件、城市办公条件、教育资源条件和生态环境情况。

❶ 居民消费水平

居民消费水平主要考虑的是琴澳两地居民的消费物价水平，能够有效反映地区居民的生活成本。生活成本是企业和人才选择城市的重要考量部分，因此也是营商环境所考量的重要组成。本书将居民的消费水平作为城市功能环境下的三级指标。衡量居民消费水平主要通过消费物价指数（consumer price index，CPI）来衡量，CPI 是衡量物价水平最广泛的指标，是重要的宏观经济指标。CPI 越高，说明物价水平涨幅越大，居民的生活成本越高，居民消费水平越高，不利于营商环境建设。得到 CPI 进行处理后可得到二级指标"居民消费水平"的指标结果。

❷ **医疗资源条件**

医疗资源条件主要考虑的是琴澳两地所能够提供的医疗服务和资源的情况。医疗资源对于一个城市至关重要，好的营商环境也离不开出色的医疗资源条件，因此本书将医疗资源条件选为城市功能环境建设下的二级指标。衡量医疗资源条件主要有 2 个方面内容，分别为：每万人医疗床位数和每万人医生数。

每万人医疗床位数考察的是琴澳两地的医疗床位供应情况，每万人医疗床位数越多，该区域的医疗资源条件越好。**每万人医生数**则是从医生供给的角度考察琴澳两地的医疗资源情况，每万人医生数越多，说明居民越能够享有充分的医疗资源。将以上 2 个方面的数据结果进行处理并加权平均可以得到二级指标"医疗资源条件"的指标结果，并可以据此进一步计算一级指标的数值。

❸ **城市办公条件**

城市办公条件主要考虑的是琴澳两地能够为企业和个人提供的办公环境和条件。诸多产业尤其是服务业都对办公环境有着较高的要求，城市所能够提供的办公条件也在一定程度上影响着企业和个人的选择。因此，本书将城市办公条件作为城市功能环境建设下的二级指标。该部分主要从写字楼办公供给面积、写字楼平均租赁价格 2 个方面来衡量。

写字楼办公供给面积越大，说明城市提供的办公区域越多，城市办公条件越好。**写字楼平均租赁价格**越低，说明企业办公成本越低，则城市办公条件越好。将以上 2 个方面的数据结果进行处理并加权平均可以得到二级指标"城市办公条件"的指标结果，并可以据此进一步计算一级指标的结果。

❹ **教育资源条件**

教育资源条件主要考虑的是琴澳两地能够提供的教育资源和教育服务与支持。教育对于员工的培养非常重要，一个地区的教育资源越丰富，就越容易产生人才的集聚，企业也更倾向于在该地进行注册发展。因此，本书将教育资源条件作为城市功能环境下的二级指标。该部分主要从 3 个方面进行衡量，分别为：区域内高校数量、专业技术培训学校数量和公共图书馆藏书量。

区域内高校数量越多，教育资源条件越好；**专业技术培训学校**数量越多，说明越能够提供大量的专业技术人才，教育资源条件越好；同时，**公共图书馆的藏书量**越多，说明教育资源条件越好。将以上 3 个方面的数据结果进行处理并加权平均可以得到二级指标"教育资源条件"的指标结果，并可以据此进一步计算一级指标数值。

❺ 生态环境情况

生态环境情况主要考虑的是琴澳两地的生态居住环境，能够反映两地的气候和环境是否宜居。如今企业越来越看重其办公城市的自然环境好坏，尤其是对于那些优秀企业来说，它们更加倾向于选择生态环境较好的城市进行注册经营办公。因此，本书将生态环境情况作为城市功能环境建设下的重要二级指标。该指标主要通过 4 个方面来衡量，分别为：绿化覆盖率、PM2.5 浓度、空气质量达标天数和废水排放量。

绿化覆盖率越高，该地的生态环境情况越好；**PM2.5 浓度**也是目前衡量生态环境情况的重要指标，浓度越低，说明生态环境情况越好；**空气质量达标天数**即 AQI<100 的天数越多，说明生态环境情况越好；**废水排放量**越低，说明生态环境情况越好。将以上 4 个方面的数据结果进行处理并加权平均可以得到二级指标"生态环境情况"的指标结果，并可以据此进一步计算一级指标的数值。

以上 5 个方面即为一级指标"城市功能环境建设"下二级指标的主要内容，将 5 个方面的数据按照确定的权重进行加权平均可以得到城市功能环境建设的指标数值，了解琴澳两地的城市功能环境建设的具体情况，并可以据此进一步计算琴澳营商环境指数的结果。

5.3.6 人才储量与吸引程度

人才储量与吸引程度主要是指一个国家或者地区所拥有的人才情况，以及一个国家和地区对于人才的吸引情况，该指标涵盖了高校劳动力、外来人口流失、劳动力学历水平、劳动纠纷事件等多方面。该指标能够反映一个区域是否具备充分的人才储备以及对人才是否已经产生了足够的吸引力。任何企业的经营发展都离不开人才，企业在一个地区注册成立并开展业务时，需要雇佣大量当地的人才，只有当地人才充足并且质量较高的时候，企业才更倾向于选址于此。因此，本书也将人才储量与吸引程度选为琴澳营商环境指数下的一级指标，并从人才的角度反映琴澳营商环境的情况。作为一级指标的"人才储备与吸引程度"共有二级指标 6 个，分别为：新增高校劳动力、新招人才薪酬水平、劳动力学历水平、青年劳动力水平、外来人口流失程度以及劳动纠纷发生情况。

❶ 新增高校劳动力

新增高校劳动力主要考虑的是琴澳两地在一定时期内新增劳动人员的情况，新增劳动力的数量越多，说明琴澳两地的人才供给情况越足。这里主要考虑高校劳动力的原因在于琴澳两地的产业发展更倾向于人才素质更高的高校毕业生。因此，本书将新增高校劳动力作为人才储备与吸引程度下的第一个二级指标。衡量新增高校劳动力的主要三级指标是琴澳两地所有高校的**当年毕业生人数**，这些毕业生将是未来琴澳两地发展所需的潜在人才。当年高校的毕业生人数越多，新增高校劳动力也就越多，说明人才储量越充足。将该指标数值进行处理可以得到二级指标"新增高校劳动力"的指标结果。

❷ 新招人才薪酬水平

新招人才薪酬水平主要考虑的是琴澳两地的企事业单位为新招人才提供的薪酬水平，薪酬水平越高，能够在一定程度上说明该地区的人才吸引政策较好，更利于人才的吸引。衡量新招人才的薪酬水平的主要指标为每一年度在一个地区的**所有招聘岗位平均薪酬水平**，平均薪水越高，说明新招人才的薪酬水平越高，人才的吸引能力越强。将该指标数值进行处理可以得到二级指标"新招人才薪酬水平"的指标结果。

❸ 劳动力学历水平

劳动力学历水平主要考虑的是琴澳两地的储备人才的知识水平层次，学历在一定程度上能够直观反映劳动力的水平和能力，一个地区的高水平人才越多，说明该地区的人才储备水平较高，也更能够满足企业的人才需求。因此，本书将劳动力学历水平选为上述一级指标下的二级指标。衡量劳动力学历水平主要考虑 2 个方面，分别为：劳动力拥有硕士学位的比例和劳动力拥有博士学位的比例。

劳动力拥有硕士学位的比例反映的是琴澳两地劳动力处于硕士学位水平的比例，硕士学位相比学士学位来讲一般更加受到招聘单位的青睐，知识储备相对更多，因此，该比例越高，琴澳两地劳动力学历水平越高。**劳动力拥有博士学位的比例**反映的是琴澳两地劳动力拥有博士学位水平的比例，博士研究生是高新技术企业进行科技创新活动的主力军，因此，该比例越高，则说明劳动力的素质越高。将以上 2 个方面的指标数值进行处理，并按照确定的权重加权平均可以得到二级指标"劳动力学历水平"的指标结果。

❹ 青年劳动力水平

青年劳动力水平主要考虑的是琴澳两地的青年劳动力的储备情况。相比中老年，青年劳动力更容易被企业所接受，并且一个地区青年劳动力的多少也反映了该地区的发展活力。因此，青年劳动力的储备情况也能够反映一个地区的营商环境情况。青年劳动力水平的衡量指标为**劳动力中青年所占的比例**，青年所占比例越高，青年劳动力水平就越高，劳动力的储备质量就越高，因此在一定程度上反映了营商环境水平较高。将该比例处理后可以得到二级指标"青年劳动力水平"的指标数值。

❺ 外来人口流失程度

外来人口流失程度主要考虑的是琴澳两地的外来人口流失情况，一个充满活力有吸引力的城市通常会有大量的外来人口涌入，当外来人口流失较少时，说明该地区能够更好地储备人才，对人才的吸引程度更高，因此可以在一定程度上反映人才储量和吸引程度。外来人口流失程度的度量主要通过**外来人口流失率**来体现。外来人口流失率越低，说明该地区的外来人口更倾向于留下工作，该地区具备较好的留存人才的能力，反之留存人才的能力越低。将外来人口流失率的指标进行处理后可以得到二级指标"外来人口流失程度"的指标结果。

❻ 劳动纠纷发生情况

劳动纠纷发生情况主要考虑的是琴澳两地对于人才的保护情况。当一个地区频繁出现劳动纠纷事件时，在一定程度上可以说明该地区的人才保护和管理情况存在着缺陷，这也降低了该地区对于人才的吸引程度。因此，本书将劳动纠纷的发生情况作为人才储备与吸引程度下的最后一个二级指标。衡量该指标主要通过每一年度的**劳动纠纷事件发生次数**来实现。每一年度的劳动纠纷事件发生越多，说明该地区的人才管理水平和人才保护能力越差，对于人才的吸引能力也就越差，因此会降低人才储量与吸引程度的最终得分。将劳动纠纷事件的次数进行处理可以得到二级指标"劳动纠纷发生情况"的指标结果。

以上 6 个方面即为一级指标"人才储量与吸引程度"下二级指标的主要内容，将 6 个方面的数据按照确定的权重进行加权平均可以得到人才储量与吸引程度的指标数值，了解琴澳两地的人才储量与吸引程度的具体情况，并可以据此进一步计算琴澳营商环境指数的结果。

5.3.7　政策支持环境

政策支持环境是指一个地区或者城市得到的国家、省级、市级等战略政策的支持。在中国，政策支持对于一个地区的发展至关重要，尤其是国家的重大战略政策会促进某些地区的快速发展。因此在很多时候，企业会非常看重一个地区的政策支持，政策支持力度越大，企业的发展前景就越好。本书将政策支持环境作为琴澳营商环境指数中的一级指标，对于衡量琴澳两地的营商环境具有重要意义，能够更加准确地反映营商环境的情况。一级指标"政策支持环境"共有 5 个二级指标，分别为：国家级战略及政策支持、省级战略及政策支持、区域政策支持、自贸区发展情况以及产业园建设情况。

❶ 国家级战略及政策支持

国家级战略及政策支持考虑的是国家重要发展战略涉及琴澳两地的部分，针对琴澳两地所进行的政策支持和战略规划情况。该指标能够反映国家对于一个地区的重视程度，重视程度越高，企业越倾向于在该地区发展，这些地区也更有能力取得快速发展。国家级战略及政策支持的衡量方法是**每年国家下发规划文件的数量**，这其中包括规划文件中涉及琴澳两地的部分，以及针对琴澳两地所发布的规划文件。规划文件的数量越多，国家级战略及政策支持的力度越大，该地区营商环境的走向趋势更好。将规划文件数量进行处理后可以得到二级指标"国家级战略及政策支持"的结果。

❷ 省级战略及政策支持

省级战略及政策支持考虑的是一省重要发展战略涉及横琴和澳门的部分以及一省针对横琴和澳门的政策支持和规划。该指标能够反映一个省份对于一个地区的重视程度。省政府对于一个地区的重视程度越高,该地区越容易得到发展,企业更倾向于在此经营发展。省级战略及政策支持的衡量对于横琴和澳门有着一定的差异。对于横琴来讲,省级战略及政策支持考虑的是广东省对其政策支持和规划文件的数量;对于澳门而言,省级战略及政策支持是指除中国香港和中国台湾以外中国各个省份对于澳门的政策支持与合作的规划文件的数量。规划文件的数量越多,说明省级战略及政策支持的力度越大,琴澳两地越容易有一个更好的营商环境。将规划文件数量进行处理后可以得到二级指标"省级战略及政策支持"的指标结果。

❸ 区域政策支持

区域政策支持考虑的是一个区域的合作发展战略和政策涉及横琴和澳门的部分,这里的区域并不局限于一个省份。该指标能够反映一个区域的战略发展对于琴澳两地的带动作用。一个地区融入更多的区域发展中,就面临着更多的发展机会,营商环境建设水平也更好,企业也更倾向于在此发展。区域政策支持考虑的是琴澳两地融入的区域发展与合作的数量,数量越多,说明区域政策支持对于其潜在带动作用越大,琴澳两地越容易有一个更好的营商环境,将该数量进行处理后可以得到二级指标"区域政策支持"的指标结果。

❹ 自贸区发展情况

自贸区发展情况考虑的是琴澳两地特别是横琴自贸区的发展建设情况。国家在全国多个地点设立了自由贸易试验区试点,这些自由贸易区的设立对于一个地区的发展有着重要的作用,通过自贸区的发展情况,能够反映该地区的营商环境情况,从而反映企业是否乐于在此地进行商务经营活动。自贸区发展情况的主要衡量方法包括注册市场主体数量增长、企业注册资本增长、固定资产投资增长 3 个方面。由于澳门并非是自贸区,因此,这里的琴澳自贸区发展情况主要考虑横琴自贸片区的情况。

注册市场主体数量增长反映的是在横琴新区注册的市场主体的数量情况;**企业注册资本增长**从注册资本的角度反映横琴新区注册企业的规模情况;**固定资产投资增长**反映了横琴新区固定资产投资的增长情况,了解横琴新区的投资热度。自贸区注册市场主体数量增长越快、自贸区企业注册资本增长越多、自贸区固定资产投资额增长越多,自贸区的发展情况和势头就越好,营商环境也会不断向好,企业更倾向于在该地区集聚。将以上 3 个方面的指标数据结果进行处理后按照确定的权重进行加权平均可以得到二级指标"自贸区发展情况"的指标结果,并可以据此进一步计算一级指标。

❺ 产业园建设情况

产业园建设情况是琴澳两地将部分特色产业集中，着力发展并建设产业园的情况。产业园通常是政府为了实现产业发展目标而创立的特殊区位环境，因此，产业园的建立能够在一定程度上促进一个产业的发展，该产业也将面临更加良好的营商环境。因此，本书将产业园的建设情况作为政策支持环境下的二级指标，并以此考虑琴澳两地的营商环境质量。衡量产业园建设情况的依据是该地区**产业园建设数量**，产业园建设的数量越多，说明该地区对于产业发展的重视程度越高，其营商环境也越出色。将产业园的建设数量进行处理后可以得到二级指标"产业园建设情况"的指标结果。

以上 5 个方面即为一级指标"政策支持环境"下二级指标的主要内容，将 5 个方面的数据按照确定的权重进行加权平均可以得到政策支持环境的指标结果，了解琴澳两地的政策支持环境的具体情况，并可以据此进一步计算琴澳营商环境指数的结果。

通过对每个二级指标的计算得到各一级指标的结果后，便可以按照确定的权重将各个一级指标的结果进行加权平均，最终得到琴澳营商环境指数的数据结果。深入分析当前琴澳两地的营商环境建设情况，并根据不同方面的得分以及变化调整未来的政策，让政策和调整更加有针对性，从而完善营商环境，吸引海内外企业和资金落地琴澳两地，为经济发展注入持续的活力。

第6章

琴澳融合发展指数体系

6.1 琴澳融合发展概述

横琴岛位于广东省珠海市最南端，是中国内地唯一与香港和澳门路桥相连的地方，是"一国两制"的交汇点，也是中国走向世界，世界进入中国的门户。2009年，国务院正式批复《横琴总体发展规划》，横琴新区正式成立，其作为"特区中的特区"和"改革开放的新地标"，承载着在"一国两制"下探索粤港澳合作新模式示范区的使命与任务。横琴新区自成立之初便积极促进其与澳门特别行政区的融合发展，以横琴为载体大力推进粤港澳融合发展，聚合珠三角的资源、产业、科技优势与港澳的人才、资金、管理优势，加强三地在经济、社会和环境等方面的合作，率先探索建立合作方式灵活、合作主体多元、合作渠道畅顺的新机制，为推进粤港澳更紧密合作提供示范。澳门特别行政区一直是我国经济发展速度较快的地区，依靠其传统的博彩业优势，澳门已经成为世界上人均收入最高的城市之一。随着近几年世界经济面临的下行压力，澳门的经济增速也出现了一定的下滑，发展多元化产业成为澳门未来抵御风险的重要手段。而支持促进澳门产业多元化，也正是横琴新区的重要作用与功能之一。

早在2003年，粤港澳便签署了CEPA协定。此后，每年签署补充协议，合作不断加深。2014年年底，广东与港澳签署了CEPA关于基本实现服务贸易自由化的协议，而服务贸易，正是粤港澳未来合作的重点之一。2019年2月，国务院印发了《粤港澳大湾区发展规划纲要》（以下简称《纲要规划》），对粤港澳地区的协同发展提出了更高的要求。横琴新区和澳门特别行政区作为粤港澳大湾区的重要部门，它们的融合对于促进粤港澳大湾区协同发展有着重要的意义。《纲要规划》指出，加快推进深圳前海、广州南沙、珠海横琴等重大平台开发建设，充分发挥其在进一步深化改革、扩大开放、促进合作中的试验示范作用，拓展港澳发展空间，推动公共服务合作共享，引领带动粤港澳全面合作。要推进珠海横琴粤港澳深度合作示范，包括建设粤港澳深度合作示范区、加强民生合作以及加强开放合作等。未来横琴新区和澳门特别行政区将不断融合，促进澳门经济适度多元化的发展，进而引领粤港澳大湾区的融合与一体化的发展进程。

6.2 琴澳融合发展指数的构建

横琴新区设立后不忘初心，始终坚持促进琴澳的融合发展，支持澳门经济适度多元化。到 2019 年的 10 年间，横琴新区已经发生了巨大的变化，产业发展初具规模，交通基础设施也逐渐健全，通过各类优惠政策和重点项目的建设，横琴正积极在发展自身的同时加强与澳门特别行政区之间的融合。无论是在产业融合方面还是在民生融合方面，横琴都积极推进，并取得了显著的成效。澳门也在通过横琴的力量解决其产业单一和空间局促等问题。目前，融合发展所取得的成效还没有通过数量化的手段进行综合全面的体现，学术界和业界也缺少对横琴和澳门两地融合发展情况的指标评价体系。因此，本书将构建琴澳融合发展指数，力图通过科学、数量化的手段，根据琴澳两地的具体发展特征，构建指数评价体系，有效衡量琴澳融合发展的具体情况。有关政府和部门可以通过指数了解琴澳融合发展取得的成果以及需要进一步提升的方面，从而更好地促进琴澳融合发展，带动粤港澳大湾区的融合发展。

琴澳融合发展指数共有一级指标 3 个，二级指标 10 个，三级指标 25 个。指数分别从金融融合、产业创新融合以及民生交通融合 3 个重点方面评价横琴和澳门两地在融合发展方面所取得的成果，并据此进一步推出更具针对性的发展政策和规划。表 6-1 ～表 6-3 即为琴澳融合发展指数的主要内容。

表 6-1 琴澳融合发展指数——金融融合指标

一 级 指 标	二 级 指 标	三 级 指 标
金融融合	金融资金支持	琴澳合作相关基金项目总额 QFLP 中澳门资金总额
	金融企业入驻	横琴新区澳资金融类企业数量 横琴新区澳资金融类企业注册资本
	房产交易情况	澳门购置横琴新区房产人数 澳门购置横琴新区房产成交额

表 6-2　琴澳融合发展指数——产业创新融合指标

一 级 指 标	二 级 指 标	三 级 指 标
产业创新融合	澳资企业入驻	横琴新区内澳资企业新增数量
		横琴新区内澳资企业新增注册资本
		横琴新区内澳资高新企业新增数量
	琴澳项目引进	横琴新区澳门项目新增引进数量
		横琴新区澳门项目引进数量
		横琴新区澳门项目孵化数量
	项目办公支持	跨境办公试点面积
		横琴新区澳门项目用地面积
	人才交流融合	横琴新区接收澳门高校实习生数量
		澳门高校招聘会珠海企业数量
		横琴新区就业人员中澳门居民数量

表 6-3　琴澳融合发展指数——民生交通融合指标

一 级 指 标	二 级 指 标	三 级 指 标
民生交通融合	医疗融合	珠海市医疗保险覆盖澳门居民数量
		澳门赴珠海医院就诊人数
	税收补贴	珠海市发放个税补贴数量（针对澳门居民）
		珠海市年度个税补贴总额（针对澳门居民）
	跨境交通	横琴—澳门跨境交通日均班次数量
		横琴—莲花口岸日均通关人数
		横琴—莲花口岸日均通关客货车数量
		澳门单牌机动车出入横琴新增配额数

6.3　琴澳融合发展指数的指标说明

6.3.1　金融融合

横琴新区自成立以来，其金融产业快速发展，已经初具规模。作为粤港澳跨境金融合作示范区的主要载体，横琴和澳门之间的金融合作正不断深入，澳门特色金融发展也得到了横琴的支持。《规划纲要》提出支持澳门发展租赁等特色金融业务，探索与邻近地区错位发展，研究在澳门建立以人民币计价结算的证券市场、绿色金融平台、中葡金融服务平台。支持珠海等市发挥各自优势，发展特色金融服务业。琴澳两地的金融合作能够帮助解决澳门面临的产业结构调整问题，支持澳门经济适度多元化的发展。因此，本书将金融融合选为琴澳融合发展指数的第一个指标。衡量该指标的二级指标主要有 3 个，分别为：金融资金支持、金融企业入驻、房产交易情况。分别从金融资金、企业和房地产 3 个方面评价琴澳两地的金融融合情况。

❶ 金融资金支持

金融资金支持主要考虑的是横琴新区和澳门特别行政区两地在金融资金方面的融合情况。琴澳两地的融合离不开金融资金的支持，同时，横琴新区快速发展的资产管理业务和澳门特别行政区的大量闲置资金之间起着重要的互补作用。横琴新区为澳门的资金提供了投资管理的场所，澳门的资金也能够积极参与到横琴新区以及粤港澳大湾区的建设中，从而进一步促进琴澳两地的发展。衡量金融资金支持的数据指标主要有 2 个，分别为琴澳合作相关基金项目总额和 QFLP 中澳门资金总额。

琴澳合作相关基金项目总额主要考察的是琴澳融合发展所建立的有关基金的情况，基金总额越多，说明对于琴澳融合发展的金融资金支持力度越大，越有利于金融融合，从而促进琴澳融合发展。QFLP 即外商投资股权投资企业，该政策为港澳以及境外投资者在珠海设立外商股权投资基金及管理人提供了便利，因此，**QFLP 中澳门资金总额**能够反映琴澳两地在金融资金方面的互利和协同情况，资金总额越大，说明琴澳金融融合发展情况越好。将以上 2 个方面的数据结果处理并进行加权平均可以得到二级指标"金融资金支持"指标数值，并可据此进一步计算一级指标的结果。

❷ 金融企业入驻

金融企业入驻主要考察的是横琴新区的澳资金融类企业在横琴新区的入驻情况。随着横琴新区基础设施的不断完善，优惠的政策条件吸引着金融机构在新区内集聚。与此同时，横琴新区也为澳资金融类企业提供了丰富的配套办公设施以及优惠政策，支持澳门特色金融业的发展，促进琴澳金融融合。因此，通过金融企业入驻的情况可以了解琴澳金融融合的情况。衡量金融企业数据的指标主要有 2 个，分别为：横琴新区澳资金融类企业数量和横琴新区澳资金融类企业注册资本。

横琴新区澳资金融类企业数量和**横琴新区澳资金融类企业注册资本**分别从企业的数量和注册资本 2 个方面了解澳资金融类企业在横琴新区的设立情况，企业数量越多或者注册资本越大，金融企业入驻指标的结果就越好，金融融合程度越好，越有利于琴澳融合发展。将以上 2 个方面的数据结果处理并进行加权平均可以得到二级指标"金融资金支持"指标数值，并可据此进一步计算一级指标的结果。

❸ 房产交易情况

横琴新区的建立带动了地区的房地产市场的发展。房地产市场的快速发展吸引了香港和澳门的投资者到横琴新区购置房产。港澳两地目前尚未开发的土地较少，房价较高。因此，横琴新区极具优势的地理位置为港澳居民提供了良好的居住地点和房产投资地点。特别是对于澳门而言，横琴新区离澳门仅一河之隔，横琴口岸 24 小时通关更是为澳门居民往来工作生活提供了巨大的便利，许多澳门居民选择在横琴新区购置房产，既提升了生活质量，又降低了居住成本。因此，本书将房产交易情况选为重要的二级指标，用来衡量金融融合的情况。衡量房产交易情况的指标主要有 2 个，分别为：澳门购置横琴新区房产人数和澳门购置横琴新区房产成交额。

澳门购置横琴新区房产人数和**澳门购置横琴新区房产成交额**分别从人数和成交额来反映澳门居民在横琴购置房地产的情况，人数越多或者成交额越高，说明房产交易情况越活跃，金融融合情况越好，琴澳两地的融合发展情况越好。将以上 2 个方面的数据结果处理并进行加权平均，可以得到二级指标"金融资金支持"指标数值，并可据此进一步计算一级指标的结果。

以上 3 个方面即为一级指标"金融融合"下的二级指标的主要内容，将 3 个二级指标的计算结果按照确定的权重进行加权平均可以得到金融融合的指标结果，了解琴澳两地金融融合的情况，并可以据此进一步计算琴澳融合发展指数的结果。

6.3.2　产业创新融合

横琴新区的重要作用和使命便是支持澳门经济适度多元化发展。随着琴澳经济交流的日益密切，许多澳门的项目在横琴落地，澳门的资金也积极布局横琴，以横琴为切入点，投资于粤港澳大湾区的建设中。横琴和澳门之间的人才交流也日益密切，人员流动更加频繁，大大促进了琴澳特色创新产业的发展。因此，本书将产业创新融合选作第二个评价琴澳融合发展的一级指标。衡量产业创新融合的二级指标主要有 4 个，分别为：澳资企业入驻、琴澳项目引进、项目办公支持和人才交流融合。通过企业入驻、项目引进、办公支持和人才交流 4 个方面评估琴澳产业创新融合的具体情况。

❶　澳资企业入驻

澳资企业入驻主要考察的是澳门的企业在横琴新区的入驻情况。横琴新区能够为澳资企业提供完善的办公设施和配套的基础设施，以及一系列的优惠政策吸引澳资企业入驻。澳资企业在横琴新区的发展能够加强琴澳两地的产业融合，支持澳门经济适度多元化的发展。因此，本书将澳资企业入驻选作产业创新融合下的第一个二级指标。衡量澳资企业入驻情况的指标主要有 3 个，分别为：横琴新区内澳资企业新增数量、横琴新区内澳资企业新增注册资本以及横琴新区内澳资高新企业新增数量。

横琴新区内澳资企业新增数量和**横琴新区内澳资企业新增注册资本**是从企业数量和资本 2 个方面衡量澳资企业的入驻情况，两个指标与产业创新融合呈正向的关系。**横琴新区内澳资高新企业新增数量**反映的是高新技术企业的落户情况，高新技术企业的发展是澳门经济适度多元化发展的重要方面，该类型企业的新增数量越多，说明两地的产业创新融合效果越好。将以上 3 个方面的数据进行处理并按照特定权重进行加权平均，可以得到二级指标"澳资企业入驻"的结果,并可以进一步计算一级指标的数值。

❷ 琴澳项目引进

随着横琴新区发展建设的不断完善,越来越多的澳门项目选择在横琴孵化,横琴新区也积极引进澳门项目,与澳门合作开展项目开发和实践。横琴新区引进的澳门项目包括旅游休闲、物流商贸、科教研发、文化创意、高新技术及医药卫生等多个产业,符合横琴新区的定位,能够有效支持澳门经济适度多元化发展。因此,衡量琴澳项目引进的情况能够很好地了解琴澳产业创新融合的情况。衡量琴澳项目引进的三级指标主要有3个,分别为:横琴新区澳门项目新增引进数量、横琴新区澳门项目引进数量、横琴新区澳门项目孵化数量。

横琴新区澳门项目新增引进数量考察的是项目引进的增量,增量越大,越有助于琴澳产业创新融合。**横琴新区澳门项目引进数量**考察的是项目引进的总量,总量的不断增加能够从总体上反映产业创新融合的情况。**横琴新区澳门项目孵化数量**考察的是项目孵化成功的数量,孵化成功数量越多,说明越能够促进产业多元化发展,横琴越能够起到支持作用。将以上3个方面的数据进行处理并按照特定权重进行加权平均可以得到二级指标"琴澳项目引进"的指标结果,并可以进一步计算一级指标的结果。

❸ 项目办公支持

项目办公支持主要考察的是横琴新区为引入澳门项目和企业,支持澳门经济适度多元化发展所提供的办公支持场地和项目用地的情况。横琴新区对于项目办公支持的力度越大,新区政府对于产业创新融合的重视程度越高,澳门资金和项目更加倾向于落户横琴。与此同时,充分的项目办公支持也更能够促进项目的孵化和成长。因此,本书将项目办公支持选为第三个二级指标。衡量项目办公支持的数据指标主要有跨境办公试点面积和横琴新区澳门项目用地面积。

跨境办公试点面积反映的是横琴为两地的跨境办公提供的支持情况,跨境办公试点便利了两地企业运营和项目孵化,能够有效促进产业创新发展。**横琴新区澳门项目用地面积**考察的是横琴新区为澳门的项目提供的用地支持,面积越大,支持力度越大,越能够促进产业多元化发展,产业创新融合程度越高。将以上2个方面的数据进行处理并按照特定权重进行加权平均可以得到二级指标"项目办公支持"的指标数值,并可以进一步计算一级指标的结果。

❹ 人才交流融合

除了企业和项目方面的融合发展以外,琴澳两地的人才融合对于融合发展也至关重要。珠海市和横琴新区近几年积极与澳门政府和高校对接,积极支持澳门青年赴珠海市或在横琴新区就业创业,促进两岸青年交流互访。人才交流融合指标可反映横琴新区在吸引澳门青年就业方面的情况。评价人才交流融合情况的指标主要有3个,分别为:横琴新区接收澳门高校实习生数量、澳门高校招聘会珠海企业数量以及横琴新区就业人员中澳门居民数量。

横琴新区接收澳门高校实习生数量主要反映的是横琴在促进澳门青年来内地实习交流的情况。**澳门高校招聘会珠海企业数量**反映的是珠海地区企业对澳门地区高校就业的支持。**横琴新区就业人员澳门居民数量**反映的是澳门居民在横琴就业工作的情况，就业工作人员越多，说明两地的融合效果越好，越有利于产业的创新融合。将以上 3 个方面的数据进行处理并按照特定权重进行加权平均可以得到二级指标"人才交流融合"的指标结果，并可以进一步计算一级指标的结果。

以上 4 个方面即为一级指标"产业创新融合"下的二级指标的主要内容，将 4 个方面的数据进行加权平均可以得到产业创新融合的结果，了解琴澳产业创新融合的具体情况，并可以根据结果进一步计算琴澳融合发展指数的结果。

6.3.3　民生交通融合

除了在经济领域的合作融合以外，近几年横琴新区更加注重在民生方面为澳门居民和内地居民往来提供便利，帮助澳门特别行政区促进人民生活水平进一步的提高。通过各项政策和措施的发布，横琴新区正不断吸引澳门居民来内地工作、居住、生活。因此，本书将民生交通方面的融合情况选为重要的考察方面。衡量民生交通融合指标的二级指标主要有 3 个，分别为：医疗融合、税收补贴及跨境交通，分别从医疗、税收、交通 3 个方面考察琴澳两地的民生和交通融合的情况，进一步了解琴澳融合发展情况。

❶ 医疗融合

澳门土地面积较小，服务业相关建设和场所占据着大量的土地，因此许多民生工程和基础设施的建设较难寻找落地区域。横琴新区以及珠海市城区面积更大，各项民生基础设施建设较为完善，特别是在医疗方面，珠海市医疗机构众多，澳门居民可以通过横琴口岸或拱北口岸等其他口岸到内地就医，提升医疗效率。因此，考察医疗融合情况可了解两地民生融合程度。衡量医疗融合的指标主要有 2 个，分别为：珠海市医疗保险覆盖澳门居民数量以及澳门赴珠海医院就诊人数。

珠海市医疗保险覆盖澳门居民数量考察的是澳门居民享有珠海医保的情况，人数越多，说明两地的医疗融合情况越好。**澳门赴珠海医院就诊人数**反映的是澳门居民来内地就医的普遍性，人数越多，说明越普遍，两地的医疗融合情况越好。将以上 2 个方面的数据进行处理并进行加权平均可以得到二级指标"医疗融合"的指标结果，并可以据此进一步计算一级指标的结果。

❷ 税收补贴

税收补贴主要考虑的是横琴新区为促进两岸民生改善，为吸引澳门居民在横琴工作和生活所提供的税收补贴的情况。降税是最有效改善民生、提升民众获得感的途径之一。为了吸引澳门居民赴横琴生活工作，横琴新区管委会推出了各项税收补贴措施，有效地提升了两岸的民生融合程度。因此，本书将税收补贴选为衡量民生交通融合情况的二级指标。衡量该指标的数据主要有 2 个，分别为珠海市发放个税补贴数量（针对澳门居民）以及珠海市年度个税补贴总额（针对澳门居民）。

珠海市发放个税补贴数量（针对澳门居民）以及**珠海市年度个税补贴总额（针对澳门居民）**分别从个税的补贴数量和个税的补贴总额来考察针对澳门居民的税收补贴情况，2 个指标的数值越大，说明税收补贴力度越大，越有利于民生交通融合，从而促进琴澳融合发展。将以上 2 个方面的数据进行处理并进行加权平均可以得到二级指标"税收补贴"的指标数值，并可以据此进一步计算一级指标的结果。

❸ 跨境交通

提升交通的便捷性是改善民生环境的重要举措，特别是对致力于支持澳门经济适度多元化的横琴而言，提升跨境交通便捷性能够有效促进两地的交流和往来，更好地吸引澳门居民来横琴就业生活。因此，本书也将跨境交通选为重要的二级指标。该指标可以反映琴澳两地跨境往来交通的建设和发展情况，跨境交通发展情况越好，交通融合情况越好，琴澳两地融合发展情况不断向好。衡量跨境交通指标的数据主要有 4 个，分别为：横琴—澳门跨境交通日均班次数量、横琴—莲花口岸日均通关人数、横琴—莲花口岸日均通关客货车数量以及澳门单排机动车出入横琴新增配额数。

横琴—澳门跨境交通日均班次数量反映的是琴澳两地的跨境交通客车的班次情况。**横琴—莲花口岸日均通关人数**和**横琴—莲花口岸日均通关客货车数量**反映的是琴澳两地口岸的通关情况。**澳门单牌机动车出入横琴新增配额数**反映的是横琴新区为促进澳门机动车出入横琴的便捷性所做的措施。将以上 4 个方面的数据进行处理并进行加权平均可以得到二级指标"跨境交通"的指标数值，并可以据此进一步计算一级指标的结果。

以上 3 个方面即为一级指标"民生交通融合"下的二级指标的主要内容，将 3 个指标的数据结果按照确定的权重进行加权平均可以得到民生交通融合指标的结果，了解琴澳两地在民生交通方面的融合情况，并可以进一步计算琴澳融合发展指数。

通过对每个二级指标的计算得到各一级指标的结果后，便可以按照确定的权重将各个一级指标的结果进行加权平均，最终得到琴澳融合发展指数的数据结果，进而了解和深入分析当前琴澳两地的融合发展情况，并根据不同方面的得分以及变化调整未来的政策，让政策更加有针对性，更好地促进琴澳两地的融合发展，推进澳门经济适度多元化的发展，支持粤港澳大湾区的建设。

第 三 篇

琴澳产业发展与
创新指数体系

第7章
琴澳休闲旅游业发展指数体系

7.1 休闲旅游业发展概述

　　休闲旅游业是依托于旅游资源和设施，从事招徕、接待游客，并为游客提供交通、游览、住宿、餐饮、购物、文娱等多方面服务环节的综合性产业。旅游业、交通客运业，以及住宿餐饮业是旅游业务的主要组成部分。改革开放以来，我国高度重视休闲旅游业的发展，实现了从旅游短缺性国家到旅游大国的历史性跨越。2018年全国旅游业对GDP的综合贡献达到了9.94万亿元，占GDP总量的11.04%。旅游直接就业2826万人，旅游直接和间接就业7991万人，占全国就业总人口的10.29%。此外，随着人民生活水平的提高，我国出境旅游市场也实现了快速的发展，2018年出境旅游人数14972万人次，比上年增长14.7%。休闲旅游业在我国有着广阔的发展前景。

　　澳门特别行政区是世界知名的休闲旅游胜地，休闲旅游业也是澳门的重点产业。近些年，依托于历史文化、制度安排以及人文环境等方面的优势，澳门特别行政区也在不断提高其休闲旅游业的核心竞争力。基于经济适度多元化发展思路，澳门正不断探索创新性的休闲旅游业发展路径。横琴新区地处中国旅游城市珠海市的南端，与澳门仅一河之隔，南通南海，地理位置优越，有着丰富的旅游资源。2019年，国务院批复了《横琴国际休闲旅游岛建设方案》，着力将横琴和澳门打造成宜居宜业宜游的国际休闲旅游岛，加快粤港澳大湾区旅游一体化发展。

7.2　琴澳休闲旅游业发展指数的构建

随着国家有关琴澳两地休闲旅游业发展的战略政策的持续推进,横琴新区和澳门特别行政区的休闲旅游业发展也将步入一个新的阶段。但目前还没有针对琴澳两地的休闲旅游市场构建的指标评价体系出现,对于两地的休闲旅游业尚缺乏全面、客观的数量化认识。因此,本研究报告构建琴澳休闲旅游业发展指数,力图通过数量化的方法,发掘能够代表琴澳两地休闲旅游业发展情况的指标,并进行结合,构建琴澳休闲旅游业发展指数。通过琴澳休闲旅游业发展指数可以帮助两地决策部门以及休闲旅游业从业人员等了解本行业的发展情况以及通过评价的结果调整政策的重点以及发展方向。

琴澳休闲旅游业发展指数共包含珠海(横琴)和澳门两部分内容,由于两地区统计口径以及统计指标等的差异,本书在构建琴澳休闲旅游业发展指数时,保持一级指标和二级指标不变,对三级指标进行了一定的调整。在珠海(横琴)休闲旅游业发展指数下,共有一级指标 4 个,二级指标 12 个,三级指标 29 个;澳门休闲旅游业发展指数共有一级指标 4 个,二级指标 12 个,三级指标 30 个。指数分别从旅游市场发展、旅游经济带动发展、旅游生态环境建设、旅游支持建设 4 个方面衡量琴澳两地休闲旅游业发展的具体情况。具体的指标内容如表 7-1～表 7-4 所示,其中黑色字体为珠海(横琴)和澳门共同指标,蓝色字体为珠海(横琴)指标,绿色字体为澳门指标。部分二级指标及三级指标数据目前无法获得,本书通过脚注进行了解释,并未在正文指标解释中进行详细阐述,待未来获得准确数据后再将这些指标纳入指数的计算中。

表 7-1　琴澳休闲旅游业发展指数——旅游市场发展指标

一级指标	二级指标	三级指标
旅游市场发展	旅游业收入情况	休闲旅游业总收入
		国内旅游收入
		旅游外汇收入
		旅客总消费
		酒店业收益
		饮食业收益
		幸运博彩承批企业非博彩业务收入总额
		幸运博彩承批企业非博彩业务收入占总收入比重
	旅客人数情况	国内旅游人数
		入境旅游人数
		入境过夜旅游人数
	景区规范情况①	景区旅客投诉数量
		景区旅客投诉结案率

---

① 景区规范情况是衡量旅游市场发展重要的指标,然而目前相关三级指标数据无法获得,因此待未来得到准确数据后再纳入指标计算中。

续表

一级指标	二级指标	三级指标
	旅游执业人员情况①	旅游执业人员总数
		港澳人员在珠海执业数量
		内地人员在澳门执业数量

表 7-2　琴澳休闲旅游业发展指数——旅游经济带动发展指标

一级指标	二级指标	三级指标
旅游经济带动发展	旅游经济带动情况	休闲旅游业对国民经济的综合贡献度
		休闲旅游业对相关产业的综合贡献度②
	旅游就业促进情况	休闲旅游业对社会就业的综合贡献度
		新增旅游相关就业人数

表 7-3　琴澳休闲旅游业发展指数——旅游生态环境建设指标

一级指标	二级指标	三级指标
旅游生态环境建设	生态用地情况	绿化覆盖率
		人均公园绿地面积
		人均绿地面积
	环境质量情况	空气质量优良天数所占比重
		人均水资源
		出厂水氯化物含量
	消耗排放情况	工业烟（粉尘）排放量
		工业二氧化硫排放量
		人均固体废物弃置量
		家居废料
		工业厂废料

表 7-4　琴澳休闲旅游业发展指数——旅游支持建设指标

一级指标	二级指标	三级指标
旅游支持建设	旅游基础设施建设	旅游相关产业年度完成固定资产投资额
		旅游相关产业年度外来直接投资额
		星级酒店数
	公共服务体系建设	每万人公共文化设施面积
		公共康体设施使用人次
	旅游交通建设	民航旅客周转量
		往来商业飞机班次
		直升机往来班次
		港口旅客吞吐量
		港口货物吞吐量
		往来客轮班次
		铁路营运里程
		道路行车线
		口岸出入境人数情况
		口岸车辆通关量

---

① 旅游执业人员情况是从旅游从业人员角度反映旅游市场发展情况，然而目前相关三级指标数据无法获得，因此待未来得到准确数据后再纳入指标计算中。

② 该指标是反映休闲旅游业对旅游相关产业的带动作用，目前不易统计，获取难度较大，因此目前不纳入指数计算中，待获得准确数据后加入到指数运算。

7.3　琴澳休闲旅游业发展指数的指标说明

7.3.1　旅游市场发展

琴澳休闲旅游业发展指数的第一个一级指标为旅游市场发展，该指标考察的主要方面是琴澳两地旅游市场的发展情况。考察两地的休闲旅游业发展情况首先需要对旅游市场有清晰的了解，对于旅游市场的发展现状有清晰的认识。因此，本报告将该指标选为第一个一级指标。旅游市场发展指标下共有 2 个二级指标，分别从旅游业收入情况和旅客人数情况两个方面对旅游市场的发展情况进行全面的考察。

❶　旅游业收入情况

旅游业收入情况主要考虑的是横琴和澳门两地的休闲旅游业的收入水平，收入情况能够有效地反映休闲旅游业的发展规模和发展情况，收入的不断提高也能体现整个旅游业的发展情况和前景。因此，本部分将该指标选为重要的二级指标。旅游业收入情况主要通过 8 个三级指标衡量，分别为：休闲旅游业总收入、国内旅游收入、旅游外汇收入、旅客总消费、酒店业收益、饮食业收益、幸运博彩业承批企业非博彩业务收入总额和幸运博彩业承批企业非博彩业务占总收入比重。其中，衡量珠海（横琴）的指标有 3 个，衡量澳门的指标有 5 个。

休闲旅游业总收入衡量的是整体的收入情况；**国内旅游收入**考虑的是本国居民在珠海的旅游收入；**旅游外汇收入**考虑的是入境珠海旅游的旅行人员所带来的外汇收入；**旅客总消费**反映的是澳门旅客的消费情况；**酒店业收益**和**饮食业收益**反映的是澳门的旅游业重要相关产业的收益情况，从 2 个产业可以有效了解旅游的收入情况；**幸运博彩业承批企业非博彩业务收入总额**和**幸运博彩业承批企业非博彩业务占总收入比重**则反映的是澳门幸运博彩业承批企业非博彩业务的收入情况，了解非博彩业务收入的目的是分析经济适度多元化以及旅游收入多元化的情况。以上 8 个方面的收入指标与旅游业收入情况均为正向关系，旅游业收入情况越好，休闲旅游业发展指数越高。将 3 个方面的数据进行处理后，进行加权平均可以得到二级指标"旅游业收入情况"的结果。

❷　旅客人数情况

旅客人数情况主要考虑的是珠海（横琴）和澳门两地的接待旅客数量的情况，旅客是推进旅游市场发展的最重要的力量，旅客人数的多少在很大程度上直接关系旅游市场的发展情况，因此，本部分考虑旅客人数的情况，衡量该二级指标主要有 3 个方面，分别为：国内旅游人数、入境旅游人数和入境过夜旅游人数。其中衡量珠海（横琴）的指标有 3 个，衡量澳门的指标有 2 个。

国内旅游人数考察的是珠海的国内旅游人数情况；**入境旅游人数**考虑的是琴澳两地的外

国旅客人数情况；**入境过夜旅游人数**考虑的是入境旅客中在两地过夜的人数，因为许多入境旅客为过境旅客，而过夜旅客更能够促进旅游业尤其是相关的宾馆饭店产业的发展，因此将入境过夜旅游人数考虑其中。以上 3 个方面与琴澳休闲旅游业的发展情况均为正相关关系。将 3 个方面的数据处理并进行加权平均，可以得到二级指标"旅客人数情况"的结果。

以上 2 个方面即为一级指标"旅游收入情况"下二级指标的主要内容，将 2 个方面的数据结果按照确定的权重进行加权平均可以得到一级指标的结果，了解琴澳两地旅游收入的具体情况，并可依据此进一步计算琴澳休闲旅游业发展指数的结果。

7.3.2　旅游经济带动发展

旅游经济带动发展指的是琴澳两地的休闲旅游业的发展对两地的经济带动作用，这里包括了对经济的贡献带动作用，还包括了休闲旅游业对当地就业的带动促进作用。旅游业对经济的带动作用也是需要考量的重要方面，该指标能够有效反映琴澳两地休闲旅游业发展的情况。作为一级指标，其下共有二级指标 2 个，分别为：旅游经济带动情况和旅游就业促进情况。

❶ 旅游经济带动情况

旅游经济带动情况所考察的是珠海（横琴）和澳门两地的休闲旅游业的发展对当地经济的带动作用。产业之间的联动发展和相互促进对于提升经济综合发展具有重要意义，通过休闲旅游业的发展带动相关产业的发展也是促进旅游业发展的更好方式，因此本报告也将旅游经济带动情况选为二级指标。在该指标下主要有 1 个三级指标，即休闲旅游业对国民经济的综合贡献度，通过该指标衡量珠海（横琴）和澳门两地的旅游经济带动情况。

休闲旅游业对国民经济的综合贡献度主要通过休闲旅游业增加值占地方 GDP 的比重来衡量，休闲旅游业在珠海和澳门都是重要的支柱性产业，所以该指标可以有效反映休闲旅游业对珠海和澳门两地的经济带动作用。休闲旅游业对国民经济的贡献度越高，说明旅游经济带动能力越强，旅游经济带动发展指标的结果越大。将数据进行处理后便可以得到二级指标"旅游经济带动情况"的结果。

❷ 旅游就业促进情况

旅游就业促进情况所考察的是珠海（横琴）和澳门两地的休闲旅游业的发展对社会就业的支持和促进的情况。休闲旅游业的快速发展和规模的扩大对于当地的就业有着很强的促进作用，并且旅游产业发展所提供就业岗位的能力也是衡量休闲旅游业发展的重要方面。因此本书将旅游就业促进情况选为旅游经济带动发展下的重要二级指标。该指标下共有两方面的数据，分别为：旅游业对社会就业的综合贡献度和新增旅游相关就业人数。2 个三级指标共同衡量珠海和澳门的旅游就业促进情况。

旅游业对社会就业的综合贡献度主要反映的是琴澳两地的旅游业相关就业人数占总就业

人数的比重，该指标可以反映旅游业所提供的就业岗位的比重情况，贡献度越高，说明旅游业对于就业的贡献越大。**新增旅游相关就业人数**则从数量上反映休闲旅游业提供的就业岗位情况，新增旅游相关就业人数越多，则旅游就业促进情况越强，说明休闲旅游业发展情况越好。将 2 个方面的指标进行处理并按照确定的权重进行加权平均可以得到二级指标"旅游就业促进情况"的指标结果。

以上 2 个方面即为一级指标"旅游经济带动发展"下的二级指标的主要内容，将 2 个指标的结果进行加权平均可以得到旅游经济带动发展的指标数值，并可据此进一步计算琴澳休闲旅游业发展指数的结果。

7.3.3　旅游生态环境建设

旅游生态环境建设指的是珠海（横琴）和澳门特别行政区的旅游生态环境的建设情况。两地有着丰富的自然资源，生态环境优良也是两地的旅游优势，而保持良好的生态环境对于吸引世界各地游客具有重要作用。因此，琴澳两地发挥优势，促进生态环境建设的情况成为休闲旅游业发展情况所要重点考量的方面。作为一级指标，在其下共有二级指标 3 个，分别为生态用地情况、环境质量情况和消耗情况。通过这 3 个方面可以衡量旅游生态环境的建设情况。

❶ 生态用地情况

生态用地情况考察的是横琴和澳门两地生态用地的开发和保护的情况。保留生态用地能够提升生态环境水平，特别是对于横琴而言，建设国际休闲旅游岛更加离不开生态用地的保护建设，避免过度的工业化开发。衡量生态用地情况的主要三级指标有 3 个，分别为：绿化覆盖率、人均公园绿地面积和人均绿地面积。其中用来衡量珠海（横琴）的三级指标有 2 个，衡量澳门的三级指标有 1 个。

绿化覆盖率主要反映的是珠海（横琴）的绿化情况，绿化覆盖率是直接反映地区环境保护情况的指标，绿化覆盖率越高，则生态用地的情况越好。**人均公园绿地面积**和**人均绿地面积**则分别反映琴澳两地人均享有的生态用地的情况，公园和绿地面积的大小能在一定程度上反映地区对生态环境的重视以及对人民生活的重视，人均公园和绿地的面积越大，说明生态用地越多，生态用地情况越好。将以上 3 个指标的数据处理后按照确定的权重进行加权平均可以得到二级指标"生态用地情况"的指标数据，并可以据此进一步计算一级指标的结果。

❷ 环境质量情况

环境质量情况所考察的是珠海（横琴）和澳门两地的空气质量，环境质量情况是衡量生态环境好坏的重要指标，因此，本报告也将环境质量情况选为二级指标进行考察。近些年来，琴澳两地的旅游优势之一就在于其较高的环境质量，游客也更倾向于在假期选择环境质量较好的地方休憩。许多高等级的会议也愿意选择环境优美的地方举办，因此环境质量情况至关重要。衡量环境质量情况的数据指标主要有 3 个，分别为：空气质量优良天数所占比重、人均水资源、出厂水氯化物含量。其中衡量珠海（横琴）的指标有 2 个，衡量澳门的指标有 2 个。

空气质量优良天数所占比重所考量的是珠海（横琴）和澳门两地的空气情况，空气质量情况对于游客休闲度假地的选择至关重要，商务会议也倾向于选择空气较好的沿海地区，因此，空气质量优良天数越多，则说明环境质量情况越好，越有利于休闲旅游业的发展。**人均水资源**和**出厂水氯化物含量**则分别衡量珠海（横琴）和澳门两地的水资源情况，水资源情况对于人类发展至关重要，水资源的充分性以及水质对于环境质量也至关重要，因此，人均水资源越高，出厂水氯化物含量越低，则环境质量情况越好，越有利于休闲旅游业的发展。将以上 3 个方面的指标的数值结果处理并按照确定的权重进行加权平均可以得到二级指标"环境质量情况"的指标数据，并可以据此进一步计算一级指标的结果。

❸ 消耗排放情况

消耗排放情况所考察的是珠海（横琴）和澳门两地的排放污染相关的情况。较大的资源消耗和废物排放会对环境产生较坏的影响，节能减排不只是可持续发展战略的要求，也是更好地促进旅游生态环境建设的必然途径。琴澳两地在建设休闲旅游胜地时要重视降低消耗排放情况，因此，本书也将消耗排放情况选为旅游生态环境建设下的最后一个二级指标。该指标下共有三级指标 5 个，分别为：工业烟（粉尘）排放量、工业二氧化硫排放量、人均固体废物排放量、家居废料和工业厂废料。其中衡量珠海（横琴）的指标 2 个，衡量澳门的指标 3 个。

工业烟（粉尘）排放量和**工业二氧化硫排放量**主要考察的是珠海（横琴）的污染物排放情况，工业烟（粉尘）和工业二氧化硫均是污染环境的重要因素，降低二者的排放可以有效地促进环境质量改善，因此二者指标结果的大小与消耗排放指标成反比。**人均固体废物排放量、家居废料**和**工业厂废料**主要考察的是澳门的废物排放情况，与前 2 个指标类似，3 个指标的大小与消耗排放情况指标成反比。将以上 5 个方面的数据结果处理后按照确定的权重进行加权平均可以得到二级指标"消耗排放情况"的结果，并可以据此进一步计算一级指标的结果。

以上 3 个方面即为一级指标"旅游生态环境建设"下二级指标的主要内容，将 3 个方面的数据结果按照确定的权重进行加权平均可以得到琴澳两地旅游生态环境建设指标的结果，通过该指标可以深入了解珠海（横琴）和澳门在旅游生态环境方面的建设情况，并可以据此进一步计算琴澳休闲旅游业发展指数的结果。

7.3.4 旅游支持建设

旅游支持建设主要指的是珠海（横琴）和澳门两地的旅游基础设施建设和投资、公共服务体系以及交通基础设施等方面的建设情况。加强旅游相关支持设施的建设对于旅游业的快速发展至关重要，旅游相关设施包括了基础性的公共服务场所以及旅游交通建设等多个方面。

基础设施的完备程度和资金投入能够在很大程度上反映一个地区休闲旅游业的发展情况，因此本书将旅游支持建设纳入考察范围。作为一级指标，旅游支持建设下共有二级指标 3 个，分别为：旅游基础设施投资、公共服务体系建设、旅游交通建设。3 个指标分别从基础设施、公共服务以及旅游交通 3 个方面详细衡量支持休闲旅游业发展的相关建设情况。

❶ 旅游基础设施建设

旅游基础设施建设考量的是珠海（横琴）和澳门两地在旅游基础设施建设所进行的投资以及相关旅游设施场所的建设情况，能够反映两地对于旅游基础设施的投入情况和重视程度。衡量旅游基础设施建设的指标有 3 个，分别为：旅游相关产业年度完成固定资产投资额、旅游相关产业年度外来直接投资额以及星级酒店数。其中衡量珠海（横琴）和澳门的指标各 2 个。

旅游相关产业年度完成固定资产投资额和**旅游相关产业年度外来直接投资额**主要反映的是珠海（横琴）和澳门两地的旅游相关产业固定资产投资和外来直接投资的情况，投资额越高，说明旅游相关建设越好，同时也能够促进旅游基础设施建设。**星级酒店数**反映的是琴澳两地的星级酒店建设数量，星级酒店是承办商务会议以及大型商务活动等休闲旅游相关活动的重要场所，更多的星级酒店数也能够有效促进休闲旅游业的发展，因此本书也将其放在旅游基础设施建设中进行衡量，星级酒店数量越多，旅游支持建设情况越好。将以上 3 个指标的结果进行处理并按照确定的权重进行加权平均可以得到二级指标"旅游基础设施建设"的指标数值，并可以据此进一步计算一级指标的结果。

❷ 公共服务体系建设

公共服务体系建设考量的是珠海（横琴）和澳门两地在公共服务体系建设方面的重视程度和建设成果。城市的休闲旅游业发展需要完善的公共服务体系以提升城市的吸引力，良好的城市环境氛围也更有利于休闲旅游业的发展，因此本书将公共服务体系建设选为第二个二级指标。衡量公共服务体系建设的指标主要有 2 个，分别为：每万人公共文化设施面积与公共康体设施使用人次。

每万人公共文化设施面积是从人均所享有的公共文化设施情况来反映珠海（横琴）的公共服务体系建设情况，面积越大则说明公共服务体系建设情况越好。**公共康体设施使用人次**则从使用次数的角度反映澳门公共服务体系建设情况，使用人次越多，则说明澳门公共服务体系建设情况越好。将以上 2 个指标的数据结果进行处理后按照确定的权重加权平均可以得到二级指标"公共服务体系建设"的指标数值，并可以据此进一步计算一级指标的结果。

❸ 旅游交通建设

旅游交通建设考虑的是珠海（横琴）和澳门两个地区的交通基础设施的建设情况，交通的便利程度对于休闲旅游业的发展非常重要。随着粤港澳大湾区建设进入实质阶段，区域内的交通建设也会为琴澳两地的休闲旅游业提供新的发展契机，因此本部分将衡量交通基础设施的建设情况。衡量交通基础社会建设的三级指标主要有 10 个，分别为：民航旅客周转量、往来商业飞机班次、直升机往来班次、港口旅客吞吐量、港口货物吞吐量、往来客轮班次、铁路营运里程、道路行车线、口岸出入境人数情况以及口岸车辆通关量。衡量珠海（横琴）和澳门两地的指标各有 6 个。

民航旅客周转量反映的是珠海金湾机场的旅客周转情况，民航旅客周转量越大，说明珠海的民航发展情况越好；**往来商业飞机班次**和**直升机往来班次**反映的是澳门的民航发展情况，航班班次越多，则说明发展越好，同时也能够促进休闲旅游业的发展；**港口旅客吞吐量**和**港口货物吞吐量**则是从旅客和货物两方面反映珠海（横琴）海运的发展情况，指标的结果越好，则发展情况越好，同时也能有力支持休闲旅游业发展；**往来客轮班次**反映的是澳门的客轮班次情况，客轮班次越多，说明海运发展情况越好，为旅客提供更多的出行选择；**铁路营运里程**反映的是珠海（横琴）的铁路发展情况，铁路交通是内地重要的旅行交通手段，因此，铁路营运里程越高，旅游交通基础设施建设情况越好；**道路行车线**反映的是澳门特别行政区公路交通建设情况，这也是澳门地区内部的主要交通方式，因此，道路行车线越长，说明旅游交通建设情况越好；**口岸出入境人数情况**和**口岸车辆通关量**则可以反映横琴口岸以及莲花口岸在出入境方面的情况，出入境人数以及车辆通关量越大，说明口岸利用率越高，出入境发展情况越好，口岸出入境越便利，对于游客的吸引力越大。将以上 10 个方面的指标结果经处理后按照确定的权重进行加权平均可以得到二级指标"旅游交通建设"的指标数值，并可以据此进一步计算一级指标的结果。

以上 3 个方面即为一级指标"旅游支持建设"下二级指标的主要内容，将 3 个方面的数据指标的结果按照确定的权重进行加权平均可以得到旅游支持建设的结果，了解琴澳两地的旅游支持建设具体的情况，可以对其进行有效评价，同时根据结果可以进一步计算琴澳休闲旅游业发展指数的具体数值。

7.4 琴澳休闲旅游业发展指数的指标结果及分析

7.4.1 珠海（横琴）休闲旅游业发展指数

❶ 珠海（横琴）休闲旅游业发展指数的结果

表 7-5 即为琴澳休闲旅游业发展指数中珠海（横琴）部分的休闲旅游业发展指数的指标结果，以 2014 年为基期，各个年度的指标结果如表所示。从表中可以看出，珠海（横琴）休闲旅游业发展上述从 2014 年开始逐年递增，2015 年相对增幅较小，增长了约 1%，此后

增幅扩大，截至 2018 年年末，指数相较基期增长了超过 38%。图 7-1 是珠海休闲旅游业发展指数结果的柱形图，该图可以更加直观展现休闲旅游业发展指数在 2014—2018 年的走势。结合图 7-1 与表 7-5 可以发现，珠海的休闲旅游业发展趋势较好，发展逐年稳步上升，说明珠海的休闲旅游业正得到有效的支持和发展。按照当前的趋势来看，未来珠海的休闲旅游业发展前景将越来越好。

表 7-5　珠海（横琴）休闲旅游业发展指数的结果

年　份	2014	2015	2016	2017	2018
指数值	100	101.35	115.61	122.29	138.88

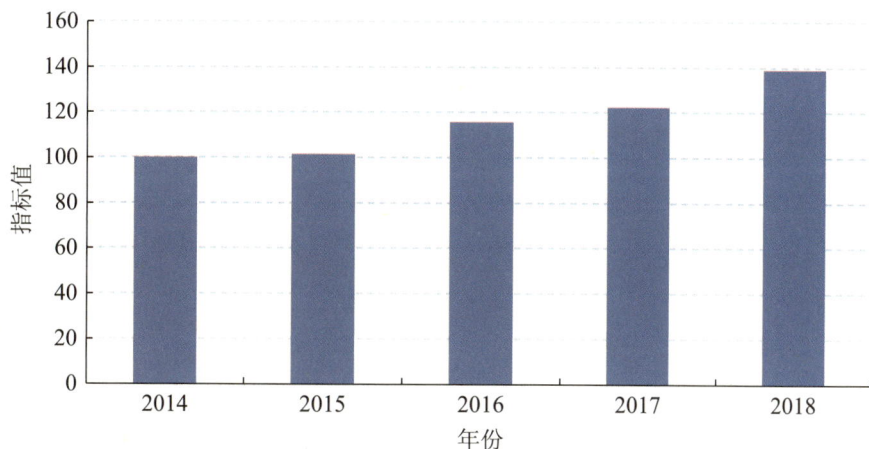

图 7-1　珠海（横琴）休闲旅游业发展指数的指标结果

❷ 珠海（横琴）休闲旅游业发展指数的一级指标结果

表 7-6 为珠海（横琴）休闲旅游业发展指数的一级指标结果，从该表可以得到珠海（横琴）休闲旅游业发展指数在旅游市场发展、旅游经济带动发展、旅游生态环境建设和旅游支持建设 4 个一级指标的具体得分情况。从表中可以看出，2014—2018 年，4 个指标在总体上相对基期都出现了明显的提高，其中旅游市场发展指标增长超过 58%，旅游经济带动发展增长超过 10%，旅游生态环境建设增长超过 20%，旅游支持建设增长超过 33%。具体来看，旅游市场发展指标保持着逐年上升趋势。旅游经济带动发展则在 2015 年出现了明显的下降，同比下降近 19%，随后出现回升，但在 2017 年又出现明显下降，相比基期降低近 4%，跌幅已经不及 2015 年。旅游生态环境建设指标则在 2017 年出现微弱下降，其余年份都保持增长。旅游支持建设指标则保持着稳定的增长趋势。

图 7-2 是珠海（横琴）休闲旅游业发展指数各一级指标的走势图，从该图可以更加直观地了解 4 个一级指标 2014—2018 年的具体走势。旅游市场发展指标和旅游支持建设指标始终保持着明显的上升趋势，指标结果也在大部分年份处于前两名。旅游经济带动发展的结果则始终最小，并具有波动的趋势，但在 2018 年上升明显。旅游生态环境建设指标在 2016 年增幅最为明显，随后总体趋势较为平稳。

图 7-3 是珠海（横琴）休闲旅游业发展指数各一级指标的雷达图，该图可以直观反映各个年度 4 个一级指标的情况。从图中可见，2018 年各个指标都能够得到比较好的结果，并且旅游市场发展和旅游支持建设指标增长稳定，经济带动发展指标有 3 个年份指标结果较为集中，2015 年值最小。旅游生态环境建设则保持在 100 附近和 120 附近 2 个区域。

表 7-6　珠海（横琴）休闲旅游业发展指数的一级指标结果

年　　份	2014	2015	2016	2017	2018
旅游市场发展	100	107.66	121.04	134.19	158.27
旅游经济带动发展	100	81.56	101.21	96.78	110.81
旅游生态环境建设	100	102.91	118.95	118.26	120.43
旅游支持建设	100	109.29	117.35	125.51	133.46

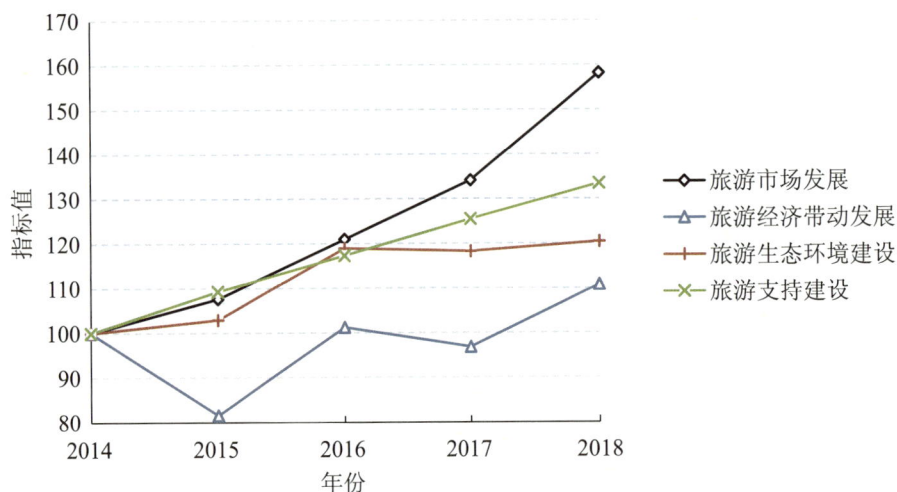

图 7-2　珠海（横琴）休闲旅游业发展指数各一级指标走势

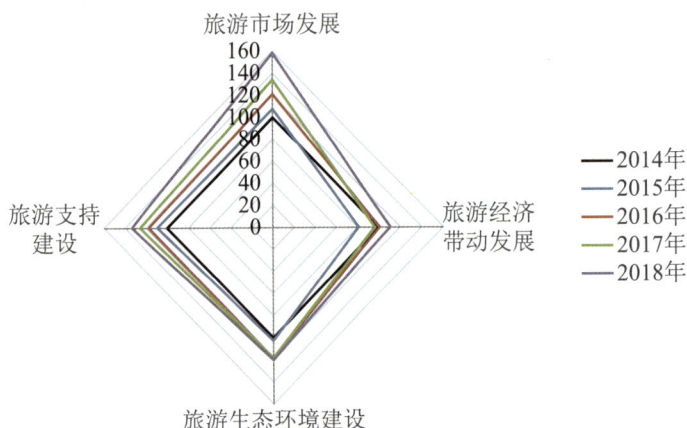

图 7-3　珠海休闲旅游业发展指数各一级指标雷达图

综上所述，2014—2018 年，珠海（横琴）在旅游市场发展和旅游支持建设 2 个方面都有着明显的增长趋势，进步较大，可以说明珠海（横琴）在近几年旅游市场发展迅速，有着非常大的发展潜力，而在旅游相关的支持建设方面，珠海（横琴）也在不断增强，说明该地区目前旅游相关建设得到重视并且吸引资金前来投资，这都说明当前和未来珠海（横琴）是吸引游客进行商务休闲旅游的首选地。而在旅游经济带动发展方面，2015 年和 2017 年都出现了较为明显的退步，有关部门可以总结相关年份的经验问题，不断提高政策的针对性和准确性。在旅游生态环境建设方面，虽然 2017 年出现微幅下降，珠海（横琴）的旅游生态总体向好。最后，珠海（横琴）在 2018 年末休闲旅游业发展提升明显，旅游市场、旅游经济带动发展、旅游生态环境建设和旅游支持建设都实现了显著的进步，说明相关工作取得了突出的成果。

❸ 旅游市场发展指标结果分析

表 7-7 即为旅游市场发展指标下二级指标的结果。从该表可以了解旅游市场发展下旅游业收入情况、旅客人数情况 2 个方面二级指标 2014—2018 年具体的指标得分结果。从该表可以发现，旅游业收入情况和旅客人数情况总体上都得到了明显的提高，其中旅游业收入情况提高超过 76%，旅客人数情况指标提高超过 30%。

图 7-4 即为旅游市场发展指标下二级指标的走势图，因为二级指标数较少，无法绘制雷达图。从趋势图可以更加直观了解旅游业收入情况和旅客人数情况的具体走势。从图可知，2014—2018 年旅游业收入情况和旅客人数情况都有着明显的上升趋势，其中 2015 年旅客人数增长幅度要大于旅游业收入情况，但随后的几年旅游业收入情况增长幅度扩大并超越了旅游人数情况指标。结合图 7-4 与表 7-7 可知，2018 年旅游业收入情况指标增长最大，同比提升超过 30%。

表 7-7 旅游市场发展指标下二级指标结果

年 份	2014	2015	2016	2017	2018
旅游业收入情况	100	105.82	121.59	141.55	176.72
游客人数情况	100	110.38	120.19	123.25	130.79

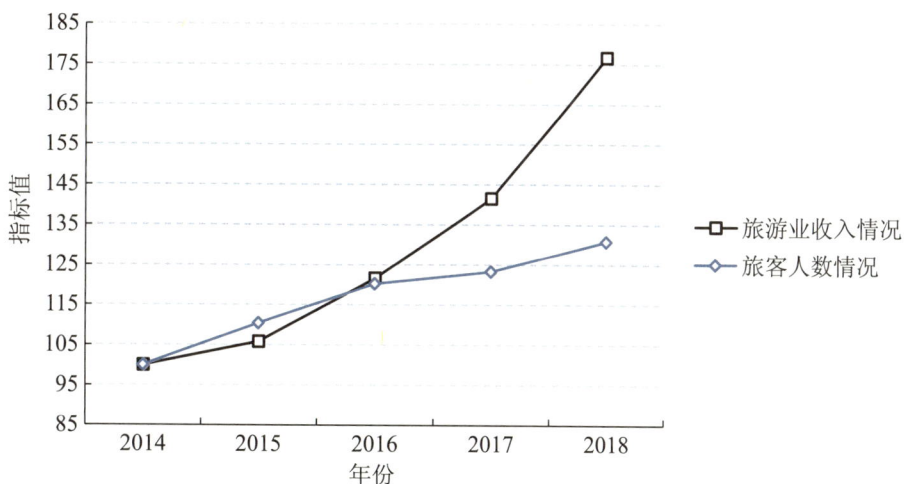

图 7-4 旅游市场发展指标下一级指标走势

综上所述，2014—2018 年，珠海（横琴）在旅游收入和游客人数方面都得到了显著的提高，其中，旅游业收入总体上的增幅要明显大于旅客人数，从中可以说明赴珠海进行休闲旅游的游客正不断增加，与此同时，珠海（横琴）的休闲旅游业相关的收入也在不断增长，旅游业市场正在蓬勃发展。

❹ 旅游经济带动发展指标结果分析

表 7-8 即为旅游经济带动发展指标下二级指标的得分结果。从该表可以了解旅游经济带动情况和旅游就业促进情况 2 个指标的具体得分结果。以 2014 年为基期，从表可以看出，2个指标在五年间总体上都实现了提高，其中旅游经济带动情况提高超过 13%，旅游就业促进情况指标提高超过 7%。具体而言，旅游经济带动情况在 2015 年出现下降，同比降低近 3%，随后逐年提高。旅游就业促进情况指标在 2015 年有着明显的下降，同比降低近 38%，达到最低值 62.58，随后在 2016 年提高到基期以上，但在 2017 年又出现下降，最后在 2018 年得到回升同时也是五年间的最大值。

图 7-5 为旅游经济带动发展下二级指标的走势图，从该图可以更加直观了解旅游经济带动情况和旅游就业促进情况 2 个指标 2014—2018 年具体的发展趋势。从图中可以明显看出，旅游经济带动情况指标总体上保持着递增的趋势，同时在 2018 年增长幅度最大。旅游就业促进情况指标则在 2015 年降幅最大，在 2016 年的增幅最大，此外在 2018 年的增幅也较大。

表 7-8   旅游经济带动发展指标下二级指标结果

年　份	2014	2015	2016	2017	2018
旅游经济带动情况	100	97.09	100.99	101.71	113.41
旅游就业促进情况	100	62.58	101.47	90.76	107.62

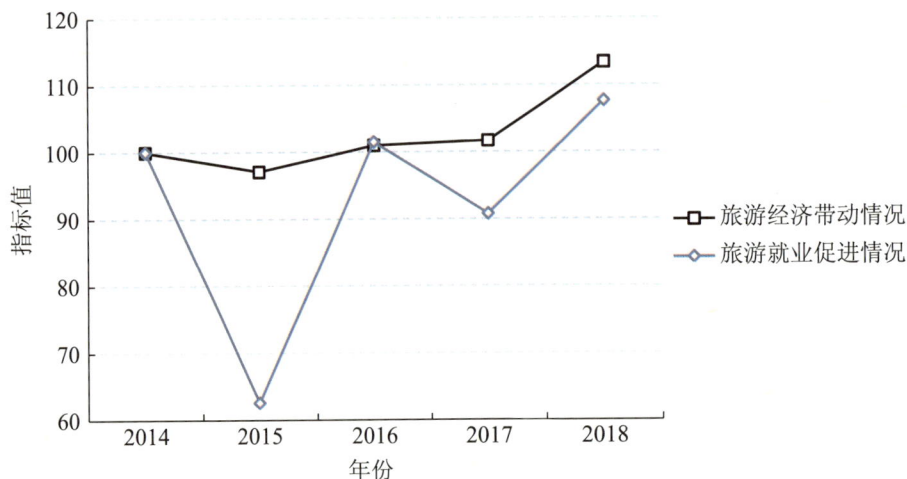

图 7-5   旅游经济带动发展指标下二级指标走势

综上所述，截至 2018 年年末，珠海（横琴）在旅游经济带动情况和旅游就业促进情况都得到了显著的进步，其中旅游对于经济的带动明显，特别是在 2018 年对经济带动效果最强。旅游业对就业的促进作用在 2015 年和 2017 年并不明显，而在 2016 年和 2018 年取得了较好的成果。总体而言，2018 年珠海市的旅游业对经济的发展起到了带动作用，拉动了经济和就业的发展。与此同时，针对过去年份的不足，有关部门可以总结原因，进一步提升休闲旅游业发展水平，促进经济和就业的发展。

⑤ 旅游生态环境指标结果分析

表 7-9 为旅游生态环境建设指标下二级指标的得分结果。从该表可以了解生态用地情况、环境质量情况和消耗排放情况 3 个指标的得分结果。以 2014 年为基期，从表 7-8 可以看出，五年间出现提高的指标只有消耗排放情况指标，总体上相较基期提高了约 72%。而生态用地情况和环境质量情况指标都出现了明显的下降，其中生态用地情况相较基期下降近 4%，环境质量情况相较基期下超过 7%。具体来看，生态用地情况指标在 2015 年达到了峰值，同比增长超过 2%，随后出现下降，达到最低值 93.77，此后两年逐年提高，但仍保持在基期以下。环境质量指标的峰值出现在 2016 年，相较基期提高超过 10%，但随后出现明显下降，并保持了下降趋势。消耗排放指标则保持着逐年上升的趋势。

图 7-6 为旅游生态环境建设指标下二级指标的雷达图，从该图可以更加直观地了解生态用地情况、环境质量情况以及消耗排放情况 3 个方面的二级指标 2014—2018 年具体的发展趋势和走势情况。从图可见，消耗排放指标对旅游生态环境指标的提高贡献较大，有着明显的增大。而生态用地情况和环境质量情况变化并不明显，同时还有着下降的趋势。

表 7-9　旅游生态环境建设指标下二级指标结果

年　份	2014	2015	2016	2017	2018
生态用地情况	100	102.39	93.77	94.54	96.09
环境质量情况	100	99.67	110.45	93.56	92.87
消耗排放情况	100	106.68	152.64	166.69	172.32

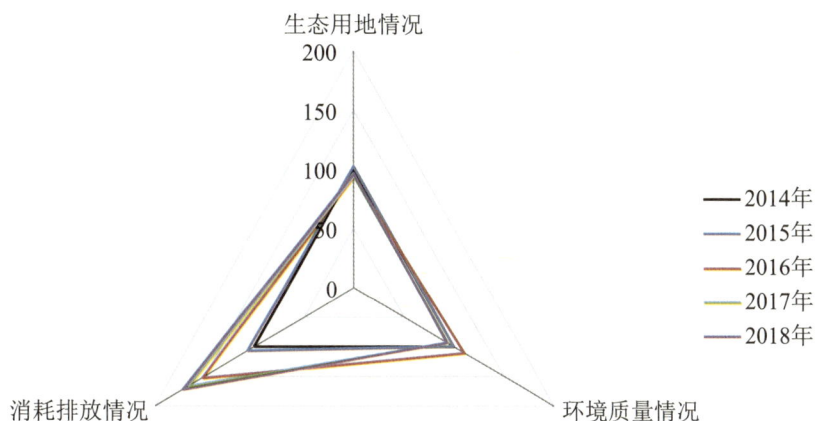

图 7-6　旅游生态环境建设指标下二级指标雷达图

综上所述，近几年，珠海（横琴）在控制消耗排放方面进步较为明显，取得了较显著的工作成果，但是在生态用地和环境质量改善方面出现了一定的退步，未来要进一步加大在这两方面的工作力度，进一步促进旅游生态环境的改善，从而更好地将珠海建设成为一流的国际旅游城市，将横琴新区建成国际知名的休闲旅游岛。

⑥ 旅游支持建设指标结果分析

表 7-10 即为旅游支持建设指标下二级指标的具体得分结果。从该表可以了解旅游基础

设施建设、公共服务体系建设和旅游交通建设 3 个指标的得分情况。以 2014 年为基期，从表中可以看出，至 2018 年年末，3 个二级指标的结果都得到了显著的提高，其中旅游基础设施建设指标提高超过 30%，公共服务体系建设指标提高近 34%，旅游交通建设指标提高近35%。具体来看，旅游基础设施建设指标和旅游交通建设指标均保持着逐年上升，而公共服务体系建设指标则在 2016 年达到峰值，相比基期提高近 40%，随后出现下降，2018 年年末与 2017 年持平。

图 7-7 为旅游支持建设指标下二级指标的雷达图，从该图可以更加直观地了解旅游基础设施建设、公共服务体系建设和旅游交通建设 3 个指标 2014—2018 年具体的发展趋势和走势情况。从图中可知，3 个二级指标的增长较为平均，指标相差较小，并且公共服务体系建设指标有 3 个数据集中在 130 以上，2016 年增长最为明显。其他 2 个指标的增长相对更加平稳。

表 7-10　旅游支持建设指标下二级指标结果

年　份	2014	2015	2016	2017	2018
旅游基础设施建设	100	105.64	107.89	121.85	130.96
公共服务体系建设	100	112.51	139.92	133.67	133.67
旅游交通建设	100	110.33	114.36	124.57	134.95

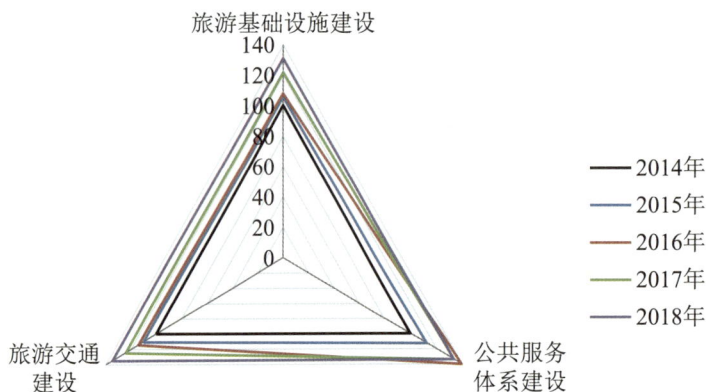

图 7-7　旅游支持建设指标下二级指标雷达图

综上所述，2014—2018 年，珠海（横琴）在旅游基础设施建设、公共服务体系建设和旅游交通建设 3 个方面都取得了长足的进步，发展趋势较好。随着粤港澳大湾区战略的实施，珠海市以及横琴新区的基础设施建设将进一步加大，旅游支持建设也将进一步完善，从而为休闲旅游业的发展提供更大的支持。

7.4.2　澳门休闲旅游业发展指数

❶ 澳门休闲旅游业发展指数的结果

表 7-11 是澳门休闲旅游业发展指数中澳门部分的休闲旅游业发展指数的指标结果，以2014 年为基期，各个年度的指标结果如表所示。从表中可以看出，澳门休闲旅游业发展指

数从 2014 年开始逐年递增，其中 2018 年增幅相对更大，同比增长约 10%，截至 2018 年年末，指数相较基期增长超过 15%。图 7-8 是澳门休闲旅游业发展指数结果的柱形图，该图可更加直观展现休闲旅游业发展指数 2014—2018 年的走势。结合图 7-8 和表 7-11 可以发现，澳门的休闲旅游业正朝着不断向好的方向发展，每年都能够实现一定的进步和提升，澳门政府和有关部门在支持休闲旅游业发展方面的工作完成较为出色。从澳门当前的趋势来看，澳门未来仍将是世界著名休闲旅游胜地。

表 7-11　澳门休闲旅游业发展指数的结果

年　份	2014	2015	2016	2017	2018
指数值	100	100.17	102.63	105.44	115.48

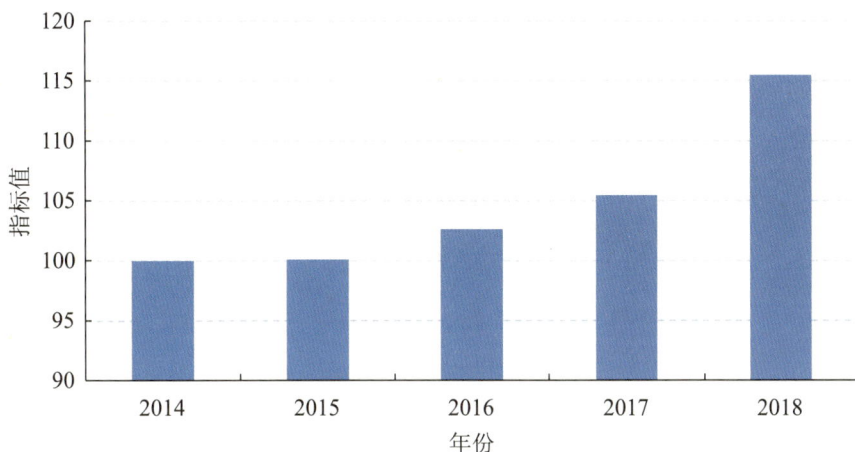

图 7-8　澳门休闲旅游业发展指数的指标结果

❷ 澳门休闲旅游业发展指数的一级指标结果

　　表 7-12 是澳门休闲旅游业发展指数的一级指标结果，从该表可以了解澳门休闲旅游业发展指数在旅游市场发展、旅游经济带动发展、旅游生态环境建设和旅游支持建设 4 个一级指标的具体得分情况。从表中可以看出，2014—2018 年，旅游市场发展和旅游支持建设指标出现了明显的提高，其中旅游市场发展指标总体提高约 28%，旅游支持建设指标总体提高超过 10%。旅游经济带动发展指标在 2018 年末的指标结果与基期相差较小，同比仅增加不到 1%，而旅游生态环境建设指标则在总体上出现了下降，相较基期降低近 3%。具体而言，旅游市场发展指标保持逐年上升趋势。旅游经济带动发展则在 2015 年开始逐年下降，最后在 2018 年出现回升，最低值出现在 2017 年，相较基期降低近 16%。旅游生态环境建设指标则在 2015 年达到峰值，同比增加 7%，随后保持低于基期值波动。旅游支持建设指标在 2017 年出现微弱下降，随后进一步上升。

　　图 7-9 是澳门休闲旅游发展指数一级指标的走势图，从该图可以更加直观地了解 4 个一级指标 2014—2018 年的具体走势。旅游市场发展始终保持上升趋势，并且从 2016 年开始超越旅游生态环境建设指标升至第一位。旅游经济带动发展指标经历了三年的下降趋势后在

2018 年出现较大增幅，并超越旅游生态环境建设指标升至第三位。旅游生态环境建设指标则除 2015 年出现较大增幅以外，其余年份均保持在基期以下。旅游支持建设指标 2014—2018 年的增长趋势并不明显，但在 2018 年出现较大的增幅。

图 7-10 是澳门休闲旅游业发展指数的各一级指标的雷达图，该图可以直观反映各个年度 3 个一级指标的情况。从图中可见，旅游市场发展指标的提高最为突出，对于澳门休闲旅游业发展指数的贡献最大，旅游经济带动发展方面各年度的数值集中在 100 和 85 附近。旅游生态环境建设指标只有 2015 年出现明显提高。旅游支持建设指标只有 2018 年出现显著提高。

表 7-12　澳门休闲旅游业发展指数的一级指标结果

年　　份	2014	2015	2016	2017	2018
旅游市场发展	100	104.08	113.09	118.97	**128.19**
旅游经济带动发展	100	87.01	84.88	84.53	100.99
旅游生态环境建设	100	107.09	94.19	94.37	**97.39**
旅游支持建设	100	101.83	102.31	102.29	**110.63**

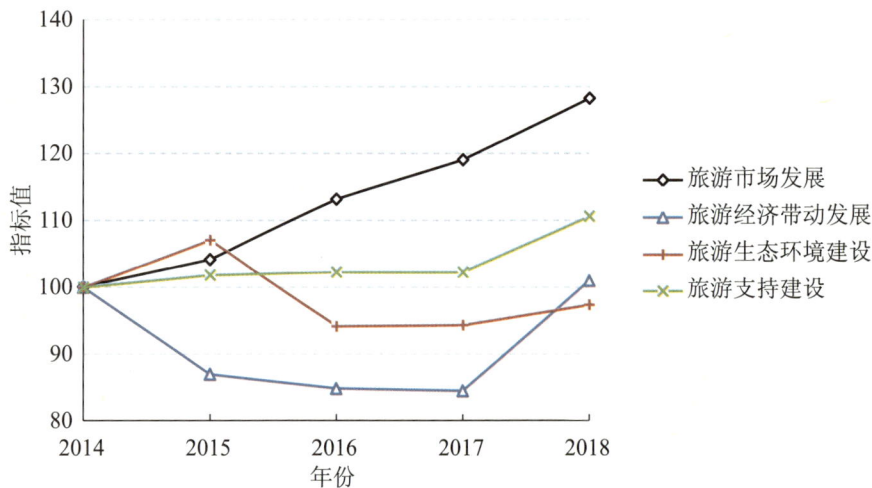

图 7-9　澳门休闲旅游业发展指数各一级指标走势

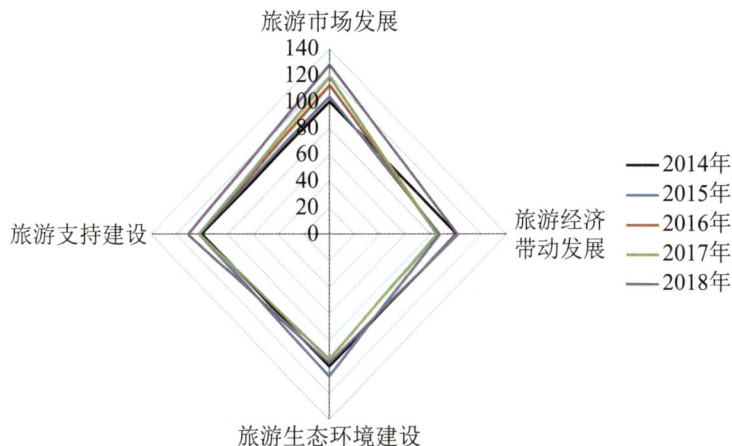

图 7-10　澳门休闲旅游业发展指数各一级指标雷达图

综上所述，2014—2018 年，澳门特别行政区在旅游市场发展和旅游支持发展 2 个方面取得了显著的进步，其中，旅游市场发展进步最为显著，展现了澳门旅游业良好的发展趋势，并且在 2018 年澳门旅游市场发展进步较为突出。而珠海旅游只在 2018 年出现了较强的带动作用，其他年份处于下降趋势。澳门旅游生态环境建设方面只在 2015 年成效较好，随后均不如 2014 年的水平，未来澳门有关部门可以加大对于旅游生态环境建设的力度。

❸ 旅游市场发展指标结果分析

表 7-13 即为旅游市场发展指标下二级指标的结果。从该表可以了解在旅游市场发展指标下，旅游业收入情况、旅客人数情况 2 个方面二级指标 2014—2018 年具体的指标得分结果。从该表可以发现，旅游业收入情况和旅客人数情况总体上都得到了明显的提高，其中旅游业收入情况提高超过 33%，旅客人数情况指标提高超过 20%。

图 7-11 即为旅游市场发展指标下二级指标的走势图，因为二级指标数较少，无法绘制雷达图。从趋势图可以更加直观了解旅游业收入情况和旅客人数情况的具体走势。从图 7-11 可知，2014—2018 年旅游业收入情况和旅客人数情况都有着明显的上升趋势，并且旅游业收入情况指标结果始终大于旅游人数情况的结果。此外，旅游人数情况在 2015 年出现了下降，但随后保持稳定的逐年上升趋势。

表 7-13 旅游市场发展指标下二级指标结果

年 份	2014	2015	2016	2017	2018
旅游业收入情况	100	108.25	119.55	123.84	133.07
旅客人数情况	100	97.87	103.48	111.71	120.94

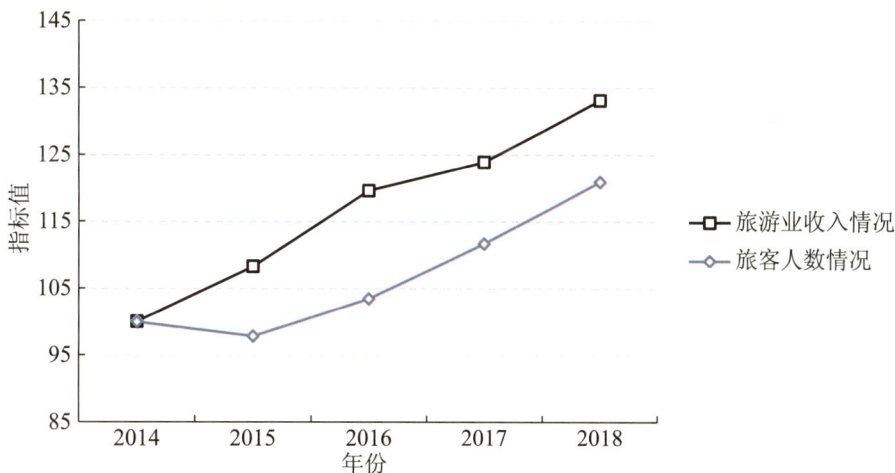

图 7-11 旅游市场发展指标下二级指标走势

综上所述，2014—2018 年间，澳门特别行政区在旅游收入和游客人数方面都得到了显著的提高，其中，旅游业收入总体上的增幅要明显大于旅客人数，并且 2015 年澳门旅客人数出现了下滑，但随后又回升，并保持上升趋势。总体来看，澳门休闲旅游业发展趋势较好，旅游市场发展增长势头明显。

❹ 旅游经济带动发展指标结果分析

表 7-14 即为旅游经济带动发展指标下二级指标的得分结果。从该表可以了解旅游经济带动情况和旅游就业促进情况 2 个指标的具体得分结果。以 2014 年为基期，从表 7-13 可以看出，旅游经济带动发展情况指标总体上出现了下降，指标自 2015 年开始下降，到次年达到最低值，相较基期降低近 17%，随后出现缓慢回升，但保持在基期以下。旅游就业促进情况指标在五年间总体上实现了提高，相较基期提高超过 14%，但 2015—2017 年保持着下降趋势，到 2017 年年末相较基期降低近 20%。

图 7-12 为旅游经济带动发展下二级指标的走势图，从该图可以更加直观了解旅游经济带动情况和旅游就业促进情况 2 个指标 2014—2018 年具体的发展趋势。从图 7-12 中可以看出，旅游经济带动情况指标 2014—2016 年处于下降趋势，随后两年出现缓慢回升。而旅游就业促进情况指标则在 2014—2017 年保持下降趋势，并且在 2017 年指标值低于旅游经济带动情况指标，随后出现显著上升，提升幅度较大。

表 7-14　旅游经济带动发展指标下二级指标结果

年　　份	2014	2015	2016	2017	2018
旅游经济带动情况	100	85.043	83.35	87.89	89.72
旅游就业促进情况	100	89.41	86.74	80.41	114.75

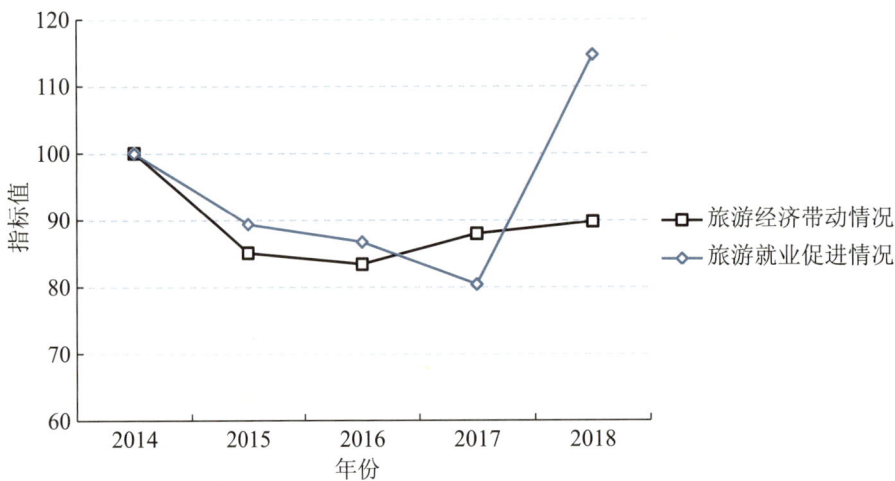

图 7-12　旅游经济带动发展指标下二级指标走势

综上所述，2014—2016 年间，澳门特别行政区的休闲旅游业对于经济带动情况处于下降的趋势，随后出现缓慢回升，造成这种现象的原因可能在于澳门经济适度多元化的推进使澳门经济发展对于休闲旅游业的依赖性正在降低。而在旅游就业促进情况方面，2018 年促进效果明显，其他年份保持着下降趋势。虽然总体上 2 个指标的表现并不突出，但无法单独通过此指标断定休闲旅游业发展出现问题，正如上文所述，随着澳门经济适度多元化的不断推进，以及不断融入粤港澳大湾区建设，更多的经济增长点的不断出现会导致 2 个指标的进一步降低。在此，本书也将旅游经济带动发展指标在休闲旅游业发展指数中配置权重较小，以更加符合实际情况。

❺ 旅游生态环境指标结果分析

表7-15为旅游生态环境建设指标下二级指标的得分结果。从该表可以了解生态用地情况、环境质量情况和消耗排放情况 3 个指标具体的得分结果。以 2014 年为基期，从表 7-14 可以看出，五年间出现提高的指标只有环境质量情况指标，总体上相较基期提高了约 36%。而生态用地情况和消耗排放情况指标都出现了明显的下降，其中生态用地情况相较基期下降近 25%，而消耗排放情况相较基期下降近 20%。具体来看，生态用地情况指标在 2014—2018 年逐年下降；环境质量指标则在 2015 年出现大幅提升后在第二年出现下降，但在随后两年又得到了回升；消耗排放指标则保持着逐年下降的趋势。

图 7-13 为旅游生态环境建设指标下二级指标的雷达图，从该图可以更加直观地了解生态用地情况、环境质量情况以及消耗排放情况 3 个方面的二级指标在 2014—2018 年具体的发展趋势和走势情况。从图 7-13 可见，环境质量情况指标对旅游生态环境指标的提高贡献较大，有着明显的增大。而生态用地情况和消耗排放情况指标有着下降的趋势。

表 7-15　旅游生态环境建设指标下二级指标结果

年　　份	2014	2015	2016	2017	2018
生态用地情况	100	96.43	77.86	77.14	75.71
环境质量情况	100	132.84	117.73	123.91	136.32
消耗排放情况	100	91.99	86.98	82.04	80.14

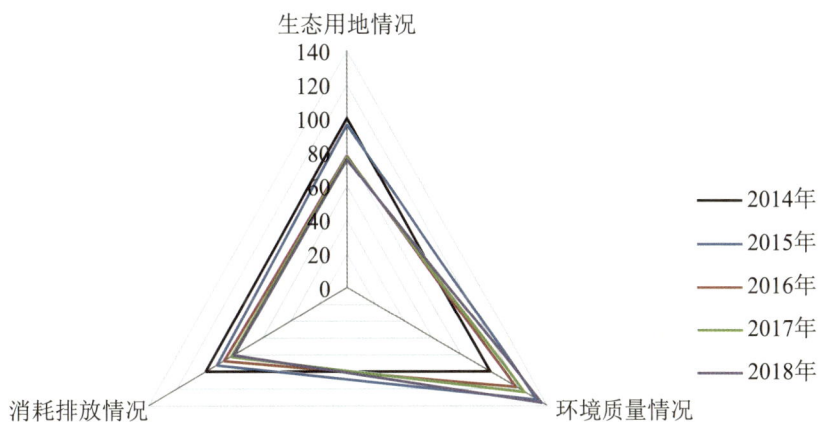

图 7-13　旅游生态环境建设指标下二级指标雷达图

综上所述，近几年，澳门特别行政区在提升环境质量方面进步较明显，取得了较突出的工作成果，但是在生态用地和降低消耗排放方面出现了一定的退步，未来要进一步加大在这 2 个方面的工作力度，进一步促进旅游生态环境的改善，从而更好地将澳门建设成为世界一流的休闲旅游胜地。

❻ 旅游支持建设指标结果分析

表 7-15 即为旅游支持建设指标下二级指标的具体得分结果。从该表可以了解旅游基础设施建设、公共服务体系建设和旅游交通建设 3 个指标的得分情况。以 2014 年为基期，从

表 7-16 中可以看出，至 2018 年年末，3 个二级指标的结果都得到了显著的提高，其中旅游基础设施建设指标提高超过 10%，公共服务体系建设指标提高约 17%，旅游交通建设指标提高超过 8%。具体来看，旅游基础设施建设指标在 2017 年出现明显下降达到最低值，相较基期降低近 2%，随后出现回升。公共服务体系建设指标则在 2015 年出现下降，达到最低值，同比降低近 3%。旅游交通建设指标则在 2016 年出现小幅下降，但仍旧高于基期值，随后回升到 2018 年达到最大值。

　　图 7-14 为旅游支持建设指标下二级指标的雷达图，从该图可以更加直观地了解旅游基础设施建设、公共服务体系建设和旅游交通建设 3 个指标在 2014—2018 年具体的发展趋势和走势情况。从图 7-14 中可知，2018 年 3 个指标进步明显，该年度增长幅度最大，其余年度相对增长幅度较小，部分年度还存在着回落。

表 7-16　旅游支持建设指标下二级指标结果

年　份	2014	2015	2016	2017	2018
旅游基础设施建设	100	100.72	101.24	98.19	110.39
公共服务体系建设	100	97.93	104.25	105.19	117.02
旅游交通建设	100	104.09	102.18	103.71	108.24

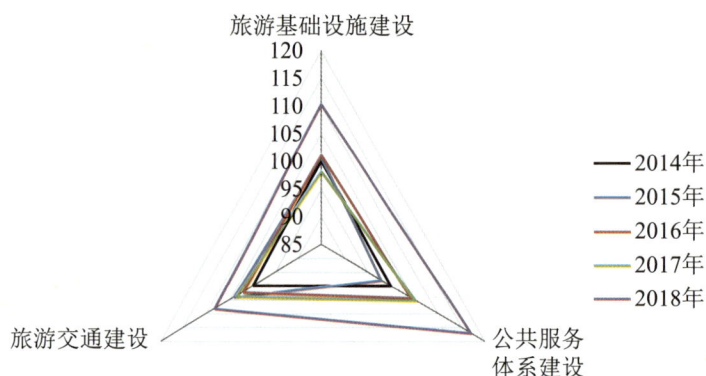

图 7-14　旅游支持建设指标下二级指标雷达图

　　综上所述，2014—2018 年，澳门特别行政区在旅游基础设施建设、公共服务体系建设和旅游交通建设 3 个方面都取得了长足的进步，发展趋势较好，虽然在部分年份出现退步，但是在 2018 年都取得了较大的进步。未来随着澳门不断融入粤港澳大湾区的建设中，对于旅游的支持建设力度也会不断加大。

7.4.3　琴澳休闲旅游业发展指数

　　根据 7.4.1 和 7.4.2 的内容，将二者的指标结果进行加权平均，可以得到琴澳休闲旅游业发展指数的结果。表 7-17 和图 7-15 分别为琴澳休闲旅游业发展指数的指标结果和指数走势图。结合图 7-15 和表 7-17 可见，琴澳休闲旅游业发展指数在 2014—2018 年保持着稳定的上升趋势，到 2018 年末指标值增长超过 27%。

表 7-17　琴澳休闲旅游业发展指数的指标结果

年　份	2014	2015	2016	2017	2018
指标值	100	100.73	109.12	113.87	127.18

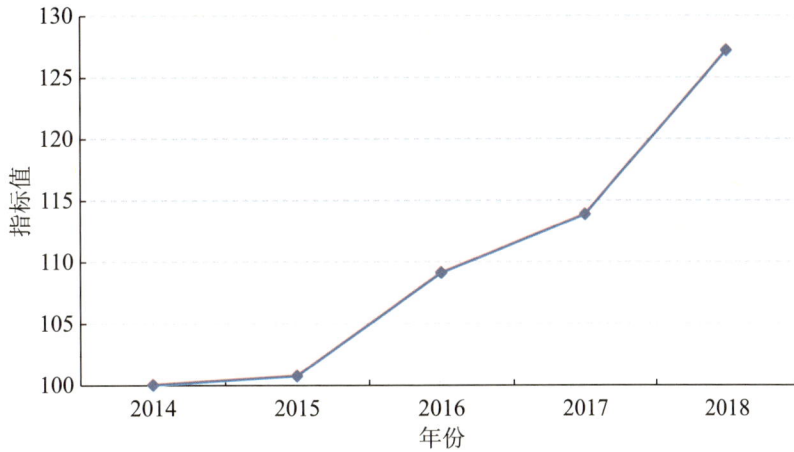

图 7-15　琴澳休闲旅游业发展指数的指标走势

　　综上所述，随着横琴国际休闲旅游岛建设的开展以及澳门建设世界休闲旅游中心的不断推进，珠海（横琴）和澳门特别行政区依托丰富的旅游资源，近几年的休闲旅游业发展取得了显著的成效，两地未来将会进一步促进休闲旅游业的健康发展，推动琴澳融合，将该地区建设成为世界一流的休闲商务旅游胜地。

第 8 章

琴澳高新技术产业发展指数体系

8.1 高新技术产业发展概述

随着中国经济的转型升级和供给侧结构性改革的有序推进，提高经济发展质量成为当下经济发展的重要任务。其中，提升自主创新能力，实施创新驱动发展战略已经成为国家未来发展的重要一环。当前全球创新活动密集活跃，新技术和新模式正不断被推出，产品和服务更新换代速度加快，更加要求中国坚持创新驱动发展战略，在新一轮创新革命中取得世界领先位置。区域创新发展的主要载体便是高新技术产业，高新技术产业的发展对于一个地区的科技创新有着重要的意义。近些年，国家高度重视高新产业的发展，在供给侧结构性改革的过程中，落后的产能将会逐渐被淘汰，而新的产能将会成为中国经济发展的主要动力。高新产业便是未来国家经济转型升级的重要动力。国家对于高新技术产业的扶持力度正在不断加大，金融机构也正在增加对高新技术产业的资金支持，高新产业的发展前景一片光明。

在经济转型升级的大背景下，全国各地都积极促进高新技术产业的发展，为高新技术产业的发展提供良好的环境和支持。一方面，各个政府和企业都提高了对于科技研发的资金投入，力图更好地支持科学研究，提高科研产出。另一方面，近些年各企业也增加了对科技研发人才的招聘数量，增加科技创新人员供应，有效地促进了创新的发展。截至 2018 年年末，我国高新技术产业稳步发展，2018 年，我国规模以上高技术制造业和工业战略性新兴产业增加值同比增长 11.7% 和 8.9%，明显快于全部规模以上工业增速。

8.2　琴澳高新技术产业发展指数的构建

横琴和澳门近些年来重视提升科技创新能力，稳步推进高新技术产业在本区域内的发展。随着粤港澳大湾区战略规划的实施，国家对于两地高新技术产业的发展也提出了新的要求。与此同时，高新技术产业的发展也是促进澳门经济适度多元化的重要力量。因此，本书通过设计构建琴澳高新技术产业发展指数力图有效准确地衡量横琴和澳门两地的高新技术产业发展情况，为地区有关部门、高新技术企业团体、投资者等提供有益参考。本部分高新技术产业的分类标准主要的依据为国家统计局发布的《高技术产业（制造业）分类》，根据该文件，高新技术产业主要包括：医药制造，航空、航天器及设备制造，电子及通信设备制造，计算机及办公设备制造，医疗仪器设备及仪器仪表制造，信息化学品制造 6 个方面。

琴澳高新技术产业发展指数共有一级指标 5 个，分别是：高新技术产业发展情况、高新技术产业创新能力、高新技术产业成长性、高新技术产业社会贡献和高新技术产业发展的环境支持。从 5 个方面衡量了琴澳两地高新技术产业的发展情况和前景，表 8-1～表 8-5 即为琴澳高新技术产业发展指数的主要内容。

表 8-1　琴澳高新技术产业发展指数——发展规模情况指标

一级指标	二级指标	三级指标
高新技术产业发展情况	发展规模情况	高新技术产业资产总额 高新技术产业从业人员数量 高新技术产业主营业务收入总额 高新技术产业净利润
	发展效率情况	高新技术产业销售利润率 高新技术产业净资产收益率 高新技术产业劳动生产率

表 8-2　琴澳高新技术产业发展指数——高新技术产业创新能力指标

一级指标	二级指标	三级指标
高新技术产业创新能力	高新技术产业创新投入	企业 R&D 科研人员所占比重 企业 R&D 经费支出占企业主营业务收入的比重 企业技术获取和技术改造的经费支出占企业主营业务收入的比重
	高新技术产业创新产出	户均高新技术产业专利拥有量 户均高新技术产业发表学术成果数量 高技术产业增加值占工业增加值的比重 高技术产品出口额占商品出口额的比重 新产品销售收入占主营业务收入的比重

表 8-3　琴澳高新技术产业发展指数——高新技术产业成长性指标

一级指标	二级指标	三级指标
高新技术产业成长性	高新技术企业经营成长性	高新技术产业增加值增长率 高新技术企业资产总额增长率 高新技术企业营业收入增长率 高新技术企业净利润增长率

续表

一级指标	二级指标	三级指标
	高新技术企业科技创新成长性	户均高新技术产业发表学术成果数量增长率 户均高新技术产业专利拥有量增长率 新产品销售收入增长率

表 8-4　琴澳高新技术产业发展指数——高新技术产业社会贡献指标

一级指标	二级指标	三级指标
高新技术产业社会贡献	税收贡献	高新技术产业实际上缴税费总额 高新技术产业实际上缴税费额增长率
	出口贡献	高新技术产业出口总额 高新技术产业出口总额增长率

表 8-5　琴澳高新技术产业发展指数——高新技术产业发展的环境支持指标

一级指标	二级指标	三级指标
高新技术产业发展的环境支持	人力环境	每万人的 R&D 人员总数 每 10 万人的博士毕业生数 每万人大学本科以上学历数 每万人的高等学校在校生数 每 10 万人的创新中介从业人员数
	物质环境	地方财政科技支出占总财政支出的比重 高科技企业孵化器数量 研究机构数量 企业每名 R&D 人员的研发仪器和设备支出
	政策环境	高新技术产品平均补助 高新技术产业发展扶持资金 高新技术企业税收减免

8.3　琴澳高新技术产业发展指数的指标说明

8.3.1　高新技术产业发展情况

高新技术产业发展情况主要关注的是横琴和澳门两地高新技术产业的整体发展情况，主要关注的方向为高新技术企业的发展规模以及发展收益情况等内容。该部分侧重于对企业的基本经营情况进行了解，并通过数量化的手段得到高新技术产业整体发展情况的结果。高新技术产业的整体发展情况能够反映出琴澳两地的产业发展现状，可以从总体上评价行业发展情况，因此本书将高新技术产业发展情况选为琴澳高新技术产业发展指数的第一个一级指标。该指标共有二级指标 2 个，分别为：发展规模情况和发展效率情况。

❶ 发展规模情况

发展规模情况主要是从企业的发展规模情况来衡量横琴和澳门两地高新技术产业的发展

情况。从发展规模情况中可以看出高新技术企业的资产、人员、收入和利润等多方面的指标数据，可以对琴澳两地高新技术企业的发展规模情况有较为全面的了解。发展规模情况主要通过以下4个数据指标来衡量，分别为：高新技术产业的资产总额、高新技术产业从业人员数量、高新技术产业主营业务收入总额和高新技术产业净利润。

高新技术产业的资产总额是从资产角度衡量产业的发展规模，企业的总资产也是用来衡量发展规模的重要指标，资产总额越大说明发展规模越大。**高新技术产业从业人员数量**则是从员工的角度来衡量发展规模，从业人员数量越多，说明发展规模增大。**高新技术产业主营业务收入总额**则是从企业的经营业务收入方面考察规模，收入的扩大通常也意味着发展规模的不断扩大。**高新技术产业的净利润**则说明了企业的获利情况，获利总额越多，说明发展规模越大。将以上4个方面的数据进行处理并进行加权平均，可以得到二级指标"发展规模情况"的指标数值。

❷ 发展效率情况

发展效率情况主要考察的是横琴和澳门两地高新技术产业的发展效率问题，高新技术产业的发展效率能够反映琴澳两地高新技术企业的经营效率和营利能力，可以有效地反映高新产业发展的情况，因而本书将发展效率情况考虑在内。衡量发展效率情况的指标数据共有3个，分别为：高新技术产业销售利润率、高新技术产业净资产收益率以及高新技术产业劳动生产率。

高新技术产业销售利润率反映的是高新技术企业的销售收入的获利水平，是企业利润与销售额之间的比率；**高新技术产业净资产收益率**则是反映高新技术企业运用公司自有资本的效率，体现了自有资本获得净收益的能力；**高新技术产业劳动生产率**则能够有效考察企业的经济活动的效率。以上3个方面的数据指标与发展效率情况均为正向关系。将以上3个方面的数据进行处理并进行加权平均，可以得到二级指标"发展效率情况"的指标结果。

以上2个方面即为一级指标"高新技术产业发展情况"下的二级指标主要内容，将2个二级指标的结果进行加权平均可以得到高新产业发展情况的指标数值，并可以据此进一步计算琴澳高新产业发展指数的结果。

8.3.2　高新技术产业创新能力

高新技术产业创新能力主要考察的是横琴和澳门两地的高新技术企业在科技创新方面所进行的投入和取得的成果。科技创新能力是高新技术企业重要的竞争力，在研究高新技术产业发展时考察产业的创新能力能够更为有效地反映整个产业的发展状况。因此，本书将高新技术产业创新能力选为琴澳高新产业发展指数下重要的一级指标，力图通过该指标在创新方面反映琴澳两地高新技术产业的发展情况。高新产业创新能力下的二级指标共有2个方面的内容，分别为：高新技术产业创新投入以及高新技术产业创新产出。

❶ 高新技术产业创新投入

高新技术产业创新投入主要是从为进行科技创新所投入的人力和资金的角度考察横琴和澳门两地高新技术产业的发展情况。科技创新的投入对于高新技术企业来说至关重要，只有加大对科技研发创新的投入，才能够不断开发和完善企业的产品，提升企业在激烈市场环境下的竞争力。衡量高新技术产业创新投入的主要数据指标有 3 个，分别为：企业 R&D 科研人员所占比重、企业 R&D 经费支出占企业主营业务收入的比重，企业技术获取和技术改造的经费支出占企业主营业务收入的比重。

企业 R&D 科研人员所占比重考察的是琴澳两地的高新技术产业在人员上的投入；**企业 R&D 经费支出占企业主营业务收入的比重**反映的是琴澳两地高新技术企业针对科技研发的资金投入情况；**企业技术获取和技术改造的经费支出**则反映的是企业为了获取技术和改造完善技术所进行的开销投入。以上 3 个方面投入越大，说明企业对科技创新研究的重视程度越高，与高新产业的创新能力有着正向的关系。将以上 3 个方面的数据进行处理并进行加权平均，可以得到二级指标"高新技术产业创新投入"的指标数值，并可以据此进一步计算一级指标的结果。

❷ 高新技术产业创新产出

高新技术产业创新产出主要是从进行科技研发创新活动所取得的成果角度来考察横琴和澳门两地的高新技术产业的发展情况。除了高新技术产业创新投入以外，其创新产出情况也是需要考量的重要方面。其创新产出的情况能够直接反映高新技术产业的科技创新发展能力，因此本书将高新技术产业创新产出涵盖其中。衡量高新技术产业创新产出的数据指标主要有 5 个，分别为：户均高新技术产业专利拥有量、户均高新技术产业发表学术成果数量、高新技术产业增加值占工业增加值的比重、高技术产品出口额占商品出口额的比重、新产品销售收入占主营业务收入的比重。

户均高新技术产业专利拥有量主要反映的是琴澳高新技术企业的专利成果产出情况；**户均高新技术产业发表学术成果数量**反映的是琴澳高新技术企业的学术成果发表产出情况，这里的学术成果包括学术论文、著作以及经省级以上政府部门批示采纳的研究报告；**高新技术产业增加值占工业增加值的比重**反映的是琴澳两地高新技术产业对于工业增加值的贡献程度；**高技术产品出口额占商品出口额的比重**反映的是高新技术产业在产品出口方面的产出转化；**新产品销售收入占主营业务收入的比重**反映的是高新技术企业研发产出的新产品的产业转化效果。以上 5 个方面的内容均与高新产业创新产出正相关。将以上 5 个方面的数据进行处理并进行加权平均可以得到二级指标"高新技术产业创新产出"的指标结果，并可以据此进一步计算一级指标的结果。

以上 2 个方面即为一级指标"高新技术产业创新能力"下的二级指标的介绍,将 2 个二级指标的数据结果进行加权平均,可以得到高新技术产业创新能力的指标数值,并可据此进一步计算琴澳高新产业发展指数。

8.3.3　高新技术产业成长性

高新技术产业成长性主要考察的是横琴和澳门两地的高新技术产业的成长能力和未来的发展潜力。高新技术产业的成长性能够有效反映琴澳两地的高新技术企业的发展速度,高新技术企业的发展速度越快,说明高新技术产业的发展速度越快。因此,本书将构建高新技术产业成长性作为一级指标衡量其发展速度。高新技术产业成长性下的二级指标共有 2 个方面,分别从企业的经营层面和研发创新层面分析企业的成长能力和发展速度。2 个二级指标分别为:高新技术企业经营成长性和高新技术企业科技创新成长性。

❶ 高新技术企业经营成长性

高新技术企业经营成长性主要考察的是横琴和澳门两地的高新技术企业在经营活动方面的成长性。高新技术企业经营的成长性指标能够反映琴澳两地高新技术企业的经营效率,能够直接反映企业的发展速度和发展潜能。因此,本书将高新技术企业经营成长性选为二级指标。衡量该指标的数据指标有 4 个方面,分别为:高新技术产业增加值增长率、高新技术企业资产总额增长率、高新技术企业营业收入增长率和高新技术企业净利润增长率。

高新技术产业增加值增长率反映的是琴澳两地的高新技术产业创造新价值的速度和效率;**高新技术企业资产总额增长率**反映的是琴澳两地的高新技术企业在资产方面的增长发展速度和效率;**高新技术企业营业收入增长率**反映企业的营业收入的增长速度和发展效率;**高新技术企业净利润增长率**反映的是企业净利润的增长速度和发展能力。以上 4 个方面的数据与高新技术企业经营成长性均为正相关关系。将 4 个方面的数据加以处理并进行加权平均可以得到二级指标"高新技术企业经营成长性"的指标结果,并可以据此进一步计算一级指标的结果。

❷ 高新技术企业科技创新成长性

高新技术企业科技创新成长性考察的是横琴和澳门两地高新技术企业在科技研发和创新方面的成长性。高新技术企业科技创新成长性指标能够反映琴澳两地高新技术企业的创新研发速度和效率,能够反映高新技术企业在创新方面的潜能和持续性。因此,本书将高新技术企业科技创新成长性选为二级指标。衡量该指标的数据有 3 个,分别为:户均高新技术产业发表学术成果数量增长率、户均高新技术产业专利拥有量增长率和新产品销售收入增长率。

户均高新技术企业发表学术成果数量增长率反映的是琴澳两地的高新技术企业在学术成果发表方面的科技创新效率和速度;**户均高新技术产业专利拥有量增长率**反映的是琴澳两地

的高新技术企业在专利方面的科技创新速度和效率；**新产品销售收入增长率**反映了琴澳两地高新技术企业的科技创新成果转化方面的效率和发展水平。以上 3 个方面的指标数据与企业科技创新成长性呈正向关系。将 3 个方面的数据处理并进行加权平均可以得到二级指标"高新技术企业科技创新成长性"的指标数值，并可以据此进一步计算一级指标的结果。

以上 2 个方面的内容即为一级指标"高新技术产业成长性"下的二级指标的主要内容，将二级指标的数据结果进行加权平均，可以得到高新技术产业成长性的数值，并可以根据该数值进一步计算琴澳高新技术产业发展指数的结果。

8.3.4 高新技术产业社会贡献

高新技术产业社会贡献所关注的主要是横琴和澳门两地的高新技术产业的发展对社会所做的贡献。这里的贡献主要指的是高新技术产业对于当地经济以及贸易发展方面的促进作用。高新技术产业的快速、良性发展能够有效促进一个地区的经济和贸易水平，可以反映在纳税和出口方面对于社会的贡献程度。因此，本书将高新技术产业社会贡献选为重要的一级指标。高新技术产业社会贡献下的二级指标主要有 2 个，分别为：税收贡献和出口贡献。

❶ 税收贡献

税收贡献主要考察的是横琴和澳门两地的高新技术产业在地方政府的税收方面所做的贡献。税收贡献能够有效反映琴澳两地企业纳税情况，纳税是企业的义务，同时纳税总额的提高也能够促进地方财政收入的增加，间接促进当地城市改善和居民生活条件的提高。因此，本书将税收贡献选为重要的二级指标。衡量税收贡献的数据指标主要有 2 个，分别为：高新技术产业实际上缴税费总额和高新技术产业实际上缴税费总额的增长率。

高新技术产业实际上缴税费总额反映的是琴澳两地高新技术产业在税收总额方面所做的贡献；而**高新技术产业实际上缴税费总额增长率**反映的是高新技术产业的税收贡献的效率情况。两者都与税收贡献呈正相关的关系。将两组数据结果进行处理并进行加权平均可以得到二级指标"税收贡献"的指标结果。

❷ 出口贡献

出口贡献主要考察的是横琴和澳门两地的高新技术产业在促进地方出口贸易方面所做的贡献。出口贡献能够有效反映琴澳两地企业的产品和服务的出口情况，出口能够带来外汇收入、促进贸易顺差，同时促进对外贸易的发展。因此，本书将出口贡献选为二级指标。衡量出口贡献的数据指标主要有 2 个，分别为：高新技术产业出口总额和高新技术产业出口总额增长率。

高新技术产业出口总额反映的是琴澳的高新技术产业出口的贡献总额，**高新技术产业出口总额增长率**反映的是高新技术产业的出口贡献的效率情况。二者都与出口贡献呈正相关的关系。将 2 组数据结果进行处理并进行加权平均可以得到二级指标"出口贡献"的指标结果。

以上 2 个方面即为一级指标"高新技术产业社会贡献"下的二级指标的主要内容，将 2 个二级指标的数据结果进行加权平均可以得到高新技术产业社会贡献的指标结果，并可以根据该结果进一步计算琴澳高新技术产业发展指数的结果。

8.3.5　高新技术产业发展的环境支持

高新技术产业发展的环境支持主要关注的是横琴和澳门两地为当地高新技术产业发展所提供的环境情况。这里的环境主要是指能够促进高新技术产业提升创新能力、快速发展的环境条件。通过高新技术产业发展的环境支持指标可以有效反映琴澳两地对于高新技术产业发展的支持力度，所以本书将高新技术产业发展的环境支持选为最后一个一级指标。该指标主要从 3 个方面来衡量，其下的二级指标主要有：人力环境、物质环境和政策环境。通过 3 个方面的内容可以对高新技术产业发展的环境情况有全面的评价和了解。

❶ 人力环境

人力环境所考察的是横琴和澳门两地能够提升高新技术产业发展的人力环境建设情况。人力环境主要是指科技创新以及从事研究研发工作的人员的供应情况。相关的人才供应能够为高新技术产业的发展提供有力的支持，因此，本书将人力环境选为重要的环境支持因素。衡量人力环境发展情况的数据指标主要有 5 个，分别为：每万人的 R&D 人员总数、每 10 万人的博士毕业生数、每万人大学本科以上学历数、每万人的高等学校在校生数、每 10 万人的创新中介从业人员数。

每万人的 R&D 人员总数反映的是琴澳两地现有的从事科技研发创新的人员数目，这些人员是实现技术进步创新的主要力量；**每 10 万人的博士毕业生数**反映的是琴澳两地的高层次劳动力人数情况，通常而言，博士的研究水平要高于硕士和本科生，博士的比重越高说明具备研发创新能力的人数越多；**每万人大学本科以上学历数**反映的是琴澳两地整体劳动力的素质情况，素质越高越能够为高新技术产业的发展提供支持；**每万人的高等学校在校生数**反映的是琴澳两地的未来人才储备情况，高等学校在校生是未来潜在的劳动力，可以为产业不断提供工作人员；**每 10 万人的创新中介从业人员数**反映的是包括研究机构、创新服务中心等各类研发创新服务机构的工作人员数量，从业人员均是当地科技创新和促进高新技术产业发展的重要力量。以上 5 个方面的指标数据与人力环境呈正向关系。将 5 组数据进行处理并进行加权平均可以得到二级指标"人力环境"的指标结果，并可以据此进一步计算一级指标的结果。

❷ 物质环境

物质环境考察的是横琴和澳门两地能够提升高新技术产业发展的物质环境建设情况。物质环境主要是指琴澳两地对于高新技术产业发展和科技创新发展所提供支持的资金和机构。物质环境能够切实提高高新技术产业的科研创新的发展，为企业提供技术知识和发展建议。因此，本书将物质环境选为琴澳高新技术产业发展指数下的二级指标。衡量物质环境的数据指标主要有 4 个，分别为：地方财政科技支出占总财政支出的比重、高科技企业孵化器数量、研究机构数量、企业每名 R&D 人员的研发仪器和设备支出。

地方财政科技支出占总财政支出的比重反映的是琴澳两地的地方政府对于科技创新的支持力度，对于科技创新的支持能够有效促进高新产业的发展；**高科技企业孵化器数量**反映的是琴澳两地的孵化器建设情况，高科技企业孵化器能够促进相关初创企业快速实现发展，对于高新技术产业发展有着重要的促进作用；**研究机构数量**反映的是琴澳两地用于进行科技创新研究相关研究的研究机构数量，研究机构作为地方政府和企业的智库也能够促进各产业的发展，其数量也与高新技术产业的发展密切相关；**企业每名 R&D 人员的研发仪器和设备支出**反映的是琴澳两地的高新技术企业为企业科技研发人员提供的支持力度。以上 4 个方面的内容与物质环境情况均为正向关系。将上述 4 组数据结果进行处理并进行加权平均可以得到二级指标"物质环境"的指标结果。

❸ 政策环境

政策环境考察的是横琴和澳门两地能够提升高新技术产业发展的政策环境建设情况。政策环境主要是指琴澳两地的地方政府和有关部门对于高新技术产业发展提供的支持。政策环境对于产业的发展至关重要，在当前中国经济转型升级的大背景下，对于高新技术产业的政策支持更加重要。因此本书也将政策环境选为琴澳高新技术产业发展指数下的二级指标。衡量政策环境的数据指标主要有 3 个，分别为：高新技术产品平均补助、高新技术产业发展扶持资金，高新技术企业税收减免。

高新技术产品平均补助反映的是琴澳两地的政府有关部门针对高新技术产品所提供的补助情况；**高新技术产业发展扶持资金**反映的是琴澳两地政府有关部门对于高新技术产业所提供的资金支持情况；**高新技术企业税收减免**反映的是琴澳两地政府有关部门针对高新技术产业的税负所提供的减免政策力度。以上 3 个方面与政策环境情况呈正向关系。将 3 个方面的数据结果进行处理并按照确定的权重加权平均可以得到二级指标"政策环境"的指标结果。

以上 3 个方面即为一级指标"高新技术产业发展的环境支持"下的二级指标的主要内容，将 3 个方面的数据结果进行加权平均，可以得到高新技术产业发展的环境支持的指标数值，并可以据此进一步计算琴澳高新产业发展指数的结果。

上述内容得到了二级指标高新技术产业发展情况、高新技术产业创新能力、高新技术产业成长性、高新技术产业社会贡献和高新产业发展的环境支持的数据结果，根据设定好的指标权重，将上述 5 个方面的数据进行加权平均，可以得到琴澳高新技术产业发展指数的结果。

第 9 章

琴澳科技创新评价
指数体系

9.1 科技创新及评价概述

　　科技创新是新时代经济发展的重要动力和力量源泉，提升科技创新能力也是当前中国经济发展和企业转型升级的重要任务。正如本书在琴澳高新技术产业发展指数中所述，新时代中国经济的高质量发展离不开创新的驱动，科技创新为经济发展提供了源源不断的动力，中国也正在致力于建设成为世界科技强国。创新是引领发展的第一动力，地方和企业要解决深层次的发展矛盾问题，也需要依靠科技的力量，通过创新谋求新的出路。近些年来，我国在科技创新方面取得了突出的进步，正在不断追赶世界领先水平，在部分领域也已经处在较为领先的位置。发展战略性新兴产业，发展先进制造业，发展以生产性服务业为重点的现代服务业，推动工业化和信息化深度融合，成了建设现代产业体系的要求，而这都离不开科技创新的力量。

　　横琴和澳门作为改革开放和一国两制的前沿地区，在科技创新能力的提升方面也应该走在国内甚至是国际的前列，为国家整体科技创新能力的提升提供引领带动作用。近些年来，琴澳两地重视科技创新，着力培养高科技企业发展，在科技创新方面已经取得了一系列的成就。随着澳门经济适度多元化的不断深入，以及粤港澳大湾区战略规划的实施，琴澳两地的科技创新能力需要得到进一步的提升。在创新发展过程中，需要对琴澳两地的科技创新能力和效果有一个准确的评价体系。因此，本书设计了琴澳科技创新评价指数，用来评价琴澳两地的科技创新情况。

9.2 琴澳科技创新评价指数的构建

近些年来，国内外已经出现了诸多针对科技创新评价的指数，比较著名的有世界经济论坛所发布的全球竞争力指数（Global Competitiveness Index，GCI）、欧洲工商管理学院发布的全球创新指数（Global Innovation Index，GII）、国家科学技术部发布的《中国区域创新能力监测报告》以及中国科学技术发展战略研究院发布的《中国区域科技创新评价报告》等。以上几种科技创新评价体系都比较成熟，并且在世界上的应用比较广泛，特别是《中国区域科技创新评价报告》已经对全国的 31 个省区市进行了全面的科技创新评价，但是这里面并没有包括横琴和澳门两个地区，因此当前还缺乏关于两地的科技创新评价的指数。本书在构建琴澳科技创新评价指数时，充分考虑了以上几种应用最为广泛的指数。为了方便指数采用机构与其他国家或地区进行比较，本书主要参考《中国区域科技创新评价报告》，并根据琴澳两地的具体实际进行一定程度的完善和创新，力图使琴澳科技创新评价指数既适合于两地的具体发展实际，又便于与其他地区指数进行充分比较。

琴澳科技创新评价指数共有一级指标 4 个，二级指标 11 个，三级指标 42 个。一级指标分别为：科技创新环境评价、科技创新投入评价、科技创新产出评价和科技成果的转化评价。指数分别从科技琴澳两地科技创新的环境、投入、产出以及成果 4 个方面综合衡量近些年来两地的科技创新发展情况。表 9-1 ～表 9-4 为琴澳科技创新评价指数的主要指标内容。

表 9-1 琴澳科技创新评价指数——科技创新环境评价指标

一 级 指 标	二 级 指 标	三 级 指 标
科技创新环境评价	人力资源环境建设评价	每万人的 R&D 人员总数 每 10 万人的博士毕业生数 每万人的高等学校在校生数 每 10 万人的创新中介从业人员数
	科研物质条件评价	每名 R&D 人员的研发仪器和设备支出 科学研究和技术服务业新增固定资产占比 每 10 万人累计孵化企业数 创新中介总数 产学研联盟企业所占比重
	科技创新意识评价	每万名就业人员的专利申请数 科学研究和技术服务业平均工资比较系数 每万人所吸纳的技术成交额 有 R&D 活动的企业所占比重

表 9-2 琴澳科技创新评价指数——科技创新投入评价

一 级 指 标	二 级 指 标	三 级 指 标
科技创新投入评价	科技活动的人力投入评价	每万人的 R&D 科研人数 企业 R&D 科研人员所占比重 每万人的研究机构科研人员数

续表

一级指标	二级指标	三级指标
	科技活动的资金投入评价	R&D 经费支出占 GDP 的比重 地方财政科技支出占总财政支出的比重 企业 R&D 经费支出占企业主营业务收入的比重 企业技术获取和技术改造的经费支出占企业主营业务收入的比重

表 9-3　琴澳科技创新评价指数——科技创新产出评价指标

一级指标	二级指标	三级指标
科技创新产出评价	科技活动产出评价	每万人发表的科技论文数 每 10 万人发表的专著数 每万人获得的国家及省政府部门批示的研究报告数量 获得的国家级及省级科技成果奖数量 每万人的发明专利拥有量
	技术成果市场化评价	技术市场活动的成交额 每万元的生产总值技术国际投入

表 9-4　琴澳科技创新评价指数——科技成果的转化评价指标

一级指标	二级指标	三级指标
科技成果的转化评价	高新技术产业转化评价	高新技术产业增加值占工业增加值的比重 知识密集型服务业增加值占服务业增加值的比重 高技术产品出口额占商品出口额的比重 新产品销售收入占主营业务收入的比重 高技术产业利润率 高技术产业劳动生产率 知识密集型服务业的劳动生产率
	经济发展促进评价	综合能耗产出率 劳动生产率 资本生产率
	环境改善评价	环境质量指数 环境污染治理指数
	信息化生活评价	每万人国际互联网上网人数 电子商务消费占最终支出的比重 信息传输、软件和信息技术服务业增加值占生产总值比重

9.3　琴澳科技创新评价指数的指标说明

9.3.1　科技创新环境评价

　　科技创新环境评价所考虑的是横琴和澳门两地科技创新环境建设的情况。提升科技创新能力首先要积极建设有利于科技创新发展的环境和条件。琴澳两地有着优良的科技创新评价环境基础，同时也在不断通过各个政策提升科技创新环境的水平。本部分将通过该一级指标来衡量琴澳两地科技创新环境的建设情况和为实现科技创新所打下的基础。科技创新环境评价下共有二级指标 3 个，分别为：人力资源环境建设评价、科研物质条件评价和科技创新意识评价。

❶ 人力资源环境建设评价

人力资源环境建设评价主要是从科技创新人员方面来衡量科技创新环境情况，倾向于考察人力基础。用来衡量人力资源环境建设的主要数据指标共有 4 个，分别为：每万人的 R&D 人员总数、每 10 万人的博士毕业生数、每万人的高等学校在校生数和每 10 万人的创新中介从业人员数。

每万人的 R&D 人员总数与人力资源环境建设情况正相关，这里的 R&D 人员数包括参与 R&D 的研究、管理以及执行辅助工作等全体人员的数量。**每 10 万人的博士毕业生数**是从高学历人才供应情况的角度来衡量琴澳两地人力资源环境建设情况，博士学历通常也是进行科研创新活动人员的主要学历水平。**每万人的高等学校在校生数**反映的是基本科研人员基础，与人力资源环境建设情况为正向关系。创新中介主要指的是进行与 R&D 活动有关并且有助于科学技术知识的产生、传播和应用的活动的机构，在琴澳两地如大学科技园、企业孵化器、各类研究院等均算作创新中介。**每 10 万人的创新中介从业人员数**与人力资源环境建设评价也为正向关系。将以上 4 个数据指标的结果进行处理并按照确定的权重加权平均可以得到二级指标"人力资源环境"的指标结果。

❷ 科研物质条件评价

科研物质条件评价主要考虑的是横琴和澳门两地为促进科技创新所提供的科研物质条件，主要包括相关仪器设备、固定资产以及各类研究机构等。这些基本的物质条件是进行科技创新的重要基础，因此，本书也将科研物质条件选为重要的二级指标。通过该指标能够从一个方面衡量科技创新环境的建设情况，并进行有效的评价。用以衡量科研物质条件评价的数据指标有 5 个，分别为：每名 R&D 人员的研发仪器和设备支出、科学研究和技术服务业新增固定资产占比、每 10 万人累计孵化企业数、创新中介总数，产学研联盟企业所占比重。

设备和研发仪器是进行科技活动的物质基础，**每万名 R&D 人员的研发仪器和设备支出**越多，说明科研物质条件越充分；针对科研和技术服务业的固定资产投资也是重要的物质条件，因此，**科学研究和技术服务业新增固定资产占比**越高说明地区固定资产对于科技创新的投入力度越大，科研物质条件越好；科技企业孵化器是培养高新技术企业和促进科技成果转化的重要载体，**每 10 万人累计孵化企业数**能够有效反映科技创新环境情况；创新中介也是促进科技创新的重要载体，同时也能够为政府和企业建言献策，**创新中介总数**越多，越有利于创新发展；产学研联盟是促进企业科技创新研究和成果转化的重要载体，**产学研联盟企业所占比重**越多，越有利于创新发展。将以上 5 个数据指标的结果进行处理并按照确定的权重加权平均可以得到二级指标"科研物质条件评价"的指标数值，并可以据此进一步计算一级指标的结果。

❸ 科技创新意识评价

科技创新意识评价主要是考察横琴和澳门两地的科研机构、企业等对科技创新的重视情况以及当地的科技创新意识的强弱情况。科技创新意识是促进科技创新实践的力量和先驱动力，创新意识越强，地区就越容易支持科技创新研究，促进创新发展，因此本书将其选为二级指标。科技创新意识评价主要从 4 个方面的数据指标进行计算，分别为：每万名就业人员的专利申请数、科学研究和技术服务业平均工资比较系数、每万人所吸纳的技术成交额，有R&D 活动的企业所占比重。

每万名就业人员的专利申请数反映的是就业人员的科技创新意识情况，申请数量越大，说明就业人员对于创新和产权保护的意识越强。**科学研究和技术服务业平均工资比较系数**反映的是琴澳两地政府以及社会对于进行科研和技术服务工作的人员的认可程度。该系数的计算主要参考《中国区域科技创新评价报告 2018》，其计算方法为：科学研究和技术服务业平均工资比较系数 =（地区科学研究和技术服务业平均工资 / 地区全社会平均工资）×（地区科学研究和技术服务业平均工资 / 全国科学研究和技术服务业平均工资）×100%。**每万人所吸纳的技术成交额**反映的是琴澳两地在技术市场上为购买技术成果的支出。**有 R&D 活动的企业所占比重**反映了企业对于科技创新和科技研发的重视程度。将以上 4 个数据指标的结果进行处理并按照确定的权重加权平均可以得到二级指标"科研创新意识评价"的指标数据，并可以据此进一步计算一级指标的结果。

以上 3 个方面即为一级指标"科技创新环境评价"下的二级指标的主要内容，将 3 个方面的数据指标结果进行加权平均，可以得到科技创新环境评价的指标数值，了解琴澳两地在科技创新环境建设方面的具体情况，并可据此进一步计算琴澳科技创新评价指数的结果。

9.3.2　科技创新投入评价

科技创新投入评价主要考察的是横琴和澳门两地在科技创新方面的投入情况。这里考察的科技创新投入主要关注人力的投入和资金经费的投入情况。科技创新投入的情况能够有效反映出琴澳两地政府和企业等对于科技创新的重视情况，以及愿意对科技创新所进行的投入情况。只有不断加大对于科技创新的投入，才能够更加有效地提升琴澳两地的科技创新能力。因此本部分将科技创新投入评价选为琴澳科技创新评价指数下的第二个一级指标。科技创新投入评价下共有二级指标 2 个，分别为：科技活动的人力投入评价和科技活动的资金投入评价。

❶ 科技活动的人力投入评价

科技活动的人力投入评价主要从进行科技活动的人员的投入情况来看横琴和澳门两地科

技创新投入情况。科技创新需要足够的研究人员不断进行研究和实践，因此需要了解两地进行科技创新研究活动的人员的数量。本书将科技活动的人力投入单独进行考察是为了更好地反映科技活动在该方面的投入情况。科技活动的人力投入评价的衡量数据指标主要有 3 个，分别为：每万人的 R&D 科研人数、企业 R&D 科研人员所占比重和每万人的研究机构科研人员数。

每万人的R&D科研人数与二级指标"人力资源环境建设"下的"每万人的R&D人员总数"并不完全相同，前者在这里主要考虑的是从事 R&D 科技研究的人员数，并不包括进行辅助性工作等间接工作的人员。每万人的 R&D 科研人数可以有效地反映琴澳两地对于科技活动研究的人力投入。**企业 R&D 科研人员所占比重**主要是从企业层面来考察科技活动的人力投入情况，企业是科技创新的主体，因此该数据指标能够有效反映科技投入情况。**每万人的研究机构科研人员数**主要考察的是琴澳两地各类研究机构以及各合作研究基地中进行科技研究的研究员的数量，这里也包括进行政策研究、区域发展研究等的研究人员，这些方面的研究对于科技活动的创新也有着重要的促进作用。以上 3 个方面的数据均与科技创新投入呈正向关系。将 3 个方面的数据处理后进行加权平均可以得到二级指标"科技活动的人力投入评价"的指标数值，并可以据此进一步计算一级指标的结果。

❷ 科技活动的资金投入评价

科技活动的资金投入评价主要考察的是横琴和澳门两地在科技创新活动的资金投入情况。科技创新能力的提升离不开科技活动资金的投入，资金投入的提高也是科技创新投入强度的重要评价指标，资金投入越多，说明琴澳两地对于科技创新的重视程度越高，科技活动获得的支持越充分。因此，本书也将科技活动的资金投入选为科技创新投入评价下的二级指标。衡量科技活动的资金投入的数据指标主要有 4 个，分别为：R&D 经费支出占 GDP 的比重、地方财政科技支出占总财政支出的比重、企业R&D 经费支出占企业主营业务收入的比重，企业技术获取和技术改造的经费支出占企业主营业务收入的比重。

R&D 经费支出占 GDP 的比重能够综合衡量琴澳两地在科技创新活动上的投入，比重越大，说明科技创新投入的强度越大。**地方财政科技支出占总财政支出的比重**反映了政府在科技创新投入的力度情况，地方财政科技支出所占比重越大，说明政府在科技创新的投入力度越大。**企业 R&D 经费支出占企业主营业务收入的比重**考察的是企业层面对科技研究的投入强度情况，占比越高，说明企业对科技研究的投入强度越大。**企业技术获取和技术改造的经费支出占企业主营业务收入的比重**也是反映企业在科技活动投入强度的指标，这里的企业技术获取和技术改造的经费支出主要包括技术引进、消化吸收、技术改造、购买国内技术等多方面的经费支出，占比越高，说明企业在科技活动的投入强度越大。将 3 个方面的数据处理后进行加权平均可以得到二级指标"科技活动的资金投入评价"的指标数值，并可以据此进一步计算一级指标的结果。

以上 2 个方面即为一级指标"科技创新投入评价"下的二级指标,将 2 个二级指标的数据结果进行加权平均可以得到科技创新投入评价的指标数值,了解琴澳两地在科技创新投入方面的情况,并可以根据该结果进一步计算琴澳科技创新评价指数的结果。

9.3.3　科技创新产出评价

科技创新产出评价与科技创新投入评价相比,该指标主要考察横琴和澳门两地在科技创新方面所取得的产出成果情况。在衡量科技创新投入后,也要研究科技创新投入所带来的科技创新产出,科技创新产出的多少能够有效地反映琴澳两地的科技创新的发展情况。产出能够直观反映琴澳两地的科技创新的提升情况,这里所关注的科技创新产出既包括进行科技研究和实践活动所取得的成果,也包括技术成果在市场上的发展和交易情况。因此,本书将科技创新产出评价选为重要的一级指标。在该指标下,共有二级指标 2 个,分别为:科技活动产出评价,技术成果市场化评价。

❶ 科技活动产出评价

科技活动产出评价主要考察横琴和澳门两地进行的科技活动所取得的成果。科技活动的产出有多种表现形式,本书在考虑科技活动产出方面尽可能全面地涵盖各种科技活动的产出形式,从而对科技活动的产出有着准确的评价,将两地主要的产出形式进行重点分析,并选择具有代表性的数据指标进行考察。科技活动产出评价的重要衡量指标主要有 5 种,分别为:每万人发表的科技论文数、每 10 万人发表的专著数、每万人获得的国家及省政府部门批示的研究报告数量、获得的国家级及省级科技成果奖的数量、每万人的发明专利拥有量。

每万人发表的科技论文数主要考察的是在论文方面科技活动的产出情况。论文发表数量是衡量科研成果的重要数据指标,这里的科技论文包括 SCI、SSCI 等收录的论文。**每 10 万人发表的专著数**则是从书籍专著方面考察科技活动的产出情况,书籍专著需要在正规出版社出版并有正式的书号。**每万人获得的国家及省政府部门批示的研究报告数量**是从研究报告成果的角度衡量科技活动产出的情况,经各级政府批示采纳更能够促进成果的转化。**获得的国家级及省级科技成果奖的数量**可以从重要科技成果的角度衡量科技活动的产出,此外,在这里计算数量时会根据不同级别的奖项进行数据的调整,并进行加权平均得到数值。**每万人的发明专利拥有量**则是从专利的角度衡量科技活动的产出情况,专利是衡量科技成果的重要指标,专利的多少也与科技创新有着密切的联系。以上 5 个数据指标均与科技活动的产出有着正向的关系。将上述 5 个数据指标的结果处理后进行加权平均可以得到二级指标"科技活动产出评价"的指标数值,并可以据此进一步计算一级指标的结果。

❷ 技术成果市场化评价

技术成果市场化评价主要考虑的是横琴和澳门两地技术市场的发展以及技术成果交易的情况。技术成果市场化主要从市场的角度来衡量琴澳两地科技创新所产生的技术成果的产出情况。用技术成果市场化来进一步衡量科技创新产出能够为科技活动产出评价提供进一步的补充，能够更加全面地衡量科技创新产出情况，因此本书将其选为科技创新产出评价下的二级指标。该指标主要由2个方面的数据指标进行衡量，分别为：技术市场活动的交易额、每万元生产总值技术国际投入。

技术市场活动的交易额主要反映的是技术交易市场的情况，市场的繁荣对后续技术成果的转化具有重要的作用；**每万元生产总值技术国际投入**考察的是琴澳两地与其他国家和地区进行技术交易取得的收入占万元生产总值的收入，这里的技术国际收入主要包括向其他国家和地区转让专利、非专利发明、商标等知识产权、提供R&D服务以及其他技术服务所获得的收入。以上2个方面指标均与科技创新产出正向相关。将2个方面的数据进行处理并加权平均，可以得到二级指标"技术成果市场化评价"的指标数值，并可以据此进一步计算一级指标的结果。

以上2个方面即为一级指标"科技创新产出评价"下的二级指标的主要内容，将2个方面的数据结果进行加权平均，可以得到科技创新产出评价的指标数值，了解琴澳两地科技创新的产出情况，并可以根据该指标进一步计算琴澳科技创新评价指数的结果。

9.3.4 科技成果的转化评价

科技成果的转化评价主要考察的是横琴和澳门两地通过科技创新所实现的成果产出方面的转化情况。其主要是指为提高生产力水平而对科学研究与技术开发所产生的具有实用价值的科技成果，进行后续试验、开发、应用、推广直至形成新产品、新工艺、新材料，发展新产业等活动。科技成果转化主要分为2个方面，狭义的科技成果转化是指主要科技成果的转化情况，如新产品的设计出现、制造工艺的改进、效益的提高等方面；广义的科技成果转化则包括各类科技成果的应用所带来的劳动生产率、产业利润率、对于经济发展的促进作用、对于环境等的改善作用以及促进生活水平的提高等诸多方面。本书在讨论科技成果转化评价时主要考虑的是广义上的科技成果转化情况。作为一级指标，科技成果的转化评价主要有二级指标4个，分别从产业转化、经济发展促进作用、环境改善和信息化生活4个方面衡量科技成果的转化情况，4个二级指标分别为：高新技术产业转化评价、经济发展促进评价、环境改善促进评价、信息化生活评价。

❶ 高新技术产业转化评价

高新技术产业转化评价主要衡量的是横琴和澳门两地的科技创新活动和科技活动的产出

对于高新技术产业的促进作用。科技成果转化情况的重要体现就在于在高新技术产业方面的转化情况。高新技术产业的发展离不开科学技术的创新，因此通过高新技术产业转化的情况能有效地反映科技成果转化的情况，此外，高新技术产业转化还能够反映出科学技术对于产业机构调整的促进作用，这也是本书将高新技术产业转化评价选为二级指标的重要原因。高新技术产业转化评价指标的衡量数据指标主要有 7 个，分别为：高新技术产业增加值占工业增加值的比重、知识密集型服务业增加值占服务业增加值的比重、高技术产品出口额占商品出口额的比重、新产品销售收入占主营业务收入的比重、高技术产业利润率、高技术产业劳动生产率、知识密集型服务业的劳动生产率。

高新技术产业增加值占工业增加值的比重反映了琴澳两地的科技成果转化在工业产业结构的促进作用，以及在促进高新技术产业增加值上发挥的作用，这里的高新技术产业主要参考国家统计局发布的《高技术产业统计分类目录》。**知识密集型服务业增加值占服务业增加值的比重**则是关注于科技成果转化在优化调整服务业所取得的成果，这里的知识密集型服务业主要包括金融服务业、软件和信息技术服务业、租赁和商务服务业、信息传输等为知识的生产、储备、使用和扩散服务的行业。**高技术产品出口额占商品出口额的比重**则反映了琴澳两地在高技术产品上面的国际竞争力，衡量了高技术产品的出口情况，因此也反映了科技成果转化的质量。**新产品销售收入占主营业务收入的比重**反映的是琴澳两地的相关高技术产业将科技研究的成果转化为新产品，或者对产品进行优化完善的情况，完善程度越高，转化效果越好，新产品销售收入越高，因此该指标也能够有效反映高新技术产业转化情况。**高技术产业利润率**则是从利润角度反映高新技术产业转化带来的经济效益。**高技术产业劳动生产率**反映了高新技术产业所带来的劳动生产率水平提升的情况。**知识密集型服务业的劳动生产率**主要反映的是科技成果转化促进知识密集型服务业劳动生产率的提升情况。以上 7 种数据指标均与高新技术产业转化情况呈正向的关系。将 7 种数据指标的结果处理后进行加权平均可以得到二级指标"高新技术产业转化评价"的指标结果，并可以据此进一步计算一级指标的结果。

❷ 经济发展促进评价

经济发展促进评价主要考察的是横琴和澳门两地的科技成果对于经济发展的促进作用。广义上的科技成果转化包含了对经济高质量发展的促进作用，科学技术创新能力的提升能够有效地促进经济效率的提升。因此，本部分也将科技成果转化对经济发展的促进情况选为重要的二级指标。通过经济发展促进评价来反映科技成果转化在经济发展方面的效果。经济发展促进情况主要通过 3 个三级指标数据进行衡量，分别为：综合能耗产出率、劳动生产率和资本生产率。

综合能耗产出率主要反映的是琴澳两地能源的使用效率，提高科技创新能力是提升能源使用效率的重要方式，因此选其作为数据指标；**劳动生产率**反映的是科技成果对两地劳动生产效率的促进作用；**资本生产率**反映的是资本投入和经济产出的关系，也能够反映出科技成果对于经济发展的促进作用。将 3 种数据指标的结果处理后进行加权平均可以得到二级指标"经济发展促进评价"的指标数值，并可以据此进一步计算一级指标的结果。

❸ 环境改善评价

环境改善评价主要考察的是横琴和澳门两地的科技成果对于环境改善的促进作用。科技在环境改善方面的转化应用也是广义上的科技成果转化内容。环境的改善关乎居民的生活质量，提升人民的生活水平也是科技创新最重要的作用之一。因此本书将该指标涵盖在二级指标当中。环境改善情况主要通过 2 个方面的指标数据进行衡量，分别为：环境质量指数和环境污染治理指数。

环境质量指数考量的是环境质量的改善情况，其计算方法为：环境质量指数＝空气达到二级以上天数占比（100%）×0.6 ＋化学需氧量实际排放率（100%）×0.4；环境污染治理指数反映的是琴澳两地在环境污染方面的治理效果，**环境污染治理指数**的计算方法为：环境污染治理指数＝万元 GDP 用水达标率（100%）×0.4 ＋肺水肿氨氮排放达标率（100%）×0.3 ＋固体废物综合治理率（100%）×0.3。将 2 种数据指标的结果处理后进行加权平均可以得到二级指标"环境改善评价"的指标数值，并可以据此进一步计算一级指标的结果。

❹ 信息化生活评价

信息化生活评价主要考察的是横琴和澳门两地的科技创新成果在信息化生活的促进方面的转化情况。科技成果最显著的表现形式即为信息化程度的提高，信息化程度也是科技创新成果最直接的体现。因此，本书将信息化生活提升的情况选为重要的二级指标。信息化生活评价可通过 3 个方面的指标数据进行衡量，分别为每万人国际互联网上网人数，电子商务消费占最终支出的比重，信息传输、软件和信息技术服务业增加值占生产总值的比重。

每万人国际互联网上网人数反映的是琴澳两地居民享受信息化成果，进行互联网上网的情况。**电子商务消费占最终支出的比重**反映了科技成果在电子商务方面的转化，电子商务比重的提升能有效反映科技成果的转化情况，体现了生活信息化水平的情况。**信息传输、软件和信息技术服务业增加值占生产总值的比重**反映的是有关提升信息化生活水平的产业的增加值情况。以上 3 个方面的数据均与信息化生活的提升有着正向的关系。将 3 种数据指标的结果处理后进行加权平均可以得到二级指标"信息化生活评价"的指标数值，并可以据此进一步计算一级指标的结果。

以上 4 个方面即为二级指标"科技成果的转化评价"下的三级指标的主要内容，将 4 个方面的数据结果进行加权平均可以得到科技成果的转化评价的指标数值，了解琴澳两地科技成果转化情况，并可据此进一步计算琴澳科技创新评价指数的结果。

第 四 篇

琴澳金融指数体系

第 10 章
琴澳金融运行风险指数体系

10.1 金融运行风险概述

金融是现代经济的核心，这一重要地位也决定了金融业在国民经济中的特殊地位。与其他产业不同，金融业和金融体系的稳定对于国家经济的稳定发展至关重要。金融发展至今只有 200 余年，世界各国都建立了自身的金融体系，金融业早期的主要功能在于资金的融通，其自身作为资金融通的中介为资金的供应方和需求方提供服务。随着世界经济的发展，金融业不断开拓服务范围，创新服务产品，金融衍生品不断出现。伴随着金融的快速创新发展，金融监管的难度也不断提升，脱离了实体经济的金融业的快速发展产生了大量的泡沫。2008 年，始于美国的金融危机对全世界的经济发展造成了巨大的影响，金融与实体经济的密切联系以及各国经济之间的联系使得局部的金融风险问题易于扩散成系统性的甚至全球性的金融风险问题。这也使世界各国的学者和政府部门开始重视金融风险问题，对于金融风险的研究也成为学术领域的重点问题。

我国金融体系经过多年发展已经得到诸多方面的提升，但是仍然存在着一定程度的不稳定性。近些年，随着国际经济下行压力、市场间的风险溢出效应、房地产泡沫加大、影子银行问题等多方面因素对我国金融业产生一定的冲击，金融业内部以及金融与实体经济之间联系日渐密切，在少部分金融业或者市场受到冲击后，会传导到更多金融机构和市场之中，从而容易导致系统性金融风险的产生。系统性金融风险会导致我国金融体系受到严重影响，实体经济被波及，我国经济转型升级受阻。党的十八大以来，党中央高度重视金融风险问题，防范化解金融风险问题也是新时代我国金融业发展的主要目标之一。因此，在经济发展的过程中，要高度重视金融运行的风险问题，只有保证金融安全，防范金融风险，中国经济才能更加稳定地朝着高质量发展的方向迈进。防范化解金融风险首先要了解面临的金融风险，对金融风险进行有效的监控和度量，因此需要有效的指数体系来衡量金融运行风险。

10.2　琴澳金融运行风险指数的构建

国家对于防范化解金融风险的重视要求各地区深入贯彻落实工作要求，在发展金融业的同时密切关注金融业的潜在风险问题。地方政府防范化解金融风险首先要了解本地区的金融运行情况，对于金融运行有着准确的了解可以帮助识别潜在的金融风险问题。近些年许多地区已经建立了全面有效的金融风险监控指数，帮助政府和有关机构监控金融风险问题。横琴新区成立以来，其金融业快速发展，近几年已经初具规模，大量的金融机构落户横琴。随着横琴与澳门经济合作的不断深入，澳门经济适度多元化需要两地金融业的参与，如何衡量两地的金融运行风险情况对于两地发展具有重要意义。鉴于目前还没有针对琴澳两地的金融业和金融体系的运行风险问题的指标体系，本书研究琴澳两地的具体特征，运用数量化的方法构建琴澳金融运行风险指数，力图通过指数的构建来评价琴澳两地金融工作的风险情况，帮助防范和化解金融风险。

琴澳金融运行风险指数共包含珠海（横琴）和澳门 2 个部分的内容，由于 2 个地区统计口径以及统计指标的差异，本书在构建金融运行风险指数时，保持一级指标不变，在澳门部分删减个别不适用二级指标，同时对三级指标进行了一定的调整。在珠海（横琴）金融运行风险指数下，共有一级指标 3 个，二级指标 11 个，三级指标 29 个；而澳门金融运行风险指数共有一级指标 3 个，二级指标 9 个，三级指标 26 个。指数分别从经济景气情况、金融体系稳健性以及债务风险 3 个方面衡量琴澳两地金融风险的具体情况。具体的指标内容如表 10-1 ～表 10-3 所示，其中黑色字体为珠海（横琴）和澳门共同指标，蓝色字体为珠海（横琴）指标，绿色字体为澳门指标。

表 10-1　琴澳金融运行风险指数——经济景气情况指标

一级指标	二级指标	三级指标
经济景气情况	经济增长	GDP 增长率 固定资产投资增长率
	经济稳定	CPI·居民消费物价指数 城镇登记就业率 收入房价比

续表

一级指标	二级指标	三级指标
	企业经营	工业企业利润总额同比增长率 先进制造业增加值增长率 制造业增加值增长率 现代服务业增加值增长率 除博彩业外服务业增加值增长率
	外部冲击	标准普尔 500 指数年平均波动率 恒生指数年平均波动率

表 10-2　琴澳金融运行风险指数——稳健性指标

一级指标	二级指标	三级指标
金融体系稳健性	资金融通稳健性	银行不良贷款率 银行存贷比 证券期货业利润总额增长率 证券期货业资产总额增长率 小微金融不良贷款率 银行资本充足率 资产回报率 流动性资产占总资产的比重 外汇净敞口头寸占资本的比重 大额风险暴露占资本的比重
	保险市场稳健性	保险赔付率 保险深度 保险密度
	资产管理市场稳健性①	风险资产率 资产杠杆

表 10-3　琴澳金融运行风险指数——债务风险指标

一级指标	二级指标	三级指标
债务风险	政府债务情况	地方政府负债率 地方政府融资平台债务占 GDP 的比重②
	企业债务情况	规模以上工业企业资产负债率 地方国有企业资产负债率
	居民债务情况	居民部门杠杆率 居民部门贷存比例 居民储蓄率
	金融压力情况	不良贷款余额占 GDP 的比重 短期贷款余额增长率 中长期贷款余额增长率

---

① 资产管理市场在琴澳两地有着巨大的发展潜力，目前的发展趋势也较好，在金融体系稳健性的衡量中也应纳入其中。然而目前针对琴澳两地资产管理市场的统计数据有限，因此此在金融运行风险指数计算中并未将其考虑在内，未来获得准确数据后再进一步优化计算结果。在该二级指标下，风险资产率表示的是资产管理所进行的投资活动中投向风险资产的比重，而资产杠杆则反映的是在投资活动中运用资金杠杆的比重。

② 地方政府融资平台债务目前是地方政府债务的重要形式，也引起了国家的重视，在衡量政府债务情况时应将其考虑在内，但是目前该指标数据较难获得，因此待未来获得准确数据结果后再纳入指数计算中。

10.3　琴澳金融运行风险指数的指标说明

10.3.1　经济景气情况

对于金融风险问题的考量离不开宏观经济的运行情况，经济的景气情况在很大程度上影响着金融运行的风险。特别是当经济不够景气的时候，风险会在各个系统中不断传导，金融运行发生风险的概率便会增加。衡量金融运行风险首先要了解一个地区的经济运行情况。因此，本书将经济景气情况选为琴澳金融运行风险指数下的第一个一级指标。在该指标下共有二级指标 4 个，分别为：经济增长、经济稳定、企业经营和外部冲击。指数将从 4 个方面衡量珠海（横琴）和澳门特别行政区两地的经济景气情况。

❶ 经济增长

经济增长指标主要考虑的是横琴和澳门两地的经济发展情况。衡量一个地区的经济景气情况首先要了解其经济的增长情况，经济增长与经济发展有着直接的联系，快速的经济增长在很大程度上也反映了地区的经济发展比较景气。因此，本书将经济增长选为一级指标"经济景气情况"下的第一个二级指标。衡量经济增长的数据指标主要有 2 个，分别为：GDP 增长率和固定资产投资增长率。2 个指标共同衡量琴澳两地的经济增长情况。

GDP 增长率是最基本的衡量经济增长的指标，许多时候也直接将 GDP 增长率认定为经济增长的情况，因此通过该指标可以直接反映琴澳两地的经济增长情况。除此之外，本书还选择了**固定资产投资增长率**作为衡量琴澳两地经济增长的指标，固定资产投资在促进经济增长中具有重要的作用，琴澳两地近些年固定资产投资也在不断增加，两地固定资产投资增长率越高，说明经济增长势头越好。将以上 2 个方面的数据进行处理并按照确定的权重加权平均可以得到二级指标"经济增长"的指标结果。

❷ 经济稳定

除了考虑经济增长情况以外，对于经济稳定的考量也需要得到足够的重视。经济的稳定发展能够促进社会的稳定。经济的持续健康发展不仅需要经济保持适度的增长，还要保持经济的稳定。中国未来经济将要迈向高质量发展，经济增长速度已经不是主要追求的方向，而是要在经济保持稳定的前提下保持高质量的发展。因此，本书也用经济稳定指标来考量珠海（横琴）和澳门两地的经济景气情况。衡量经济稳定的数据指标主要有 3 个，分别为：CPI 居民消费物价指数、城镇登记就业率和收入房价比。3 个指标共同衡量琴澳两地的经济稳定情况。

CPI 居民消费物价指数能在一定程度上反映通货膨胀的程度，通货膨胀在一定程度上也能够反映经济稳定的情况；**城镇登记就业率**反映的是琴澳两地的就业情况，就业稳定可以反映经济稳定情况,就业率越高,经济越稳定;**收入房价比**反映的是琴澳两地居民的房价压力,房价与经济的稳定具有一定的关系,收入房价比越高,说明房价压力越小,越有利于经济稳定,则经济景气情况越好。将3个方面数据处理后按照确定的权重进行加权平均,可以得到二级指标"经济稳定"的指标数值,并可以进一步计算一级指标的结果。

❸ **企业经营**

对于经济景气情况的考察除了关注宏观经济的情况以外,还需要关注企业层面的经营情况,企业的经营情况越好说明经济越景气。因此,本书将企业经营选为一级指标"经济景气情况"下的第三个二级指标。通过该指标可以反映珠海(横琴)和澳门特别行政区两地的企业经营情况,并可以据此从企业层面考察两地的经济景气情况。衡量企业经营的数据指标主要有5个,分别为:工业企业利润总额同比增长率、先进制造业增加值增长率、制造业增加值增长率、现代服务业增加值增长率、除博彩业外服务业增加值增长率。其中,用来衡量琴澳两地的指标各有3个。

工业企业利润总额同比增长率可以反映琴澳两地的工业企业利润增长情况,同比增长率越高,说明企业经营情况越好,地区的经济越景气;**先进制造业**和**现代服务业**是中国经济高质量发展的重要产业,因此通过这2个产业增加值的增长率可以反映高质量发展重要产业的企业经营情况,增长率越高,说明经济越景气;**制造业增加值增长率**则针对澳门制造业发展情况,制造业的发展能够有效促进产业多元化;**除博彩业外服务业增加值增长率**则考虑的是澳门在服务业多元化方面的情况。将以上5个方面的数据进行处理后按照确定的权重进行加权平均可以得到二级指标"企业经营"的指标结果。

❹ **外部冲击**

随着经济的全球化发展,世界经济联系越来越紧密,风险溢出效应促使风险在不同经济体之间进行传导。而全球金融市场的波动和震荡也会传导至中国市场,对中国金融市场造成一定的冲击。当前,与中国大陆金融市场联系较为密切的市场是美国和中国香港的金融市场。因此,本书也将两个市场的波动情况进行了度量,并用其代表外部冲击情况。通过外部冲击的评价可以了解琴澳两地面临的外部经济环境影响。

衡量外部冲击所选用的数据指标有**标准普尔500指数年平均波动率**和**恒生指数年平均波动率**,通过选取具有代表性的指数数据,可以得到2个金融市场的波动情况,其波动程度越大,琴澳两地所受冲击程度越大,越不利于经济的景气。将2个方面的数据进行处理并按照确定的权重加权平均,可以得到二级指标"外部冲击指标"的结果。

以上4个方面即为一级指标"经济景气情况"下二级指标的主要内容,将4个方面的数据按照特定的权重进行加权平均,可以得到一级指标的结果,了解两地的经济景气情况,并可以根据指标数值进一步计算琴澳金融运行风险指数的结果。

10.3.2　金融体系稳健性

除了解地区的经济景气情况以外，还需要了解地区金融体系的发展运行的稳健性情况。金融业内部的各个行业保持稳健性对于防范金融风险具有重要的意义。评价金融体系的稳健性能够了解金融体系是否朝着良性、健康的方向发展。因此，本书将金融体系的稳健性选为琴澳金融运行风险指数下的第二个一级指标。衡量金融体系稳健性的二级指标主要有资金融通稳健性和保险市场稳健性 2 个方面。设定资金融通稳健性指标的原因主要在于金融体系相关数据较难获得，本书将除保险业以外用来能够用来衡量金融体系发展情况的指标进行了整合，而将保险作为单独的二级指标进行单独衡量，同时为保险市场稳健性指标配置较小的权重。

❶ 资金融通稳健性

金融的根本作用在于为实体经济发展提供支持，而其本源在于资金的融通。无论是以银行贷款为主的间接融资还是以公开发行股份等方式为主的直接融资，其根本都是融资的手段。因此，为了解金融体系的稳健性，就要深入分析资金融通方面的稳健性情况。本书将资金融通的稳健性选为金融体系稳健性下第一个二级指标，通过该指标可以了解珠海（横琴）和澳门两地在资金融通方面的稳健性情况和潜在风险情况。衡量资金融通的稳健性指标主要有 10 个，分别为：银行不良贷款率、银行存贷比、证券期货业利润总额增长率、证券期货业资产总额增长率、小微金融不良贷款率、银行资本充足率、资产回报率、流动性资产占总资产的比重、外汇净敞口头寸占资本的比重、大额风险暴露占资本的比重。其中衡量珠海的指标有 5 个，衡量澳门的指标有 6 个。

银行不良贷款率是评价银行业市场发展情况的重要指标，不良贷款率越高，说明银行业市场的稳健性越差，越不利于金融体系的稳健性；**银行存贷比**主要反映的是珠海的银行金融机构的贷款总额与存款总额之间的比率，从银行角度来讲，存贷比越高，说明银行盈利情况越好，盈利能力越强，但是在研究资金融通稳健性方面，过高的贷款也意味着风险的加大，因此在本书中银行存贷比与资金融通稳健性成反比；**证券期货业利润总额增长率和证券期货业资产总额增长率**反映的是珠海证券期货业的发展情况，2 个指标值越大，越有利于资金融通的稳健性发展；**小微金融不良贷款率**反映的是珠海小微金融方向贷款的不良贷款情况，小微金融是近些年金融重点工作方向，并且小微企业的融资风险也需要得到重视，不良贷款率越高，越不利于资金融通稳健性；**银行资本充足率**反映商业银行在存款人和债权人的资产遭到损失之前，该银行能以自有资本承担损失的程度，银行资本充足率越高，越有利于资金融通的稳健性；**资产回报率**反映的是澳门资金的盈利情况，资产回报率越高，资金收益能力越强，有利于资金融通稳健性；**流动性资产占总资产的比重**反映的是澳门金融体系的流动性资产的情况，资产的流动性越强，越能够抵御风险，因此，比重越高，越有利于资金融通的稳健性；

外汇净敞口头寸占资本的比重反映的是澳门的外汇风险暴露情况，比重越高，外汇风险暴露程度越大，则金融体系的稳健性越差；**大额风险暴露占资本的比重**反映澳门的大额风险暴露情况，与金融体系稳健性指标成反比。将以上 10 个指标的数据结果处理后按照确定的权重进行加权平均可以得到二级指标"资金融通稳健性"的指标数值，并可以据此进一步计算一级指标的结果。

❷ 保险市场稳健性

近些年中国保险市场快速发展，保险产品不断增多，人民的保险意识也不断增强，进一步促进了保险市场的发展。保险业是中国金融体系的重要组成部分，深入了解保险业的发展情况和特征是了解金融体系发展稳健性的重要内容。因此，本书将保险市场的稳健性选为一级指标"金融体系稳健性"下的第二个二级指标。衡量该指标的数据主要有 3 个，分别为：保险赔付率、保险深度、保险密度。3 个方面的内容共同衡量珠海（横琴）和澳门的情况。

保险赔付率主要反映的是琴澳两地的保险公司的赔付情况。保险赔付率越高，说明保险公司的赔付压力越大，越不利于保险市场的稳健性；**保险深度**是保费收入与 GDP 的比值，**保险密度**是常住人口平均保险费的数额，保险深度和保险密度是保险市场发展潜力的主要指标，二者可以有效衡量琴澳两地保险行业的发展情况。将以上 3 个指标的数据结果进行处理后按照确定的权重进行加权平均可以得到二级指标"保险市场稳健性"的指标结果，并可依据此进一步计算一级指标的结果。

以上 2 个方面即为一级指标"金融体系稳健性"下二级指标的主要内容，将 2 个方面的数据按照特定的权重进行加权平均可以得到一级指标的结果，了解琴澳两地的金融稳健性情况，并可以据此进一步计算琴澳金融运行风险指数的结果。

10.3.3 债务风险

过去几十年，经济快速增长的同时也积累了大量的债务，随着经济增速的放缓，许多债务问题开始显现，这也影响到中国经济的转型升级和高质量发展。去杠杆也成为中国当前经济的主要任务之一，过高的债务容易导致系统性风险，对经济体系造成打击。因此，本书将债务风险选为重要的一级指标，用来衡量横琴新区和澳门特别行政区的债务风险情况，债务风险越大，越不利于经济的发展，金融运行风险越大。衡量债务风险的二级指标主要有 4 个，分别为：政府债务情况、企业债务情况、居民债务情况、金融压力情况。分别从政府、企业、居民以及金融压力 4 个方面综合评估琴澳两地的债务风险情况。由于澳门并不存在政府债务，企业债务情况数据也无法获得，因此针对澳门的债务风险衡量只有居民债务情况和金融压力情况 2 个二级指标。

❶ 政府债务情况

地方政府债务问题是当前我国地方发展面临的较为严峻的问题之一，控制地方政府债务规模、防范债务风险是保持地方经济发展的重要前提。党的十八大以来，国家开始规范地方政府债务问题，近几年也得到了很大程度的改善，但是仍有许多问题需要关注。因此，本书选择政府债务情况作为衡量债务风险的第一个二级指标。其细分的三级指标主要是地方政府负债率。

地方政府负债率可以直接反映珠海市政府在负债方面的基本情况，负债率越高，说明政府债务水平越高，则债务风险越大，金融运行的风险也越大。将数据进行处理后即得到二级指标"政府债务情况"指标的结果，并可依据此进一步计算一级指标的结果。

❷ 企业债务情况

除了债务问题以外，企业层面的债务问题也是国内债务情况的重要方面。企业负债经营可以帮助企业扩大生产，开展更多业务，但是也面临着债务清偿、资不抵债的风险。当产业出现困境，资金链断裂的时候，高负债的企业便会面临着破产清算的风险。过高的负债会影响企业的经营能力，进而也会传导至金融运行方面。因此，本书将企业债务情况选为重要的二级指标。衡量企业债务情况的三级指标主要有 2 个，分别为：规模以上工业企业资产负债率、地方国有企业资产负债率。

规模以上工业企业资产负债率反映的是珠海市的规模以上工业企业的债务情况，比率越高，则债务风险越大。**地方国有企业资产负债率**主要考察的是珠海市的地方国有企业的负债情况，国有企业对于地方经济发展具有重要的意义，其负债高低也影响着企业层面的债务情况。国有企业的资产负债率越高，则企业债务越高，债务风险越大。将以上 2 个方面的数据进行处理并按照特定的权重进行加权平均可以得到企业债务情况指标的结果。

❸ 居民债务情况

近几年，虽然我国社会的总体债务规模得到了控制，但是居民部门的债务规模却不断升高。虽然居民债务的上升能够起到刺激消费，从而拉动经济增长，但是过高的债务扩张也会抑制经济的发展，同时增加系统性金融风险发生的概率。因此，本书将居民债务情况选为重要的二级指标。衡量居民债务情况的数据指标主要有 3 种，分别为：居民部门杠杆率、居民部门贷存比例、居民储蓄率。其中衡量珠海（横琴）和澳门的指标各 2 个。

居民部门杠杆率能够直观反映珠海市居民的杠杆情况，居民杠杆率越高，债务风险越大，则金融运行的风险也越大；**居民部门贷存比**反映的是澳门居民的负债情况，贷存比越高，居民负债情况越高，债务风险越大，金融运行风险也越大；**居民储蓄率**反映的琴澳两地居民存款的情况，储蓄比率越高，说明居民越有能力应对未来的债务问题，因此，债务风险越小。将 3 个方面数据进行处理加权平均可以得到居民债务情况的指标数据，并可以据此进一步计算一级指标的结果。

❹ 金融压力情况

金融压力情况主要考虑的是横琴和澳门两地的贷款方面的压力情况。一个地区的贷款数目过多，能在一定程度上说明该地区的债务杠杆水平较高，面临的金融压力较大。因而本书将金融压力选为重要的二级指标。衡量该指标的数据主要有 3 个方面，分别为：不良贷款余额占 GDP 的比重、短期贷款余额增长率、中长期贷款余额增长率，3 个指标共同衡量琴澳两地的金融压力情况。

不良贷款余额占 GDP 的比重能够有效地反映琴澳两地的不良贷款的情况，占 GDP 的比重越高，说明不良贷款的压力越大，金融压力情况越突出，债务风险也越大。**短期贷款余额**和**中长期贷款余额**的增长率则是从 2 种不同类型的贷款情况来反映琴澳两地的间接融资情况。贷款余额增长率越高，说明当前地方整体面临的债务压力越大，债务风险越大。将以上 3 个方面的数据进行处理并按照确定的权重进行加权平均可以得到金融压力情况的指标结果。

以上 4 个方面即为一级指标"债务风险"下的二级指标的主要内容。将 4 个类型的数据按照计算好的权重进行加权平均，可以得到债务风险指标的数值，可以了解琴澳两地的债务风险情况。据此数值可以进一步计算琴澳金融运行风险指数的结果。

10.4　琴澳金融运行风险指数的指标结果及分析

10.4.1　珠海（横琴）金融运行风险指数

❶ 珠海（横琴）金融运行风险指数的结果

表 10-4 为琴澳金融运行风险指数中珠海（横琴）部分的金融运行风险指数的指标结果，以 2014 年为基期，各个年度的指标结果如表所示。从表 10-4 中可以看出，珠海（横琴）金融运行风险指数从 2014 年至 2016 年逐年递减，2016 年达到最小值，相比基期降低超过 8%，随后出现回升，到 2018 年末，指数相较基期下降近 6%。图 10-1 为珠海（横琴）金融运行风险指数结果的柱形图，该图可以更加直观展现金融运行指数在 2014—2018 年的走势。结合图 10-1 和表 10-4 可以发现，珠海（横琴）金融运行风险指数处于先下降后上升的趋势，即珠海市所面临的金融运行风险在 2014—2016 年逐渐扩大，随后两年有所下降，但是相比仍旧超出基期的风险水平，总体的趋势正朝着降低风险的方向发展。未来珠海也应进一步加强金融风险控制水平，确保不发生系统性金融风险。

表 10-4　珠海（横琴）金融运行风险指数的结果

年　份	2014	2015	2016	2017	2018
指数值	100	94.39	91.83	93.21	94.51

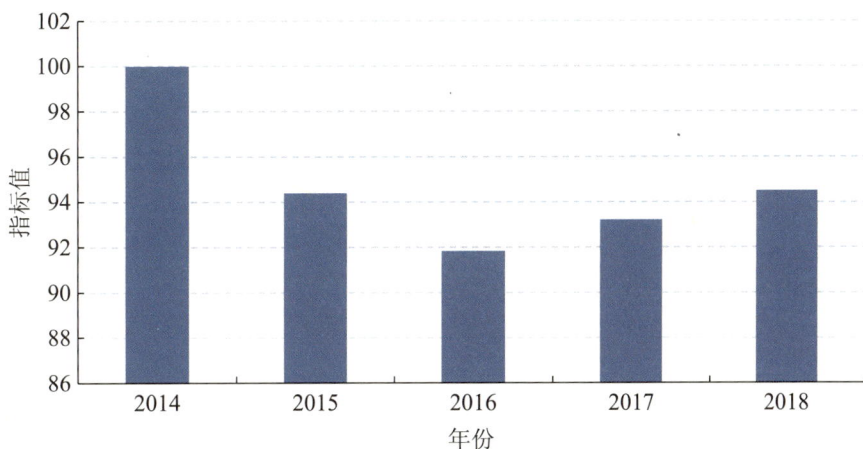

图 10-1　珠海（横琴）金融运行风险指数的指标结果

❷ 珠海（横琴）金融运行风险指数的一级指标结果

表 10-5 是珠海（横琴）金融运行风险指数的一级指标结果，从该表可以得到珠海（横琴）金融运行风险指数在经济景气情况、金融体系稳健性以及债务风险 3 个一级指标的具体得分情况。从表 10-5 中可以看出，2014—2018 年，经济景气情况和金融体系稳健性都出现了下滑，相较于基期分别下降了近 16% 和 4%。而债务风险指标则在 2018 年年末实现了小幅的提升，相较基期提高近 2%。具体来看，经济景气情况指标在 2018 年末达到了最低值，相较 2014 年降低超过 15%；金融体系稳健性指标则在 2015 年达到峰值，同比增长超过 5%，随后开始下降到基期以下；债务风险指标则在 2015 年达到了最低值，同比降低近 15%，随后开始回升，到 2018 年超过基期。

图 10-2 是珠海（横琴）金融运行风险指数各一级指标的走势图，从该图可以更加直观地了解 3 个一级指标 2014—2018 年的具体走势情况。经济景气情况从 2014 年后开始逐年下降，只在 2016 年出现回升，2016 年以后的指标得分结果始终为 3 个指标中的最低值。金融体系稳健性指标则处于先上升后下降再缓慢回升的趋势，2016 年以前其得分结果为 3 个指标最高。最后，债务风险指标则在 2015 年明显下降以后保持着上升的趋势，到 2018 年年末明显超出另外 2 个指标的结果。

图 10-3 珠海（横琴）金融运行风险指数一级指标的雷达图，该图可以直观反映各个年度 3 个一级指标的情况。从图中可见，债务风险指标逐年增长比较稳定，是促进珠海（横琴）金融运行风险指数提高的主要动力，而金融体系稳健性和经济景气情况指标则都有着明显的下降，2014 年的结果普遍较好。

表 10-5 珠海（横琴）金融运行风险指数的一级指标结果

年　　份	2014	2015	2016	2017	2018
经济景气情况	100	86.41	93.52	86.13	84.88
金融体系稳健性	100	105.51	90.55	96.25	96.31
债务风险	100	87.56	91.85	96.25	101.73

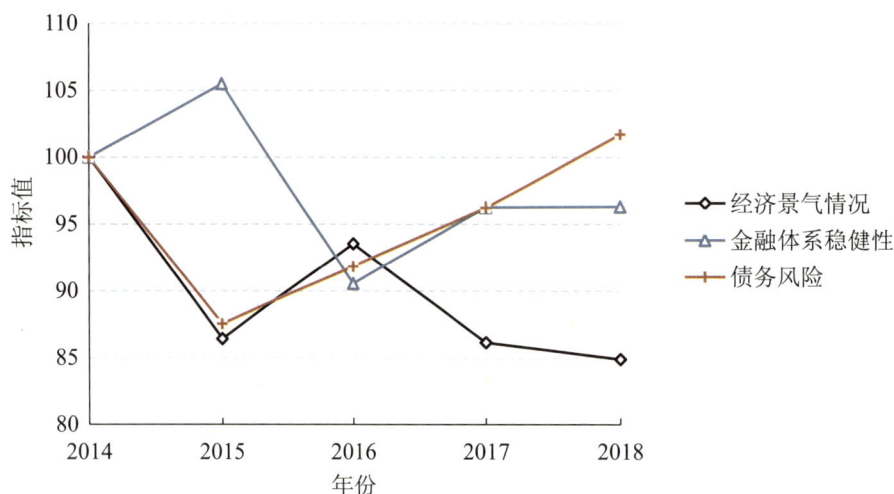

图 10-2 珠海（横琴）金融运行风险指数各一级指标走势

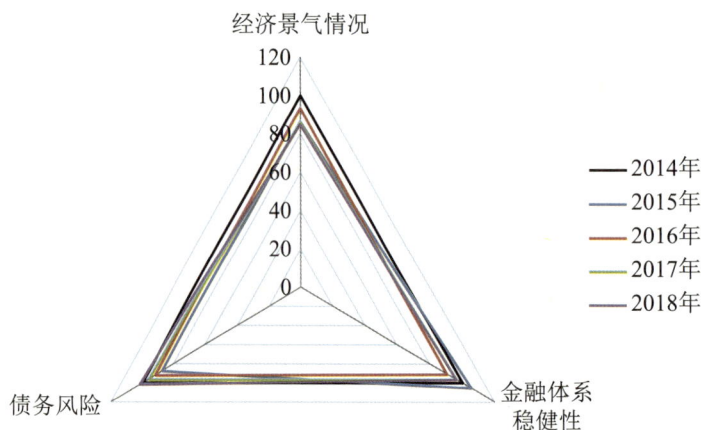

图 10-3 珠海（横琴）金融运行风险指数各一级指标雷达图

综上所述，2014—2018 年，珠海（横琴）在债务风险控制方面总体上取得了较好的成绩。而受目前世界复杂经济环境影响，珠海（横琴）在经济景气情况和金融体系稳健性 2 个方面出现了明显的下滑，但 2017 年和 2018 年金融体系稳健性指标出现回升趋势，仍需进一步加大相关工作力度。在经济发展方面，则应该坚持高质量发展和可持续发展，促进经济转型升级，推进供给侧结构性改革，从而促进经济的稳步健康提高。

❸ **经济景气情况指标结果分析**

表 10-6 即为经济景气情况指标下二级指标的结果。从该表可以了解经济景气情况下经济增长、经济稳定、企业经营、外部冲击 4 个方面二级指标在 2014—2018 年具体的指标得分结果。从表 10-6 可以明显看出，只有经济增长指标总体上出现了明显的提高，并且发生

在 2018 年，相比基期提高了约 8%，而经济稳定、企业经营和外部冲击指标都出现了明显的下降，其中经济稳定指标下降近 17%，企业经营指标下降近 60%，外部冲击指标下降约 4%。具体来看，经济增长指标在 2016 年达到最低值，相较基期下降近 35%，随后出现回升；经济稳定指标则保持着逐年下降趋势；企业经营指标在 2016 年达到峰值，相较基期增加约 31%，随后出现大幅下降；外部冲击指标在 2017 年达到峰值，相较基期增加超过 3%。

图 10-4 为经济景气情况下二级指标的雷达图，从该图可以更加直观了解经济增长、经济稳定、企业经营和外部冲击 4 个方面二级指标 2014—2018 年具体的发展趋势和走势情况。从图 10-4 可知，经济增长和企业经营指标在五年间波动较为剧烈，对于经济景气情况指标变化的影响相比更大，而外部冲击指标和经济稳定指标则相比逐年变化较小，对于经济景气情况指标的影响相对更小，但 2 个指标保持在基期以下，也造成了经济景气情况指标的下降。

表 10-6　经济景气情况指标下二级指标结果

年　　份	2014	2015	2016	2017	2018
经济增长	100	80.93	65.62	69.53	108.01
经济稳定	100	96.81	95.74	93.53	83.71
企业经营	100	70.19	131.61	89.18	40.46
外部冲击	100	97.87	99.71	103.44	96.47

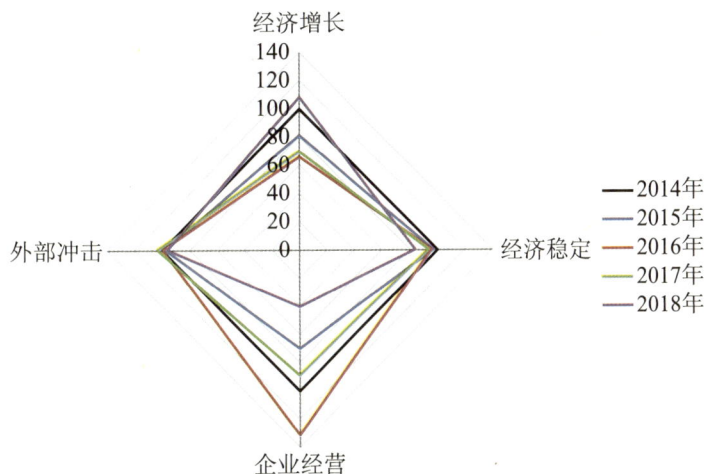

图 10-4　经济景气情况指标下二级指标雷达图

综上所述，2018 年末珠海（横琴）的经济增长水平出现了一定的提高，在经济稳定和企业经营方面出现了明显的下降，并且近些年外部资本市场也出现了下降，带来了一定程度的外部冲击。未来珠海市有关部门可进一步加大促进经济发展力度，对实体经济提供更多的支持。需要注意的是，本书在构建金融运行风险指数时，对于风险的考量比较严格，因此在指标选择上要求更高，衡量经济景气情况的指标虽然出现下降，但并不能说明经济景气较差，而是说明潜在经济风险的存在。

❹ 金融体系稳健性指标结果分析

表 10-7 即为金融体系稳健性指标下二级指标的得分结果。从该表可以了解资金融通稳健性和保险市场稳健性 2 个指标的具体得分结果。以 2014 年为基期，从表 10-7 中可以明显看出，资金融通稳健性指标总体上出现了下降，到 2018 年年末相较基期下降近 9%，而保险市场稳健性指标则出现了上升，相较基期提高超过 11%。具体来看，资金融通稳健性指标在 2015 年提高较大，同比提高超过 8%，随后出现明显下降；保险市场稳健性指标则在 2015 年和 2016 年出现显著下降，到 2016 年年末相较基期下降近 12%，随后出现回升。

图 10-5 即为金融体系稳健性下二级指标的走势图，从该图可以更加直观了解资金融通稳健性和保险市场稳健性 2 个方面二级指标 2014—2018 年具体的发展趋势和走势情况。由于指标数较少，所以本书在该部分用柱形图来代替雷达图。从图 10-5 可见，资金融通指标在 2016 年下降幅度最大，并在此后指标值低于保险市场稳健性的结果，而保险市场稳健性指标则在 2016 年后出现明显升高，随后保持着上升趋势。

表 10-7　金融体系稳健性指标下二级指标结果

年　份	2014	2015	2016	2017	2018
资金融通稳健性	100	108.26	91.19	92.48	91.13
保险市场稳健性	100	97.26	88.67	107.57	111.85

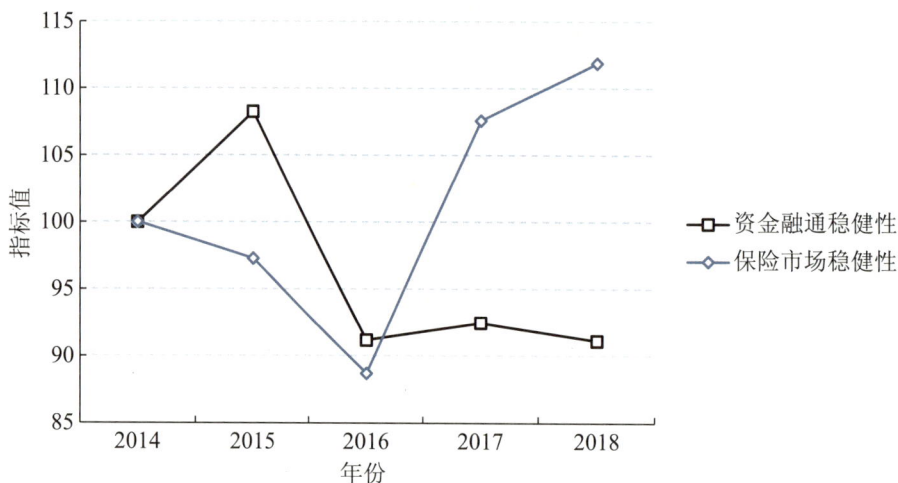

图 10-5　金融体系稳健性指标下二级指标走势图

综上所述，近几年，珠海（横琴）在资金融通的稳健性方面总体上出现了一定程度的下滑，2016 年同比降低最为明显，随后较为稳定，并没有出现进一步大幅下滑的趋势；而保险市场的稳健性方面在近几年得到了有效的改善，保险市场发展情况较好。珠海市有关部门在保持资金融通稳健性的前提下应进一步提高资金使用效率，降低金融风险，将资金引导至实体经济，同时，随着保险市场的不断发展，也应保持对于保险市场稳健性的关注。

❺ 债务风险指标结果分析

表 10-8 即为债务风险指标下二级指标的具体得分结果。从该表可以了解政府债务情况、

企业债务情况、居民债务情况以及金融压力情况 4 个指标的得分结果。以 2014 年为基期，从表 10-8 中可以看出，至 2018 年年末，政府债务情况和金融压力情况得到了有效的提高，分别提高超过 3% 和 18%。而企业债务情况和居民债务情况 2 个指标则在总体上出现了下降，分别下降近 6% 和 12%。具体而言，政府债务情况指标在 2015 年下降最大，降幅近 60%，随后出现回升，2018 年则超越了基期结果。企业债务情况则在 2015 年和 2016 年保持良好趋势，2016 年达到峰值，相较基期提高超过 3%，但随后出现了下降。居民债务情况则保持着下降的趋势，2018 年同比出现小幅提高。金融压力情况仅在 2016 年出现了下降，总体保持逐年提高的趋势。

　　图 10-6 为债务风险指标下二级指标的雷达图，从该图可以更加直观地了解政府债务情况、企业债务情况、居民债务情况和金融压力情况 4 个指标 2014—2018 年具体的发展趋势和走势情况。从图 10-6 中可知，政府债务情况波动最为剧烈，显著影响了总体债务风险。而金融压力情况逐年有着明显的提高，对于债务风险指标的提高有着促进作用。居民债务指标出现了明显的下降趋势，而企业债务情况指标的得分结果比较集中，波动较小。

表 10-8 债务风险指标下二级指标结果

年 份	2014	2015	2016	2017	2018
政府债务情况	100	41.05	66.11	86.54	103.96
企业债务情况	100	100.87	103.18	99.71	94.49
居民债务情况	100	96.96	90.42	85.65	88.81
金融压力情况	100	111.36	107.71	113.09	118.17

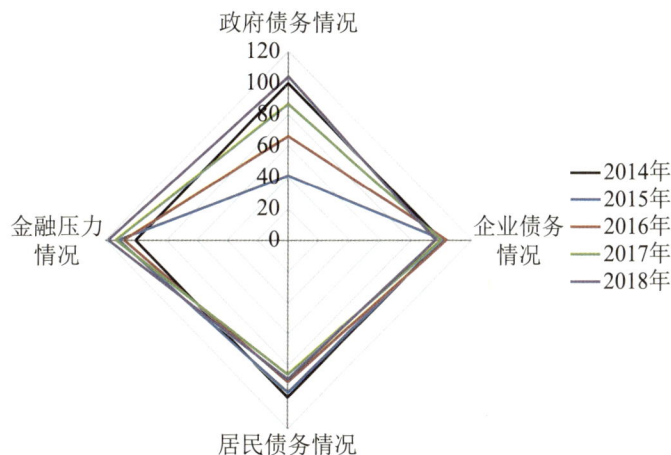

图 10-6 债务风险指标下二级指标雷达图

　　综上所述，2014—2018 年，珠海（横琴）在政府债务改善方面总体上得到了提高，虽然在 2015 年政府债务问题较为突出，但是随后得到了有效的改善。而在企业债务方面，珠海的工业企业以及国有企业负债水平变化相对较小，近两年负债水平稍有升高。居民债务增大是珠海在近两年面临的主要债务风险问题，对于居民部门的债务问题需要给予足够的重视。最后，随着国家"去杠杆"工作的推进，珠海的金融压力也有所降低，发展趋势较好。

10.4.2 澳门金融运行风险指数

❶ 澳门金融运行风险指数的结果

表 10-9 为琴澳金融运行风险指数中澳门部分的金融运行风险指数的指标结果，以 2014 年为基期，各个年度的指标结果如表所示。从表 10-9 中可以看出，澳门金融运行风险 2014—2016 年逐年递增，2017 年出现下降，随后在 2018 年年末又出现提高，相较基期提高 超过 9%。图 10-7 是澳门金融运行风险指数结果的柱形图，该图可以更加直观地展现金融运 行风险指数 2014—2018 年的走势。结合图 10-7 和表 10-9 可以发现，澳门的金融运行风险 总体上朝着降低以及可控的方向发展，在金融风险控制方面的工作完成较好。未来澳门特别 行政区有关部门可进一步保持对金融运行风险的监控，确保不发生系统性金融风险。

表 10-9 澳门金融运行风险指数的结果

年　份	2014	2015	2016	2017	2018
指标值	100	107.78	114.22	106.75	109.21

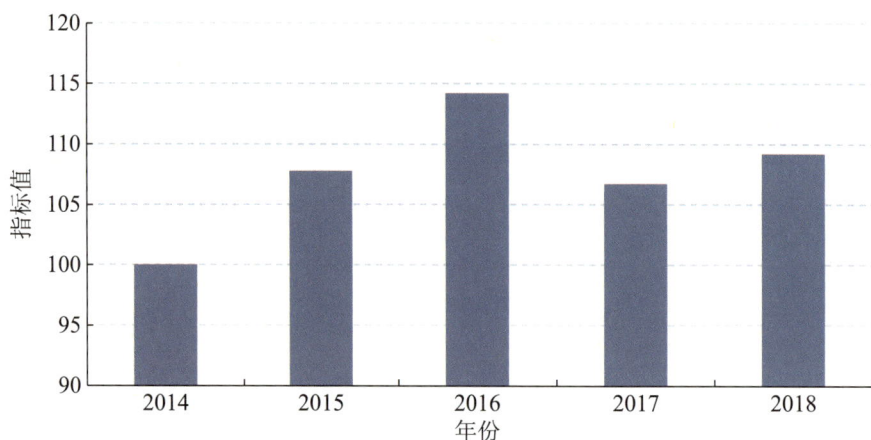

图 10-7 澳门金融运行风险指数的指标结果

❷ 澳门金融运行风险指数的一级指标结果

表 10-10 是澳门金融运行风险指数的一级指标结果，从该表可以得到澳门金融运行风险指 数在经济景气情况、金融体系稳健性以及债务风险 3 个一级指标的具体得分情况。从表 10-10 中可以看出，2014—2018 年，金融体系稳健性指标和债务风险指标总体上相对于基期都实 现了提高，其中金融体系稳健性指标提高了约 7%，债务风险指标提高了约 24%。而经济景 气情况出现了一定程度的下降，2018 年年末相较基期下降超过 3%。具体来看，经济景气情 况在 2016 年达到最低值，相较基期降低近 12%，随后出现回升；金融体系稳健性指标则在 2015 年达到峰值，同比增长约 18%，随后两年出现下降，但始终保持在基期以上。债务风 险指标则逐年提高并在 2017 年达到峰值，相较基期提高超过 27%，随后出现小幅下降。

图 10-8 是澳门金融运行风险指数各一级指标的走势图，从该图可以更加直观地了解 3

个一级指标 2014—2018 年的具体走势情况。经济景气情况下降最为明显，保持在 3 个指标中的最低。金融体系稳健性在 2016 年年末以前提升较快，随后出现明显下降。债务风险指标总体上处于稳步上升趋势，2017 年开始超越金融体系稳健性指标结果。

　　图 10-9 是澳门金融运行风险指数各一级指标的雷达图，该图可直观反映各个年度 3 个一级指标的情况。从图 10-9 中可见，债务风险指标和金融稳健性指标变化最为明显，是促使澳门金融运行风险指数变动的主要因素。经济景气情况指标相较而言变动较小。

表 10-10　澳门金融运行风险指数的一级指标结果

年　份	2014	2015	2016	2017	2018
经济景气情况	100	91.39	88.72	90.01	96.97
金融体系稳健性	100	118.43	125.56	103.71	107.06
债务风险	100	109.97	124.59	127.53	124.33

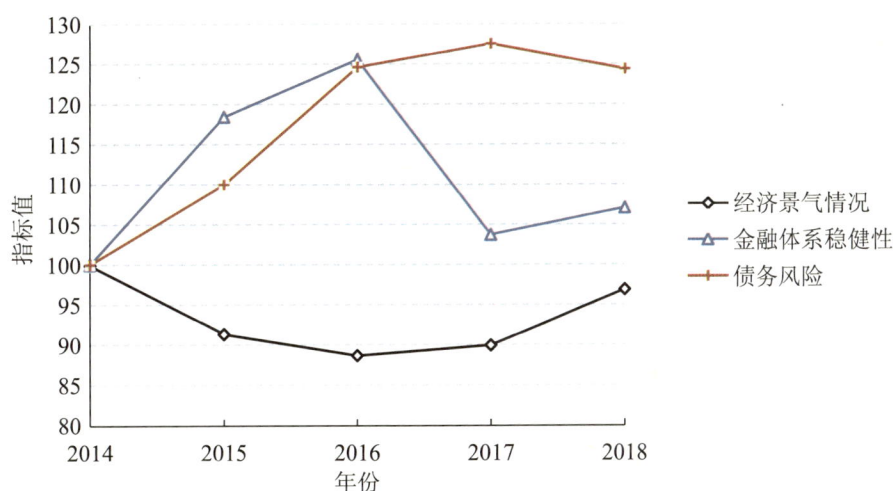
图 10-8　澳门金融运行风险指数各一级指标走势

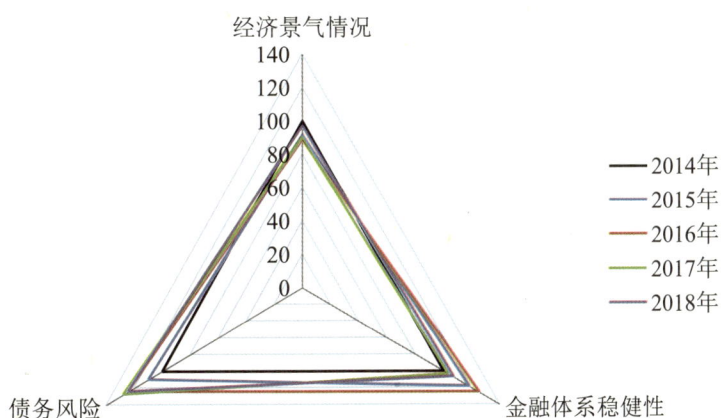
图 10-9　澳门金融运行风险指数各一级指标雷达图

　　综上所述，2014—2018 年，澳门特别行政区在提高金融体系稳健性和债务风险降低 2 个方面都取得了较好的成果，在这其中，对于债务风险的控制效果最好，说明澳门在债务风险控制方面的能力较强。而在经济景气情况方面，受世界经济波动的影响，经济景气情况自 2014 年开始出现了一定的下滑，未来还需进一步促进经济适度多元化，培养新的经济增长动力。

❸ 经济景气指标结果分析

表 10-11 即为经济景气情况下二级指标的结果。从该表可以了解经济景气情况下经济增长、经济稳定、企业经营和外部冲击 4 个方面二级指标 2014—2018 年具体的指标得分结果。从表 10-11 可以看出，经济增长以及经济稳定指标在 2018 年年末都实现了明显的提高，其中经济增长相较基期提高约 8%，经济稳定指标相较基期提高约 9%。而企业经营指标和外部冲击指标则出现了下滑，其中企业经营指标下滑超过 50%，外部冲击指标下滑近 4%。具体而言，经济增长指标在 2015 年和 2016 年出现了大幅的下滑，到 2016 年相较基期降低超过 30%，而后出现回升，在 2018 年回升较大。经济稳定指标则保持上升趋势，在 2017 年达到了峰值，相较基期提高超过 13%，随后出现小幅下滑。企业经营指标则处于逐年下降趋势。外部冲击指标与珠海内容相同，不再赘述。

图 10-10 即为经济景气情况下二级指标的雷达图，从该图可以更加直观地了解经济增长、经济稳定、企业经营和外部冲击 4 个指标 2014—2018 年具体的发展趋势和走势情况。从图 10-10 可知，经济增长指标和企业经营指标的波动较大，并且普遍为负向波动，只有 2018 年的经济增长指标出现大幅度的提高。外部冲击指标变化最小，而经济稳定指标上升趋势较为稳定。

表 10-11　经济景气情况指标下二级指标结果

年　份	2014	2015	2016	2017	2018
经济增长	100	80.93	65.62	69.53	108.01
经济稳定	100	104.02	112.42	113.47	109.22
企业经营	100	83.24	80.01	75.62	58.79
外部冲击	100	97.87	99.71	103.44	96.47

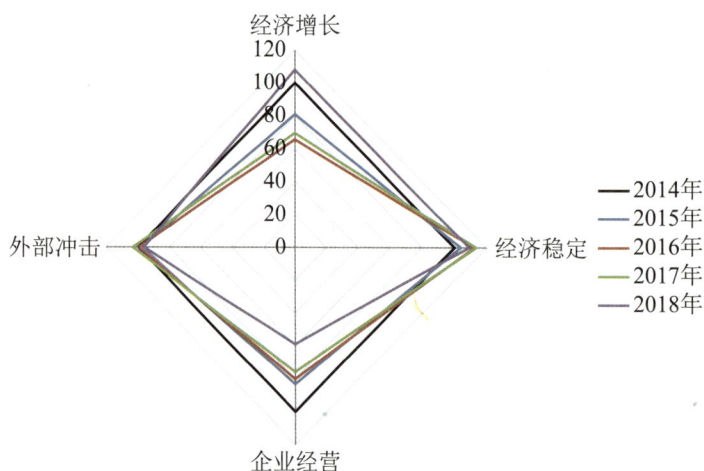

图 10-10　经济景气情况指标下二级指标雷达图

综上所述，2014—2017 年，澳门特别行政区在经济方面出现了一定的下滑，但是在 2018 年经济出现了有效的增长。在经济稳定发展方面，澳门保持着良好的态势。此外，澳门相关企业的经营面临着较大的问题，发展速度出现了较大的下滑。澳门有关部门可进一步促进多元化产业发展，提升企业经营效率和经营利润，支持高科技产业以及特色产业的发展。

❹ 金融体系稳健性指标结果分析

表 10-12 即为金融体系稳健性指标下二级指标的得分结果。从该表可以了解资金融通稳健性和保险市场稳健性的具体得分结果。以 2014 年为基期，从表 10-12 中可以看出，资金融通稳健性在 2015 年达到峰值，同比增长超过 4%，随后开始下降，在 2017 年达到最低，相较基期下降近 25%，而在 2018 年年末有小幅回升。保险市场稳健性指标则在 2014—2016 年有着明显的上升趋势，到 2016 年末与基期相比提高了约 122%，随后两年出现下降，但始终保持在基期值以上。

图 10-11 即为金融体系稳健性指标下二级指标的走势图，从该图可以更加直观地了解资金融通稳健性和保险市场稳健性 2 个方面的二级指标 2014—2018 年具体的发展趋势和走势情况。从图 10-11 可见，资金融通稳健性下降趋势较为明显，指标结果远低于保险市场稳健性，但在 2018 年有小幅回升。保险市场稳健性在前三年增幅较大，随后出现一定的下滑，但是总体保持比较高的增长水平。

表 10-12　金融体系稳健性指标下二级指标结果

年　　份	2014	2015	2016	2017	2018
资金融通稳健性	100	104.83	93.16	75.66	80.78
保险市场稳健性	100	159.22	222.78	187.87	185.89

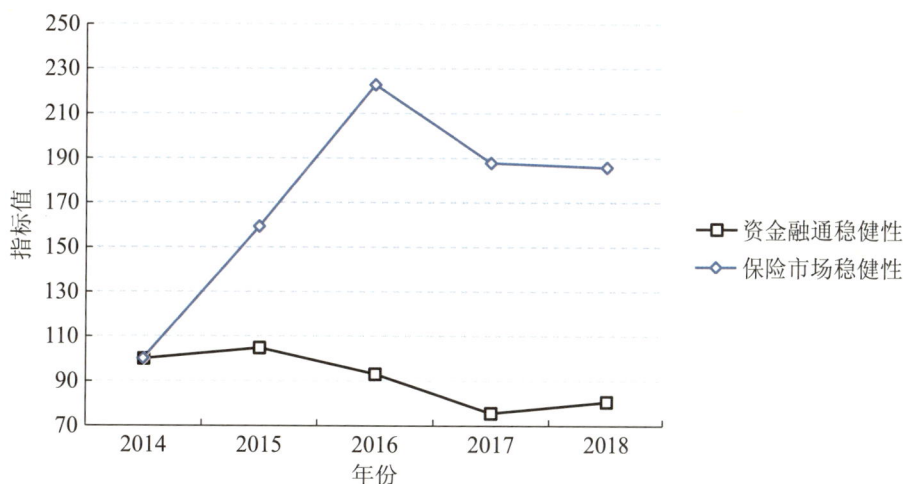

图 10-11　金融体系稳健性指标下二级指标走势

综上所述，近几年，澳门特别行政区在资金融通的稳健性方面下降较为明显，说明当前在金融市场的金融活动存在着一定的风险暴露，需要引起足够的重视，保证金融风险可控。而在保险市场方面，近些年澳门保险市场发展迅速，虽然 2017 年和 2018 出现了下滑，但是总体仍旧保持着较高的发展水平。

⑤ 债务风险指标结果分析

表 10-13 即为债务风险指标下二级指标的具体得分结果。从该表可以了解居民债务情况和金融压力情况 2 个指标的具体得分情况。以 2014 年为基期，从表 10-13 中可以看出，至 2018 年年末，居民债务情况和金融压力情况指标都实现了明显的提高，相比基期分别提高了约 17% 和 31%。具体而言，居民债务情况在 2017 年达到最大值，相比基期提高近 20%；金融压力情况同样在 2017 年达到最大值，相比基期提高约 35%。

图 10-12 为债务风险指标下二级指标的走势图，从该图可以更加直观地了解居民债务情况、金融压力情况 2 个指标 2014—2018 年具体的发展趋势。从图 10-12 中可以看出，两个指标在 2014—2017 年均保持着明显的上升趋势，并且 2017 年的涨幅与前几年相比相对较小，而在 2018 年出现了小幅下降。

表 10-13　债务风险指标下二级指标结果

年　份	2014	2015	2016	2017	2018
居民债务情况	100	104.19	117.04	119.96	117.39
金融压力情况	100	115.74	132.13	135.09	131.27

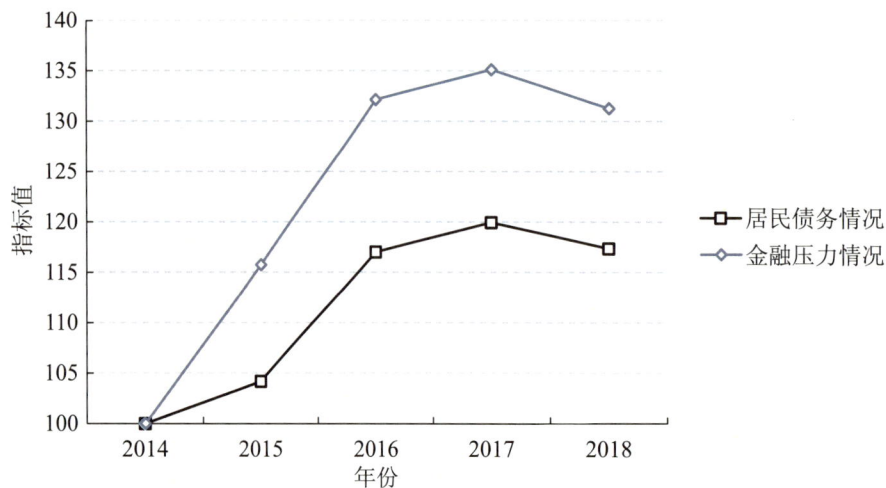

图 10-12　债务风险指标下二级指标走势

综上所述，澳门特别行政区在居民债务和金融压力 2 个方面控制得较好，特别是 2014—2017 年期间，澳门的居民债务风险和金融压力显著降低，但是在 2018 年二者出现上升。澳门特别行政区政府有关部门仍旧需要对债务风险保持足够重视，严控债务风险。

10.4.3　琴澳金融运行风险指数

根据 10.4.1 和 10.4.2 的内容，将二者的指标结果进行加权平均，可以得到琴澳金融运行风险指数的结果。表 10-14 和图 10-13 分别为琴澳金融运行风险指数的指标结果和指标走势图。结合图表可见，琴澳金融运行风险指数在 2014—2016 年呈现上升趋势，2016 年达到峰值，相较基期提高约 3%，2017 年出现明显下降，并降低至基期以下。2018 年又出现了回升。总体而言，琴澳金融运行风险指数相较于基期出现了提高。

　　综上所述，珠海（横琴）和澳门特别行政区作为整体来观察，琴澳的金融运行风险在 2014—2018 年总体上处于微弱降低的趋势，虽然在中间年份出现了上升，但是各年度差距不大，并没有出现金融运行风险提高的明显趋势。未来在世界经济不确定性不断增强的大背景下，琴澳要对金融运行风险保持监控，确保不发生系统性金融风险，保持金融体系健康良性发展。

表 10-14　琴澳金融运行风险指数的指标结果

年　份	2014	2015	2016	2017	2018
指标值	100	101.09	103.03	99.98	101.86

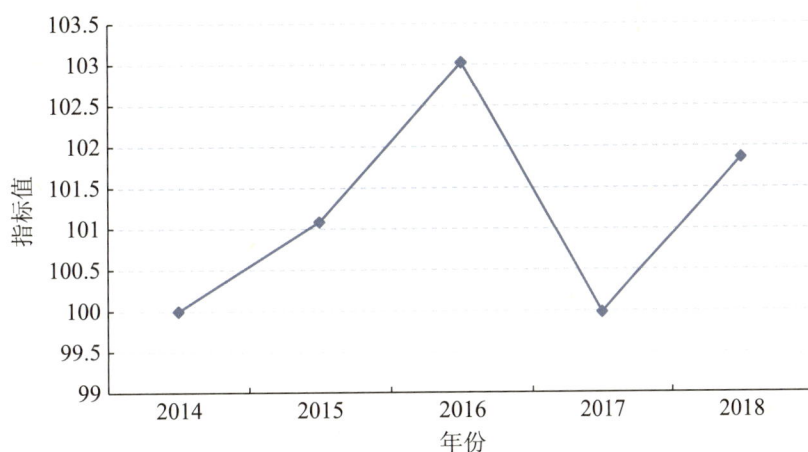

图 10-13　琴澳金融运行风险指数的指标走势

第 11 章
琴澳金融服务业发展指数

11.1　金融服务业简介

从事金融服务的金融机构是金融体系的重要组成部分，也是现代服务业的重要分支。金融服务业的发展对于一个国家或地区的经济有着至关重要的作用。促进实体经济发展是我国经济发展的重要任务，而金融的本源便是服务于实体经济。因此，一个地区金融服务业的发展程度深刻影响着该地的实体经济的发展。通常而言，金融服务业包括保险、银行、证券、信托、基金、财富管理、融资租赁等多个行业。各个行业从事着不同类型的金融服务。金融是国家的核心竞争力，因此，金融服务业在国民经济中占据着重要的地位。

党的十八大以来，国家高度重视金融服务业发展，并且已经取得了诸多突出成就。近些年，国家有序推进金融改革发展，使金融服务业保持着快速的发展趋势，金融改革开放也不断推进，金融产品日益丰富，金融服务的普惠性也不断增强。金融的根本作用就在于为实体经济服务，满足经济社会发展和人民群众的需要。随着横琴新区的设立以及粤港澳大湾区建设进入实质阶段，国家对于横琴新区和澳门特别行政区的金融服务业发展也提出了新的要求。

粤港澳大湾区明确指出，要支持澳门发展租赁等特色金融业务，探索与邻近地区错位发展，研究在澳门建立以人民币计价结算的证券市场、绿色金融平台、中葡金融服务平台。支持珠海等地发挥各自优势，发展特色金融服务业。横琴和澳门与香港、上海等国际金融中心城市不同，琴澳两地的金融发展重点在于特色金融，同时依托区位优势，构建完善的现代金融服务体系，为区域内的实体经济提供各种金融服务和资金支持。因此，健全金融服务体系，发展特色金融是琴澳两地的金融服务业发展的主要方向和重点任务。

11.2　琴澳金融服务业发展概况

11.2.1　横琴新区金融服务业发展概况

横琴新区依托有利的地理位置和诸多政策支持，其金融服务业发展迅速，并且已经初具规模。考虑数据的短期可得性，本报告选用珠海市金融服务业的数据来进行分析。图 11-1 是珠海市银行业金融机构人民币存款余额及其增长率。从图 11-1 中可以看出，2011 年以来人民币存款余额不断增加，余额的增长率基本保持在 10% 以上，近几年也保持着稳定的趋势。图 11-2 是珠海市证券经营机构的各类有价证券等的成交总额及其增长率的情况。由图 11-2 可见，证券经营机构的成交总额受股票市场走势的影响较大，总体呈现波动的态势。在保险业方面，珠海也实现了快速的发展和扩张。根据图 11-3 所示，保险公司的保费收入逐年上升，2017 年的保费增长率超过了 35%，发展速度较快。

除了银行业、证券业和保险业以外，珠海市特别是横琴新区也着力推进新型金融业的发展。以私募基金业为例，截至 2019 年 2 月末，在横琴新区注册的、在中基协完成了登记备案的私募基金管理人有 532 家，管理的基金总规模达到了 2300 亿元，完成备案的私募基金有 1144 只，完成基金规模达到 2700 多亿元。在横琴新区注册而且在中基协完成登记的私募股权和创业投资基金管理人 323 家，私募证券投资基金管理人 190 家，其他的私募投资基金管理人 8 家。私募资产配置类管理人全国共 3 家，其中 1 家设立在横琴。可见，横琴的金融服务业正处于健康、快速的发展阶段。

图 11-1　珠海市银行业金融机构人民币存款余额及增长率

（数据来源：珠海市统计局网站）

图 11-2　珠海市证券经营机构成交总额及增长率

（数据来源：珠海市统计局网站）

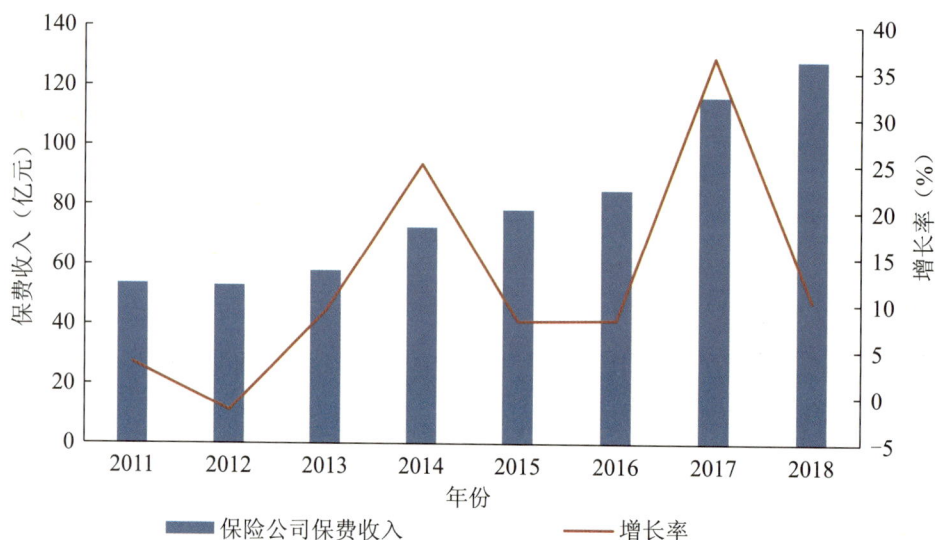

图 11-3　珠海市保险公司保费收入及增长率

（数据来源：珠海市统计局网站）

11.2.2　澳门金融服务业发展概况

　　由于澳门的特殊定位和特殊的地理位置，其金融服务机构数量仍旧较少，金融服务业主要包括银行业、保险业以及其他金融机构等。澳门银行业发展比较稳定，图 11-4 为澳门特别行政区银行业的总收入情况，由图可见，澳门银行业收入呈现明显的上升趋势，发展态势较好，2018 年澳门银行业总收入达到 544.29 亿澳门元。图 11-5 为澳门特别行政区的保险业毛保费情况，近几年，保险业的毛保费收入总体上也处于上升趋势，2018 年稍有回落，当年的毛保费为 211.64 亿澳门元。

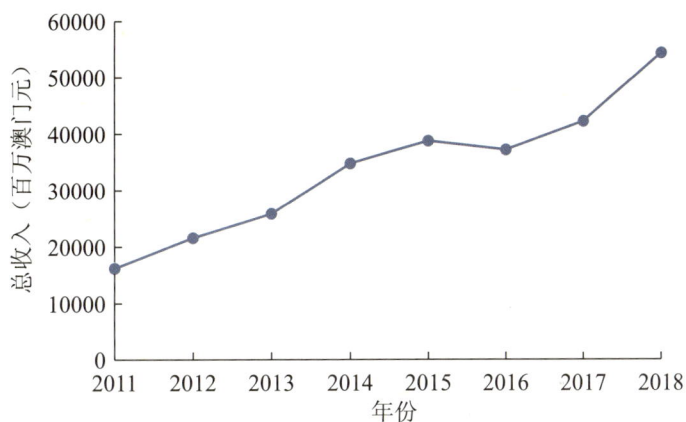

图 11-4　澳门特别行政区银行业总收入

（数据来源：澳门统计暨普查局网站）

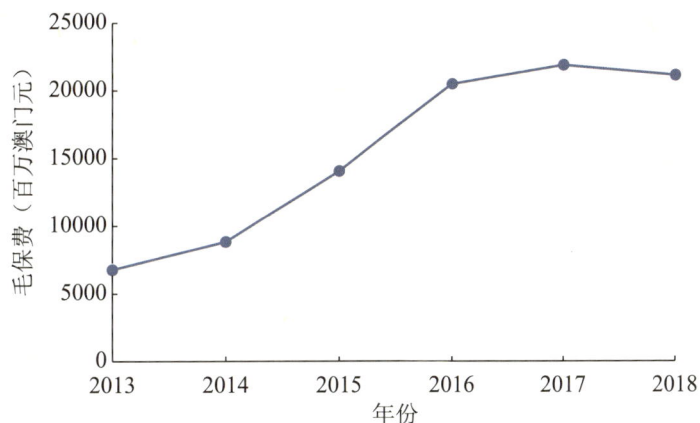

图 11-5　澳门特别行政区保险业毛保费

（数据来源：澳门统计暨普查局网站）

　　除此之外，截至 2018 年年底，澳门特别行政区共有 11 家兑换店从事货币兑换业务，行业总资产 3.8 亿澳门元，同比增长 4.6%；6 家博彩专营公司获许可在其经营场所开设兑换柜台，提供外币兑换服务，其净利润在 2018 年达到 5697 万澳门元，同比增长 7.6%。此外，澳门还有 2 家现金速递公司和 2 家金融中介公司从事金融服务。澳门金融业有着良好的基础，但也需要与横琴新区增进金融交流，促进金融合作，从而丰富自身金融服务和产品的多样性。

11.3　琴澳金融服务业发展指数的构建

　　虽然横琴和澳门两地有着良好的金融发展基础，但是两地的金融体量仍旧有限，但发展空间巨大，因此也需要一个指数能够有效衡量两地的金融服务业的发展情况，从而帮助两地的政策制定者以及金融机构更好地了解金融业的发展情况，为琴澳两地金融服务业的发展提供参考和帮助。因此，本研究报告构建了琴澳金融服务业发展指数。

　　本部分在二级指标的构建过程中，许多都是根据金融业的不同组成部分进行分类，通常服务业主要分为银行业、证券及期货业、保险业和新兴金融业 4 个方面。本报告将金融服务业按照这 4 个方面细分，主要是根据横琴和澳门两地的具体金融业发展实际，以及指数构建目的来进行分类。在该部分所提到的银行业主要包括各类商业银行等银行金融机构；证券及期货金融机构主要包括证券公司及其分支、公募基金管理公司以及基金销售公司等；保险业主要包括保险公司、保险代理机构、保险经纪公司等；新兴金融业主要包括股权投资类企业、私募基金、融资租赁公司、互联网金融类、商业保理、交易平台、特许兑换机构、小额贷款机构、融资性担保等具备一定特色的新兴金融机构。

　　琴澳金融服务业发展指数主要从发展规模、效率情况、结构发展、功能发展、稳健性和支持特色产业发展 6 个方面对琴澳两地的金融服务业的发展情况进行分析，共有一级指标 6 个，二级指标 28 个，三级指标 58 个。通过计算每一级指标的结果便可以从不同角度了解琴澳两地的金融服务业的发展情况，从而对金融业的发展有具体的了解。表 11-1～表 11-6 为琴澳金融服务业发展指数各指标的具体内容。

表 11-1　琴澳金融服务业发展指数——发展规模指标

一级指标	二级指标	三级指标
金融服务业发展规模	金融业服务总规模	社会融资规模
	银行业服务规模	银行业金融机构资产总额
		银行业金融机构网点数
		银行业金融机构营业收入
		银行业金融机构存款余额
		银行业金融机构贷款余额
	证券及期货业服务规模	证券及期货业资产总额
		证券及期货业机构网点数
		投资者的证券及期货账户数
		股票及期货交易量
		证券及期货业管理资金总额
		上市公司家数
	保险业服务规模	保险机构资产总额
		保险机构网点数
		保费收入
	新兴金融业服务规模	新兴金融业的资产总额
		新兴金融业的管理资产总额
		新兴金融机构注册家数
		新兴金融业的整体收入水平

表 11-2　琴澳金融服务业发展指数——效率发展指标

一级指标	二级指标	三级指标
金融服务业效率发展	金融业总体服务效率	金融业增加值占 GDP 的比重
		金融业的劳动生产率
	银行业服务效率	银行业金融机构利润率
		银行业金融机构净资产收益率
		银行业金融机构储蓄投资转化率

续表

一级指标	二级指标	三级指标
	证券及期货业服务效率	证券及期货业金融机构利润率
		证券及期货业金融机构净资产收益率
		证券化率
		居民证券市场参与率
	保险业服务效率	保险业金融机构的利润率
		保险业金融机构的净资产收益率
		保险深度
	新兴金融业服务效率	新兴金融机构的利润率
		新兴金融机构的净资产收益率
		投资基金的累计收益率
		新兴金融机构资金管理规模的增长率

表 11-3　琴澳金融服务业发展指数——结构发展指标

一级指标	二级指标	三级指标
金融服务业结构发展	融资结构发展	直接融资比重
	金融资产结构发展	非银行金融资产总额占金融资产总额的比例
	金融机构网点结构发展	非银行金融机构网点数占金融机构网点数的比例
	新兴金融业占比发展	新兴金融业增加值占金融业增加值的比重

表 11-4　琴澳金融服务业发展指数——功能发展指标

一级指标	二级指标	三级指标
金融服务业功能发展	网点提供充足度	每万人拥有的金融机构网点数
	中小微企业贷款情况	中小微企业贷款总额与企业贷款总额的比值
	非国有企业直接融资情况	非国有企业直接融资总额与全部企业直接融资总额的比值
	债务投资转化	社会固定资产投资额/(贷款+发放债券)总额
	居民贷款情况	人均银行获得贷款与人均 GDP 的比值
	保险密度	当年保险收入与当年常住人口数之间的比值

表 11-5　琴澳金融服务业发展指数——稳健性指标

一级指标	二级指标	三级指标
金融服务业稳健性	银行业服务稳健性	银行不良贷款率
		银行拨备覆盖率
		银行资本充足率
	证券及期货业服务稳健性	证券及期货业净资本比率
		上市公司亏损情况
		上市公司 β 系数
	保险业服务稳健性	保险赔付率
	资产管理服务稳健性	风险资产率
		资产杠杆

表 11-6　琴澳金融服务业发展指数——支持特色产业发展指标

一级指标	二级指标	三级指标
金融服务业支持特色产业发展	产业发展基金数量	产业发展基金数量
	产业发展基金规模	产业发展基金的总规模
	特色产业直接融资情况	特色产业直接融资规模
	跨境人民币贷款业务发展	跨境人民币贷款金额

11.4 琴澳金融服务业发展指数的指标说明

11.4.1 金融服务业规模发展

金融服务业规模发展主要考虑的是琴澳两地金融业在规模上的发展程度。一个地区的金融服务业的发展规模是衡量该地金融发展最直观的指标,当金融业发展呈现不断扩张的趋势,该地区金融服务业的发展规模也会不断增大,金融服务业的发展前景也会更好。自 2010 年横琴新区设立以来,横琴非常重视金融服务业的发展,区域内的金融规模也取得了快速的发展。而澳门的特色金融发展也是其重要的发展产业,在澳门经济适度多元化中占具重要的地位。要了解金融产业的发展,首先就要了解一个地区金融服务业的规模。因此,本报告将金融服务业的发展规模作为琴澳金融服务业发展指数的第一个一级指标。在该指标下共有 5 个二级指标,分别为:金融业服务总规模、银行业服务规模、证券及期货业服务规模、保险业服务规模、新兴金融业服务规模。

❶ 金融业服务总规模

金融业服务总规模主要考量的是横琴和澳门两地的金融机构所能够带来的金融服务的总量,是一个总体的概念。选用该指标作为二级指标主要是想在研究金融服务业发展规模时首先了解总体上的发展规模,因此本报告将该指标选中,并用其反映琴澳两地金融的总体情况。在此衡量金融业服务总规模的指标是社会融资规模。**社会融资规模**是指一定时期内实体经济从金融体系所获得的全部资金的总额,金融的根本作用就在于服务实体经济,因此考量金融业总体的发展规模也要看该地区的金融体系为实体经济提供资金支持的情况。社会融资规模的介绍在此不再赘述。通过历年的社会融资规模的结果可以考量金融业服务的总规模,社会融资规模越大,金融业服务的总规模就越大,琴澳金融服务业发展的情况越好。将社会融资规模的结果进行处理后可以得到二级指标"金融业服务总规模"的指标结果。

❷ 银行业服务规模

银行业服务规模主要考量的是横琴和澳门两地的银行业的规模发展情况。中国金融体系的主体便是银行业,因此,衡量银行业的发展规模至关重要。这里主要考察琴澳两地银行业金融机构的历年发展规模。通过发展规模指标的结果,可以反映出银行业在两个地区的发展水平,从而在一个方面反映金融服务业的发展水平,因此,本报告将银行业服务规模选为二级指标。衡量银行业服务规模的主要指标有银行业金融机构资产总额、银行业金融机构网点数、银行业金融机构营业收入、银行业金融机构存款余额和银行业金融机构贷款余额 5 个方面。

银行业金融机构资产总额能够反映其总资产的情况,资产越多则规模越大;**银行业金融**

机构网点数能够反映其在两地的业务覆盖面，能够从一个方面反映其发展规模，网点数越多，说明金融机构的规模越大；**银行业金融机构营业收入**能够有效反映规模的增长，收入越多，说明发展规模越好；**银行业金融机构存款余额**和**贷款余额**能够反映银行业信贷业务的发展规模，二者数值越高，说明银行业的发展规模越大。将以上 5 组数据进行处理后加权平均可以得到二级指标"银行业服务规模"的指标结果，并可据此进一步计算一级指标的结果。

❸ 证券及期货业服务规模

证券及期货业服务规模主要考量的是横琴和澳门两地相关的证券公司以及期货公司、公募基金等行业的发展和服务规模。证券业的发展能够增加提高实体经济的直接融资渠道，而期货业以及基金等又为金融衍生品业务、资产管理等提供了有效的渠道。可见，证券及期货业的服务规模增长对于一个地区的金融业规模的增长具有重要意义。因此，本书将证券及期货业的服务规模选为重要的二级指标。衡量证券及期货业的服务规模的指标主要有证券及期货业资产总额、证券及期货业机构网点数、投资者的证券及期货账户数、股票及期货交易量、证券及期货业管理资金总额、上市公司家数 6 个方面。

证券及期货业资产总额能够直观衡量证券及期货业金融机构的发展规模情况；**证券及期货业机构网点数**能够反映这些金融机构的布局和分布数量；**投资者的证券及期货账户数**也是典型的能够衡量服务规模的指标，所开通的账户数目越多，金融机构的客户越多，其业务服务规模也越大；**股票及期货交易量**与上一个指标类似，交易量越大，在一定程度上说明金融机构的业务规模的增加；**证券及期货业管理资金总额**主要包括证券和期货的自营业务、资管业务以及公募基金的资管业务所管理的资金，管理资金数目越大，说明服务的规模便越大；**上市公司家数**反映了企业运用资本市场的能力，也能够反映证券业对企业的服务能力，因此也能够反映服务规模。可见，以上 6 个方面均与证券及期货业服务规模呈正向关系，将以上 6 组数据进行处理后加权平均可以得到二级指标"证券及期货业服务规模"的指标结果，并可据此进一步计算一级指标的结果。

❹ 保险业服务规模

保险业服务规模主要考量的是横琴和澳门两地相关的保险行业的发展态势和发展规模。保险业是金融体系的重要组成部分，随着人们保险意识的不断提高，保险业的发展也在不断加快。因此，在研究金融业服务规模时，本研究报告将保险业服务规模的发展选为重要的二级指标。保险业服务规模的主要衡量指标为保险机构资产总额、保险机构网点数和保费收入。

保险机构资产总额是基本的衡量规模的指标；**保险机构网点数**与前文的金融机构网点数指标类似，网点数越多，保险业服务规模越大；**保费收入**是保险业的主要收入来源，保险收入不断提高，能够反映其经营规模不断增大，发展前景较好。将以上 3 组数据进行处理后加权平均，可以得到二级指标"保险业服务规模"的指标数值，并可据此进一步计算一级指标的结果。

❺ 新兴金融业服务规模

新兴金融业服务规模主要考虑的是横琴和澳门两地相关的新兴金融产业以及特色金融产业的规模发展情况。通常来讲,研究金融业主要考虑银行业、证券业和保险业 3 个方面。然而,新兴金融业在琴澳两地发展迅速,并且特色金融的发展也是两地的重要发展产业,因此在衡量金融业服务规模的时候,本报告将新兴金融业服务规模涵盖其中。新兴金融业服务规模的衡量主要考虑 4 个三级指标:新兴金融业的资产总额、新兴金融业的管理资产总额、新兴金融机构注册家数、新兴金融业的整体收入水平。

新兴金融业的资产总额包括上文提到的新兴金融业的全部分类的资产总额,数目越大,则服务规模越大;**新兴金融业的管理资产总额**主要涉及其中开展资产管理业务的金融机构所管理的资金总额,能够反映这些金融企业的发展规模变化,管理资金规模的不断加大也说明规模的加大;**新兴金融机构注册家数**则考虑了在琴澳两地成立的相关金融机构的数量,数量越多,整个新兴金融业的服务规模越大,一般而言,新兴金融业由于其行业特征,通常不会大量布局营业网点,因此用注册数量更为合理,这与上文几个指标的情况有所不同;**新兴金融业的整体收入水平**则衡量了这些金融机构的收入情况,收入的增加和减少也能够反映发展规模的增大和减小。将以上 4 组数据进行处理后加权平均,可以得到二级指标"新兴金融业服务规模"的指标数值,并可据此进一步计算一级指标的结果。

以上 5 个方面即为一级指标"金融服务业发展规模"下二级指标的主要内容,将这几个指标的数值进行加权平均,可以得到金融服务业发展规模的指标结果,了解琴澳两地的金融服务业发展规模情况,并可以据此进一步计算琴澳金融服务业发展指数。

11.4.2　金融服务业发展效率

金融服务业发展效率主要指的是横琴和澳门两地的金融机构在经营效率和发展情况等方面的现状。除了要研究金融服务业的发展规模以外,金融服务业的发展效率也至关重要,效率的高低也能够反映该产业的发展前景以及发展的问题。当发展效率降低时,即使是规模不断扩大,也无法得出金融服务业的发展情况较好的结果。因此,本书将金融服务业的发展效率选为琴澳金融服务业指数下的一级指标。在其之下共有 5 个二级指标,分别为:金融服务业总体服务效率、银行业服务效率、证券及期货业服务效率、保险业服务效率、新兴金融业服务效率。

❶ 金融服务业总体服务效率

金融服务业总体服务效率所考量的是横琴和澳门两地金融服务业的整体发展效率和发展前景情况。本书首先考虑整体的服务效率,这样安排能够首先考虑整体的效率情况,对于两地金融服务业的效率有整体性的描述和把控。在此，金融业的总体服务效率主要通过 2 个方面来衡量，分别为：金融业增加值占 GDP 的比重、金融业的劳动生产率。

金融业增加值占 GDP 的比重可反映金融业对地方国内生产总值的贡献，比值越大，服务效率越高；**金融业的劳动生产率**也可以直观地体现金融业的整体服务效率，劳动生产率越高，金融业总体的服务效率越高。将 2 组数据进行处理后按照确定的权重加权平均可以得到二级指标"金融服务业总体服务效率"的指标结果，并可据此进一步计算一级指标的结果。

❷ 银行业服务效率

银行业服务效率所考量的是横琴和澳门两地的银行业提供服务的效率水平，是否能够通过规模扩大提升自身的发展水平和收益水平。银行业的服务效率提升对于两地的金融业发展非常重要，因此本书将其作为二级指标。银行业的服务效率主要通过银行业金融机构利润率、银行业金融机构净资产收益率、银行业金融机构储蓄投资转化率 3 个方面来衡量。

银行业金融机构的利润率能够直观反映服务效率和收益水平的情况；**银行业金融机构净资产收益率**能够反映银行业金融机构运用自有资本的效率；**储蓄投资转化率**能够反映银行业金融机构将储蓄转化为投资的能力，该指标通常用存贷比来表示，即金融机构年末贷款余额与金融机构年末存款余额的比值，存贷比越大，说明银行业金融机构利用储蓄转化投资的能力越强，也说明银行业金融机构的服务效率越高，反之情况相反。将 3 组数据进行处理后按照确定的权重加权平均，可以得到二级指标"银行业服务效率"的指标数值，并可据此进一步计算一级指标的结果。

❸ 证券及期货业服务效率

证券及期货业服务效率主要反映的是横琴和澳门两地的证券及期货业提供服务的效率水平，是否能够通过规模扩大提升自己的发展水平和收益水平。证券及期货业为琴澳两地提供了直接融资的手段，并且也为投资者提供了资产管理业务、为企业提供了套期保值等方面的服务，这些服务的效率以及该行业获利能力是衡量金融服务业发展的重要方面，因此本书将证券及期货业服务效率作为二级指标。证券及期货业服务效率主要通过证券及期货业金融机构利润率、证券及期货业金融机构净资产收益率、证券化率、居民证券市场参与率 4 个方面进行衡量。

证券及期货业金融机构利润率能够直观反映金融机构的获利能力，获利能力越高，说明效率越高；**证券及期货业金融机构的净资产收益率**反映了金融机构利用自有资本获利的能力，能力越强，行业效率越高；**证券化率**指的是琴澳两地各类证券的总值与地方 GDP 之比，可以衡量当地证券市场发展程度，比值越大，发展程度越高，效率也越高，反之效率越低；**居民证券市场参与率**反映了证券及期货业金融机构对于当地居民的吸引能力，因此也能够反映效率。将 4 组数据进行处理后按照确定的权重加权平均，可以得到二级指标"证券及期货业服务效率"的指标数值，并可据此进一步计算一级指标的结果。

❹ 保险业服务效率

保险业服务效率主要考量的是横琴和澳门两地的保险业金融机构所提供的服务的效率水平，以及是否具备足够的获利能力。保险业在粤港澳大湾区比较发达，跨境保险问题也是各界研究的重点问题，保险业服务的效率对于整体金融业的服务效率非常重要，因此本书将其作为二级指标。保险业服务效率的主要度量指标有保险业金融机构的利润率、保险业金融机构的净资产收益率、保险深度 3 个方面。

保险业金融机构的利润率直观地反映了金融机构的获利能力，获利能力越高，效率越高；**保险业金融机构的净资产收益率**反映了金融机构利用自有资本的获利能力，同样能够反映效率；**保险深度**能够衡量保险业的发展速度和效率，计算方法为保费收入与地方 GDP 的比值，保险深度越深，保险业服务效率越高。将 3 组数据进行处理后按照确定的权重加权平均，可以得到二级指标"保险业服务效率"的指标数值，并可据此进一步计算一级指标的结果。

❺ 新兴金融业服务效率

新兴金融业服务效率主要考量的是横琴和澳门两地的新兴金融机构所提供的服务效率以及自身的盈利和发展水平。新兴金融业在琴澳两地的重要地位尤其是当前在横琴快速发展的私募基金业促使本书在考虑金融业的服务效率时将考虑新兴金融业的服务效率作为二级指标。新兴金融业服务效率主要通过新兴金融机构的利润率、新兴金融机构的净资产收益率、投资基金的累计收益率、新兴金融机构资金管理规模的增长率 4 个方面来衡量。

新兴金融机构的利润率能够直观反映其获利能力，从而反映其发展效率的高低；**新兴金融机构的净资产收益率**反映了其利用自有资本获利的能力，同样与效率有着正向的关系；**投资基金的累计收益率**主要针对的是琴澳两地成立的各只私募基金的累计收益率，累计收益率越高，说明基金的资金管理水平越高，能够在一定程度上与新兴金融业服务效率呈现正向的关系；**新兴金融机构的资金管理规模增长率**能够反映琴澳两地资管业务的发展速度，速度越快，说明新兴金融业服务效率越高。将 4 组数据进行处理后按照确定的权重加权平均可以得到二级指标"新兴金融业服务效率"的指标结果，并可据此进一步计算一级指标的结果。

以上 5 个方面即为一级指标"金融服务业效率发展"下的二级指标的主要内容，将 5 个二级指标的结果根据一定的权重进行加权平均，可以得到金融服务业效率发展的指标数值，了解琴澳两地的金融服务业发展效率情况，并可据此进一步计算琴澳金融服务业发展指数的结果。

11.4.3　金融服务业结构发展

金融服务业结构发展指的是横琴和澳门两地的金融体系结构的优化情况。一个健康的金融服务业需要有银行业、证券及期货业、保险业、新兴金融业等各行业的参与，实现金融行业种类的多元化，从而为实体经济提供更多的融资手段，为消费者提供更加多元的金融服务和金融产品。因此本书将金融服务业结构发展作为琴澳金融服务业发展指数的一级指标。该指标主要反映的是金融服务业在结构方面的现状，是否能够实现金融结构的多元化以及金融服务和产品的丰富化。在该级指标下共有二级指标 4 个，分别为：融资结构发展、金融资产结构发展、金融机构网点结构发展、新兴金融业占比发展。

❶　融资结构发展

融资结构发展反映的是横琴和澳门两地直接融资和间接融资两者的结构发展情况。正如前文所言，我国的金融体系由商业银行主导，间接融资比重过高，不断提高直接融资比重是当前中国金融体系发展的重要任务。因此，通过观察直接融资比重的变化情况能够看出地区为提高直接融资比重所进行的工作的效果，而直接融资比重的不断提高，也能够说明融资结构的不断完善，金融服务业的结构也能够得到健康的发展。融资结构发展主要通过**直接融资比重**来衡量，其计算方法为直接融资比例 / 间接融资比例，比值越高，说明直接融资的比重越高，则融资结构发展情况越好。将比值进行处理可以得到二级指标"融资结构发展"的指标数值，并可以据此进一步计算一级指标的结果。

❷　金融资产结构发展

金融资产结构发展所考量的是横琴和澳门两地的金融资产的多样性。金融资产结构的单一在一定程度上说明了该地区金融服务的单一，金融业发展还不够健全，金融产品也不够丰富。因此，在研究金融业结构发展的时候需要考虑金融资产结构发展的情况。我国目前的金融资产仍旧以银行金融资产为主，因此，不断提高非银行金融资产总额是实现金融资产结构发展的必要途径。综上，本部分在衡量金融资产结构发展所选取的指标是**非银行金融资产总额占金融资产总额的比例**，该比例越高，金融资产结构发展效果越好，金融服务业结构的发展情况也就越好。将比值进行处理可以得到二级指标"金融资产结构发展"的指标数值，并可以据此进一步计算一级指标的结果。

❸　金融机构网点结构发展

金融机构网点结构发展所考虑的是横琴和澳门两地所设立的金融机构网点的多样性。多种金融机构网点的设定能够更好地满足当地居民的需要，便于提供更加丰富的金融产品和金融服务。因此，金融机构网点结构的多元化发展情况也能够反映金融服务业结构发展的情况。当前主要的金融机构网点多为银行网点，因此，本部分将用**非银行金融机构网点数**占金融机构网点数的比例来衡量金融机构网点结构的情况。占比越高，说明金融机构的网点结构越多元，发展越好，将占比进行处理可以得到二级指标"金融机构网点结构发展"的指标数值，并可以据此进一步计算一级指标的结果。

❹ 新兴金融业占比发展

新兴金融业占比发展所考虑的是横琴和澳门两地新兴金融业在金融业的发展中所占比重。两地对于特色金融发展的重视将促进新兴金融业发展占比的提高，当新兴金融业占比不断提高时，金融服务业的结构优化效果也将更好。因此，本书将新兴金融业占比发展选为二级指标。衡量新兴金融业占比发展的主要方法是计算**新兴金融业增加值占金融业增加值的比重**，比重越高，说明新兴金融业占比发展效果越好，反之效果越差。将占比进行处理可以得到二级指标"新兴金融业占比发展"的指标结果，并可以据此进一步计算一级指标的结果。

以上 4 个方面即为一级指标"金融服务业结构发展"下的二级指标的主要内容，将 4 组数据进行加权平均后可以得到金融服务业结构发展的指标的结构，了解琴澳两地金融服务业结构情况，并可据此进一步计算琴澳金融服务业发展指数的最终结果。

11.4.4　金融服务业功能发展

金融服务业功能发展指的是横琴和澳门两地的金融服务业在实现其功能作用方面发展的情况。金融服务业有着其自身的功能，如为实体经济"输血"，支持实体经济发展，特别是中小微企业的发展。除此之外也包括提供更多便捷服务等方面。金融功能的实现和发展能够反映金融服务业的发展情况，因此本报告将金融服务业的功能发展选为重要的一级指标。在该指标下共有二级指标 6 个，分别为：金融机构网点充足度、中小微企业贷款情况、非国有企业直接融资情况、投资债务转化率、居民贷款情况、保险密度。因为金融机构最重要的功能是支持实体经济的发展，因此本部分也将金融功能的重点考量放在了实体经济融资情况。

❶ 金融机构网点充足度

金融机构网点充足度所考量的是横琴和澳门两地的金融机构网点的充分程度，能否提供足够的金融网点为当地企业和个人进行金融服务。金融功能的提供很多时候离不开金融机构网点作为场所，因此本报告将金融机构网点的充足度选为二级指标。衡量金融机构网点充足度的方法是计算**每万人拥有的金融机构网点数**，该数值越高，说明金融机构网点越充足，反之金融机构越短缺。将结果进行处理后可以得到二级指标"金融机构网点充足度"的指标结果。

❷ 中小微企业贷款情况

中小微企业贷款情况考量的是横琴和澳门两地的中小微企业获得贷款的能力和比重。琴澳两地的快速发展离不开中小微企业的发展，尤其是那些高科技产业公司更加需要资金的支持。然而商业银行通常更加倾向于放贷给违约风险更低的大型企业，这种情况并不利于中小微企业的发展。因此本书选择中小微企业的贷款情况来衡量商业银行是否重视放款给中小微企业。衡量该指标的方式是计算**中小微企业贷款总额与企业贷款总额的比值**。该比值越高，说明中小微企业贷款的情况越好，反之则越差。将结果进行处理后可以得到二级指标"中小微企业贷款情况"的指标结果，并可以据此进一步计算一级指标的结果。

❸ 非国有企业直接融资情况

非国有企业直接融资情况考量的是横琴和澳门两地的非国有企业通过直接融资的方式获得资金的情况。该指标能够反映琴澳两地资本市场的发展程度，同时可以考量琴澳两地的金融机构提供直接融资的情况。根据琴澳两地的具体实际，本书在该部分考量的是非国有企业的直接融资情况，非国有企业进行直接融资相比于国有企业难度更高，因此也更能反映金融服务业的功能实现情况。衡量非国有企业直接融资情况的方法是计算**非国有企业直接融资总额与全部企业直接融资总额的比值**，比值越大，说明非国有企业直接融资情况越好，反之越差。将结果进行处理后可以得到二级指标"非国有企业直接融资情况"的指标结果，并可以据此进一步计算一级指标的结果。

❹ 债务投资转化率

债务投资转化率考量的是横琴和澳门两地的金融机构所提供的资金供应到固定资产投资的情况，固定资产投资推动地区的经济发展具有重要的意义，金融机构对于固定资产的投资具有重要的支持作用，因此，本书将债务投资转化率作为金融服务业功能发展下的二级指标。衡量债务投资转化率的方式是**社会固定资产投资额 /(贷款 + 发放债券) 总额**，比值越高，说明债务投资转化率越高。将结果进行处理后可以得到二级指标"债务投资转化率"的指标结果，并可以据此进一步计算一级指标的结果。

❺ 居民贷款情况

居民贷款情况考量的是横琴和澳门两地的金融机构执行个人贷款业务功能的效果。个人贷款业务是商业银行的重点业务，也是满足居民生活工作需要的重要支持力量。因此，本报告将居民贷款情况选为重要的二级指标。居民贷款情况的衡量方法为**人均银行获得贷款与人均 GDP 的比值**。该比值的结果越高，居民对于个人贷款功能的使用率越高，说明居民贷款情况越好，反之情况相反。将结果进行处理后可以得到二级指标"居民贷款情况"的指标结果，并可以据此进一步计算一级指标的结果。

❻ 保险密度

保险密度所考量的是横琴和澳门两地保险业的发展程度，该指标能够反映琴澳两地保险意识强弱的情况。保险密度是考量保险功能实现的重要指标，通过该指标可以看出两个地区的保险业能否有效执行其基本的金融功能，提供有效的保险服务。**保险密度**的计算方法为一个地区当年的保险收入与该地区当年的常住人口数之间的比值。比值越大，说明保险密度越高，保险业的功能发展程度越高。将结果进行处理后可以得到二级指标"保险密度"的指标数值，并可以据此进一步计算一级指标的结果。

以上 6 个方面即为一级指标"金融服务业功能发展"下的二级指标的主要内容，将这些数据进行加权平均可以得到金融服务业功能发展的指标结果，了解琴澳两地金融服务业功能发展的情况，并据此进一步计算琴澳金融服务业发展指数的结果。

11.4.5 金融服务业稳健性

金融服务业稳健性所考虑的是横琴和澳门两地的金融服务业的经营和发展是否稳健，能否取得良性、健康的发展趋势。金融在国民经济中具有重要的地位，金融发展也是需要考虑的重要问题。与此同时，金融风险问题一直也是各地在发展金融市场中所面临的重要问题。金融行业只有实现稳健发展，增强抵御风险和冲击的能力，地方金融业的发展速度和效果才能不断向好。正因如此，本书将金融稳健性发展作为琴澳金融服务业发展指数下的一级指标。通过该指标可以衡量琴澳两地的金融服务业健康发展、抵御风险的能力。该指标下共有 4 个二级指标，分别为：银行业服务稳健性、证券及期货业服务稳健性、保险业服务稳健性和资产管理服务稳健性。

❶ 银行业服务稳健性

银行业服务稳健性主要考虑的是横琴和澳门两地的银行业抗风险能力以及持续经营的稳健性。银行业的稳健发展对于琴澳两地的金融服务业发展具有至关重要的意义。因此，本书将银行业服务稳健性选为重要的二级指标。衡量银行业服务稳健性主要有 3 个方面：银行不良贷款率、银行拨备覆盖率以及银行资本充足率。

银行不良贷款率是评价银行业金融机构信贷资产安全的重要指标，不良贷款率越高，说明银行业服务稳健性越差。**银行拨备覆盖率**同样能够衡量银行是否稳健，风险情况是否可控。**银行资本充足率**反映的是商业银行的存款人和债券人的资产遭到损失之前，该银行能以自有资本承担损失的程度，反映了对银行的风险控制的要求和能力。资本充足率越高，说明银行的稳健性越强。将以上 3 个方面的指标结果进行处理后按照确定的权重加权平均可以得到二级指标"银行业服务稳健性"的指标数值，并可以据此进一步计算一级指标的结果。

❷ 证券及期货业服务稳健性

证券及期货业服务稳健性主要考虑的是横琴和澳门两地的证券及期货业的抗风险能力和持续经营的稳健性。这里除了考量证券及期货业所涵盖的金融机构以外，还考量了琴澳两地上市公司的盈亏情况，从而对资本市场的稳健性有准确的了解。证券及期货业服务稳健性的衡量方法主要有 3 个，分别为：证券及期货业净资本比率、上市公司亏损情况、上市公司 β 系数。

证券及期货业净资本比率是衡量证券及期货业服务稳健性的主要指标，通过金融机构的净资本与各项业务风险资本准备之和的比来计算，比值越大，说明证券及期货业服务稳健性越强；**上市公司亏损情况**的计算方法是当年发生亏损的上市公司数量与当地上市公司总数量的比值，比值越高，说明证券及期货业服务稳健性越弱；**上市公司 β 系数**则反映了上市公司的股价风险情况，β 系数越高，说明风险越大，反之越小。将以上 3 个方面的指标结果进行处理后按照确定的权重加权平均可以得到二级指标"证券及期货业服务稳健性"的指标数值，并可以据此进一步计算一级指标的结果。

❸ **保险业服务稳健性**

保险业服务稳健性主要考虑的是横琴和澳门特别行政区两地保险行业的经营稳健性。主要考察的方面是赔付情况。保险业的赔付情况与其稳健发展有着密切的联系，横琴和澳门两地近几年保险业发展迅速，随着发展规模的不断增大，其稳健性也需要得到重视。因此，本部分将保险业服务稳健性选为二级指标。衡量保险业服务稳健性的三级指标为**保险赔付率**，该指标是保险赔付额占保费收入的比重，保险赔付率高在一定程度上也能够说明保险业的稳健情况，保险赔付率越高，保险业的赔付压力越大，则保险业的稳健性越低，反之越高。将数据进行处理可以得到二级指标"保险业服务稳健性"的数值，并可据此进一步计算一级指标的结果。

❹ **资产管理服务稳健性**

资产管理服务稳健性主要考虑的是横琴和澳门两地资产管理业务的资金潜在损失风险以及为寻求更高的收益所承担的风险溢价。琴澳两地近几年资产管理业务发展迅速，特别是横琴新区的资产管理规模已经在全国名列前茅，因此需要衡量琴澳两地资产管理服务的稳健性情况。资产管理服务稳健性所衡量的指标有 2 个，分别为：风险资产率和资产杠杆。

风险资产率在这里表示的是资产管理机构资金投向风险资产的比例，是投向风险资产资金额与总资金额的比值，比值越大，说明承担的风险越大，在一定程度上降低了资产管理服务的稳健性；**资产杠杆**是资产管理产品的负债比例，负债比例越高，则资产管理服务的稳健性越差，反之稳健性越强。将以上 2 个方面的指标结果进行处理后按照确定的权重加权平均可以得到二级指标"资产管理服务稳健性"的指标结果，并可以据此进一步计算一级指标的结果。

以上 4 个方面的内容即为一级指标"金融服务业稳健性"的二级指标说明，将 4 个方面的指标结果进行加权平均可以得出金融服务业稳健性指标的结果，了解琴澳两地金融服务业的稳健性情况，并可据此进一步计算琴澳金融服务业指数的结果。

11.4.6　金融服务业支持特色产业发展

金融服务业支持特色产业发展指的是横琴和澳门两个地区的金融服务业对于当地特色产业的发展的支持力度以及所起到的作用。近几年，随着对特色产业的重视程度的不断加强，琴澳两地对产业的金融支持力度也在不断加大，典型的如针对各个产业的合作基金等。这些产业基金以及其他金融支持方式的出现也能说明金融服务业的发展情况，因此，本书将金融服务业支持特色产业发展作为琴澳金融服务业指数下的一级指标。该指标下共有二级指标 4个，分别为：产业发展基金数量、产业发展基金规模、特色产业直接融资规模、跨境人民币贷款业务发展。

❶ 产业发展基金数量

产业发展基金数量考虑的是横琴和澳门两地所设立的用于促进两地特色产业发展的基金的数量。产业发展基金能够有效促进产业的快速发展，通过基金数量的度量可以得到金融服务业支持特色产业发展的情况。基金数量越多，则金融服务业支持特色产业发展情况越好。将数据进行处理后可以得到二级指标"产业发展基金数量"的数值，并可以据此进一步计算一级指标的结果。

❷ 产业发展基金规模

产业发展基金的规模考虑的是横琴和澳门两地成立的用于促进特色产业的基金的资产规模，资产规模的大小对于促进产业发展能力有着至关重要的作用。因此本研究报告也将基金的规模选为二级指标。计算的方法就是当年的产业发展基金的总规模。规模越大，则金融服务业支持特色产业发展的能力越强，反之越弱。将数据进行处理后可以得到二级指标"产业发展基金规模"的数值，并可以据此进一步计算一级指标的结果。

❸ 特色产业直接融资规模

特色产业直接融资规模主要是指横琴和澳门两地的特色产业通过直接融资的方式所获得的资金规模。**特色产业直接融资规模**能够反映琴澳两地的金融服务业在直接融资方面对于特色产业的支持作用。融资规模越大，则金融服务业越能够支持特色产业的发展。将数据进行处理后可以得到二级指标"特色产业直接融资规模"的数值，并可以据此进一步计算一级指标的结果。

❹ 跨境人民币贷款业务发展

跨境人民币贷款业务发展是横琴和澳门两地不断探索的重点金融业务。该业务能够促进琴澳两地相互之间的资金融通，为横琴支持澳门经济适度多元化的发展提供动力。因此，本部分也将跨境人民币贷款业务发展选为二级指标，衡量该指标的方式就是计算当年的**跨境人**

民币贷款金额。金额越高，说明跨境人民币贷款业务的发展越好，金融服务业支持特色产业发展的程度越高。将数据进行处理后可以得到二级指标"跨境人民币贷款业务发展"的数值，并可以据此进一步计算一级指标的结果。

　　以上 4 个方面就是一级指标"金融服务业支持特色产业发展"下的二级指标的说明，将这 4 个方面的指标的数据结果进行加权平均可以得到金融服务业支持特色产业发展的指标结果，了解琴澳两地金融服务业支持特色产业发展的具体情况，并可据此进一步计算琴澳金融服务业指数的结果。

第12章
琴澳基金业发展
指数

12.1 私募基金概述

近些年来，随着我国经济的快速增长，人民的生活质量和生活水平得到了显著的提高。伴随而来的，高净值人群在我国也不断扩大。因此，财富管理市场是未来金融产业的重要方向。这也为私募基金业的发展提供了新的机遇和动力。本书将私募基金主要按照投资市场的不同分为2个方面，分别为：私募股权投资基金和私募证券投资基金。

私募股权投资基金是典型的直接投融资工具，主要是指投资于非公开发行和交易股权的投资基金，这里的股权主要指未上市企业以及上市企业非公开发行和交易的普通股、可转换为普通股的优先股和可转换债券等。其特点在于投资期限较长、投后管理投入资源较多、专业要求高、收益波动性高等特点。在此说明，本书将创业投资基金也算作私募股权投资基金，不进行单独考量。创业投资基金是指向处于创建或重建过程中的未上市成长性企业进行股权投资，通过股权转让获得资本增值收益的私募股权投资基金。

私募证券投资基金业主要是指以非公开方式向特定投资者募集基金并进行证券投资的基金类型。私募证券投资基金与私募股权投资基金不同，其投资关注于二级市场，目前私募证券投资基金会将资金广泛投资于股票市场、期货市场等多个金融市场中。私募证券投资基金近些年在中国发展迅速，管理资金规模不断扩大。

12.2　琴澳基金业发展指数的构建

自 2010 年横琴新区设立以来，作为内地唯一与港澳陆桥相连的地区，该地早已经成为投资的乐土。近些年来，横琴新区与澳门一道积极促进金融服务业发展，着力发展特色金融产业。目前而言，琴澳两地重点发展的金融产业即为私募基金业，并且，私募基金业已经在琴澳两地取得了快速的发展和长足的进步。为了更加全面、客观地了解琴澳两地私募基金业的发展情况，寻找未来正确的发展方向，促进琴澳两地私募基金业发展水平的提升，积极促进澳门经济适度多元化，稳步推进粤港澳大湾区战略建设，各界需要能够衡量琴澳私募基金业发展情况的评价指标。因此，本书在该部分构建了琴澳私募基金业发展指数，力图通过科学化的方法，准确、客观地评价横琴和澳门两地的私募基金业的发展情况，为政府和基金管理人等相关部门和人员提供有益的参考。

本书所构建的琴澳私募基金业发展指数的一级指标共有 5 个、二级指标 15 个、三级指标 49 个，分别从私募基金业发展规模、私募基金业发展效率、私募基金管理能力、社会责任履行情况和私募基金业发展环境情况对横琴和澳门两地的私募基金业发展进行全面、客观的评价和分析。表 12-1 ～表 12-5 即为琴澳私募基金业发展指数的指标体系内容。

表 12-1　琴澳基金业发展指数——私募基金业发展规模指标

一级指标	二级指标	三级指标
私募基金业发展规模	公司发展规模	私募基金公司资产规模
		私募基金公司营业收入
		私募基金公司净利润
	资产管理规模	管理资金规模
		私募管理人平均管理规模
		管理资金规模占全国总体规模的比重
		管理资金在 50 亿元以上的私募基金管理人
		管理资金规模占地方生产总值的比重
	从业人员规模	从业人员总数
		新增从业人员数量
	基金发行数量规模	基金发行数量
		当年发行基金数量

表 12-2　琴澳基金业发展指数——私募基金业发展效率指标

一级指标	二级指标	三级指标
私募基金业发展效率	基金公司发展效率	资产规模增长率
		营业收入增长率
		净利润增长率
	资产规模增长效率	管理资金规模增长率
		私募管理人平均管理规模增长率
	基金数量增长效率	基金发行数量增长率
		当年发行基金数量增长率

表 12-3 琴澳基金业发展指数——私募基金管理能力指标

一级指标	二级指标	三级指标
私募基金管理能力	基金获利能力	私募基金的平均收益率 私募证券基金的夏普比率 私募基金的业绩报酬占营业收入的比重 私募股权基金通过 IPO 及上市公司并购重组退出占比
	基金管理人专业能力	投研团队的投资经验（年） 投研团队的过往投资业绩
	私募基金合规性	重大违规行为次数 销售、宣传方面的违规行为次数 基金契约执行率

表 12-4 琴澳基金业发展指数——社会责任履行情况指标

一级指标	二级指标	三级指标
社会责任履行情况	产业投资情况	高新技术产业投资规模（亿元） 高新技术产业投资规模占比 高新技术产业案例数量（个） 高新技术产业案例数量占比
	地域投资情况	琴澳项目投资规模 琴澳项目投资占比 琴澳项目案例数量 琴澳项目案例占比
	投资者保护及培训情况	当年合规培训次数 进行投资者教育的基金所占比例 建立客户信息保护制度的基金所占比例

表 12-5 琴澳基金业发展指数——私募基金业发展环境情况指标

一级指标	二级指标	三级指标
私募基金业发展环境情况	政策支持情况	投资区域支持资金 办公用房补贴资金 落户奖励资金 退出奖励资金
	物质条件支持情况	机场航线数量 公路长度 轨道交通线路长度 码头航线数量 写字楼办公供给面积 写字楼平均租赁价格 本地平均网速

12.3　琴澳基金业发展指数的指标说明

12.3.1　私募基金业发展规模

私募基金业发展规模主要关注的是横琴和澳门两地的私募基金业在规模方面的发展情况。发展规模能够直观反映一个行业的发展情况，发展规模的不断扩大也能够反映出行业发展情况较好。因此，本书首先构建该二级指标来衡量琴澳两地私募基金业的整体发展规模情况。本部分主要通过 4 个方面的指标来衡量私募基金业发展规模，分别为：公司发展规模、资产管理规模、从业人员规模和基金发行数量规模。以上 4 个角度能够对私募基金业的发展规模提供更加全面多角度的评价。

❶ 公司发展规模

公司发展规模主要考量的是横琴和澳门两地的私募基金公司的总体发展情况。通常考察私募基金公司更加倾向于考察私募基金公司所管理的资产的规模，并且根据该指标来衡量基金的发展规模。然而，作为金融产业的重要组成部分，了解私募基金公司自身作为企业的发展规模也至关重要。公司发展规模能够反映私募基金公司的发展情况。因此，本书将公司发展规模选为重要的二级指标。衡量公司发展规模的三级指标主要有 3 个，分别为：私募基金公司资产规模、私募基金公司营业收入和私募基金公司净利润。

私募基金公司资产规模主要从公司的资产总额的角度来考察公司发展规模情况；**私募基金公司营业收入**是从公司的收入角度衡量其发展规模；**私募基金公司净利润**则是从公司获利总额的角度来衡量其发展规模。以上 3 个数据指标与公司发展规模均为正向关系。将 3 个方面的数据进行处理并按照确定的权重加权平均可以得到二级指标"公司发展规模"的数值，并可以据此进一步计算一级指标的结果。

❷ 资产管理规模

资产管理规模主要考察的是横琴和澳门两地的私募基金所管理资产的主要情况。正如上段所述，私募基金管理的资产规模通常被用来考察私募基金的发展情况，管理资产规模能够直接反映私募基金管理人发展规模情况的重要指标。因此，本书将资产管理规模选为重要的二级指标。为了衡量资产管理规模指标的结果，本书选择了 5 个方面的数据指标，分别为：管理资金规模、私募管理人平均管理规模、管理资金规模占全国总体规模的比重、管理资金在 50 亿元以上的私募基金管理人、管理资金规模占地方生产总值的比重。

管理资金规模主要反映的是琴澳两地的私募基金管理人所管理的资金的总额，能够直接反映资产管理规模；**私募管理人平均管理规模**反映的是琴澳两地私募基金管理资产的平均水平，可以观察行业的平均水准；**管理资金规模占全国总体规模的比重**则是将琴澳两地的私募基金放在全国范围进行考察，反映两地私募基金的发展规模在全国的水平，该指标也更能够反映资金规模的增长发展情况；**管理资金在 50 亿元以上的私募基金管理人**则反映的是琴澳两地资金管理实力较高的私募基金的数量，可以反映地区私募基金管理人发展实力的情况；**管理资金规模占地方生产总值的比重**反映的是琴澳两地私募基金业繁荣程度，也可以反映出资产管理的规模。以上 5 个方面的数据均与资产管理规模情况呈正相关。将 5 个方面的数据进行处理并按照确定的权重加权平均可以得到二级指标"资产管理规模"的指标结果，并可以据此进一步计算一级指标的结果。

❸ 从业人员规模

从业人员规模主要考察的是横琴和澳门两地的私募基金业从业人员的发展情况。从业人员的数量能够直接反映私募基金从业人员发展规模的情况，从业人员的数量越多，说明琴澳两地的私募基金业的发展规模越大。可见，从业人员规模能够反映琴澳两地私募基金在员工规模方面的情况，进而反映私募基金的发展规模情况。衡量从业人员规模的数据指标主要有 2 个方面，分别为：从业人员总数和新增从业人员数量。

从业人员总数反映的是琴澳两地私募基金从业人员的总量，从总量角度观察从业人员规模；**新增从业人员数量**则是从增量的角度观察从业人员规模，反映的是每年新增的从业人员的数量情况。当从业人员总量和新增数量越多时，从业人员规模越大，则私募基金发展规模越大。将 2 个方面的数据进行处理并按照确定的权重加权平均可以得到二级指标"从业人员规模"的数值，并可以据此进一步计算一级指标的结果。

❹ 基金发行数量规模

基金发行数量规模主要考察的是横琴和澳门两地的私募基金发行的基金数量规模的情况。发行基金是基金公司募集基金的方式之一，从基金发行数量规模上可以反映在琴澳两地发行的基金数量情况，基金的数量越多，说明琴澳私募基金业发展规模越大。基金发行规模指标主要通过以下 2 个方面的数据指标进行衡量，分别为：基金发行数量和当年发行基金数量。

基金发行数量主要反映的是琴澳两地所发行的私募基金的只数，反映的是总量的规模情况；而**当年发行基金数量**反映的是琴澳两地当年所发行的新基金的数量，考察的是增量的情况。2 个方面的内容均与基金发行数量规模呈正向关系。将 2 个方面的数据进行处理并按照确定的权重加权平均，可以得到二级指标"基金发行数量规模"的指标数值，并可以据此进一步计算一级指标的结果。

以上 4 个方面的内容即为一级指标"私募基金业发展规模"下的二级指标的主要内容，将 4 个指标的数据结果进行加权平均可以得到私募基金业发展规模的指标数值，了解琴澳两地私募基金业发展规模情况，并可以根据该数值进一步计算琴澳私募基金业发展指数的结果。

12.3.2　私募基金业发展效率

私募基金业发展效率主要关注的是横琴和澳门两个地区的私募基金业发展效率和发展速度的情况。除了发展规模以外，发展效率也能够直观反映一个产业的发展情况。私募基金业的发展效率情况可以有效地反映琴澳两地的私募基金管理人在基金发展方面的发展情况，了解其发展速度和发展效率水平。因此，本书将私募基金业发展效率选为重要的一级指标。私募基金业发展效率下共有二级指标 3 个，分别为：基金公司发展效率、资产规模增长效率、基金数量增长效率。

❶ 基金公司发展效率

基金公司发展效率主要考察的是横琴和澳门两地的私募基金公司的发展效率。基金公司发展效率能够反映琴澳两地私募基金公司规模上的发展效率，了解其资产增加、获利等方面的效率问题。本部分将基金公司发展效率选为二级指标的目的在于衡量基金公司作为企业所实现的发展效率情况。衡量基金公司发展效率的数据指标主要有 3 个，分别为：资产规模增长率、营业收入增长率和净利润增长率。

资产规模增长率主要反映的是琴澳两地私募基金在公司资产规模增长方面的效率；**营业收入增长率**主要反映的是琴澳两地私募基金在营业收入增长方面的效率；**净利润增长率**则反映的是琴澳两地私募基金在获利方面的效率。以上 3 个方面的数据结果与基金公司发展效率呈正向相关关系。将 3 个方面的数据结果进行处理并按照确定的权重加权平均可以得到二级指标"基金公司发展效率"的数值，并可据此进一步计算一级指标的结果。

❷ 资产规模增长效率

资产规模增长效率主要考察的是横琴和澳门两地私募基金在管理资产规模方面的发展效率。私募基金所管理的资产规模的效率反映了琴澳两地私募基金管理人其核心业务的发展速度增长的效率。本部分将资产规模增长效率选为二级指标，可以从管理资产效率方面考察私募基金业整体的发展效率。衡量资产规模增长效率的数据指标主要有 2 个，分别为：管理资金规模增长率和私募管理人平均管理规模增长率。

管理资金规模增长率主要反映的是琴澳两地的私募基金所管理的资产规模增长的效率和管理规模增长的速度；**私募管理人平均管理规模增长率**则反映的是琴澳两地的私募基金所管理资产规模均值的发展效率和增长速度。2 个方面数据指标越高，反映资产规模增长效率越高，反之情况相反。将 2 个方面的数据结果进行处理并按照确定的权重加权平均可以得到二级指标"资产规模增长效率"的数值，并可据此进一步计算一级指标的结果。

❸ 基金数量增长效率

基金数量增长效率主要考察的是横琴和澳门两地私募基金在发行基金数量方面的发展效

率。私募基金管理人所发行的基金数量的效率能够有效反映琴澳两地私募基金管理人其业务扩张速度和新增业务速度情况。本部分将基金数量增长效率选为二级指标，可以从发行基金数量的情况考察私募基金业整体的发展效率。衡量基金数量增长效率的数据指标主要有 2 个方面，分别为：基金发行数量增长率和当年发行基金数量增长率。

基金发行数量增长率所反映的是琴澳两地私募基金管理人发行基金数量的速度和发行效率；而**当年发行基金数量增长率**反映的是琴澳两地每年新发行基金数量的增长情况。2 个方面数据指标结果越高，反映基金数量增长效率越高，反之效率越低。将 2 个方面的数据结果进行处理并按照确定的权重加权平均可以得到二级指标"基金数量增长效率"的数值，并可据此进一步计算一级指标的结果。

以上 3 个方面即为一级指标"私募基金业发展效率"下的二级指标的主要内容，将 3 个二级指标的数据结果根据确定好的权重进行加权平均可以得到私募基金业发展效率的数值，了解琴澳两地私募基金业的发展效率，并且根据该数值可进一步计算琴澳私募基金业发展指数的结果。

12.3.3　私募基金管理能力

私募基金管理能力主要考察的是横琴和澳门两地的私募基金管理人在基金管理能力方面的情况。私募基金的管理能力，也就是运用所管理的资产获取投资收益以及实现稳定发展的能力，是私募基金业的核心竞争力。私募基金的管理能力越强，越能够有效促进私募基金业的发展，从而进一步增大资金管理规模，对私募基金业的发展有着直接影响和重要意义。因此，本书将私募基金管理能力选为重要的一级指标进行考察，通过对私募基金管理能力的衡量，考察琴澳两地的私募基金管理人的实力。作为一级指标，私募基金管理能力下共有二级指标3 个，分别为：基金获利能力、基金管理人专业能力、私募基金合规性。

❶ 基金获利能力

基金获利能力主要关注的是横琴和澳门两地的私募基金利用所管理的资金获取收益的能力。管理资金的所有者目标在于实现资产的增值，而私募基金的获利能力则直观反映了其能否满足客户的要求，帮助客户实现资产的稳步增值。因此，本部分通过设立二级指标"基金获利能力"来衡量琴澳两地的私募基金在实现管理资金增长、获得投资收益方面的能力。衡量基金获利能力的数据指标主要有 4 个，分别为：私募基金的平均收益率、私募证券基金的夏普比率、私募基金业绩报酬占营业收入的比重和私募股权基金通过 IPO 及上市公司并购重组退出占比。

私募基金的平均收益率反映的是琴澳两地的私募基金产品的收益水平，收益水平的高低能够直接反映基金的获利能力。**私募证券基金的夏普比率**考察的是琴澳两地的私募证券基金的获利能力，运用夏普比率考虑证券投资组合的风险，得到的收益率是经过风险调整后的收益率，将风险考虑其中更能够客观反映私募证券基金的获利能力，夏普比率越高，说明单位风险下的报酬越高，即获利能力越强。私募基金的收益主要有 2 个方面，其一是基金的管理费，另一个便是业绩报酬，即当实现资产增值时可以获得的额外收入。因此，**私募基金业绩报酬占营业收入的比重**的高低能够反映私募基金利用资金管理能力获取收益的情况，比重越高，说明私募基金的获利能力越强。私募股权投资基金的退出方式主要包括协议转让、融资人还款、境内上市、企业回购、整体收购、清算、被投企业分红、新三板挂牌、境外上市等。通常而言，以 IPO、并购为代表的退出方式能够为私募股权投资基金带来更高的估值溢价。因此，本部分选择 **IPO 及上市公司并购重组退出占比**来衡量琴澳两地的私募股权投资资金的获利能力，利用该种方式退出的占比越高，说明私募股权投资基金的获利能力越强。将以上 4 个方面的数据指标结果进行处理并按照确定的权重进行加权平均可以得到二级指标"基金获利能力"的指标结果，并可以据此进一步计算一级指标的结果。

❷ 基金管理人专业能力

基金管理人专业能力主要考察的是横琴和澳门两地的私募基金的主要资金管理团队的专业能力。私募基金中以基金经理为首的投研管理团队是帮助客户资产实现增值的主要力量，投研管理团队的专业能力也能够直接反映出私募基金的管理能力，投研团队越专业，则私募基金的管理水平也越强。私募基金的管理人员的专业素质越高，越能够促进基金的发展。因此，本书将基金管理人专业能力选为私募基金管理能力下的二级指标。该指标主要通过 2 个方面的数据指标进行衡量，分别为：投研团队的投资经验和投研团队的过往投资业绩。

投研团队的投资经验所反映的是资金管理团队在运用资金进行投资方面的经验，投资经验对于投研团队至关重要，丰富的投资经验能够帮助团队更好地进行投资决策，更好地控制投资风险，因此经验越充分，则资金管理能力越强；**投研团队的过往投资业绩**则直观地反映了投资团队的投资能力，目前考察基金经理能力的重要指标也为过往投资业绩，过往投资业绩越好，说明其过往投资能力越强，越容易在当前的投资实践活动中实现资产的增值，获取收益。将以上 2 个方面的数据指标结果进行处理并按照确定的权重进行加权平均可以得到二级指标"基金管理人专业能力"的指标结果，并可以据此进一步计算一级指标的结果。

❸ 私募基金合规性

私募基金合规性所考察的是横琴和澳门两地的私募基金在经营活动和投资活动等方面的合规性。私募基金合规运作能够促进私募基金市场健康良性发展，增强行业的规范性。违规违法行为的出现将会直接导致私募基金产业发展受到不利影响。私募基金的合规性在一定程度上来讲也是私募基金管理能力的体现，合规经营也能够反映基金的管理能力较强。因此，本书将私募基金合规性选为私募基金管理能力下的二级指标。对于该指标的衡量主要有 3 个数据指标，分别为：重大违规行为次数，销售、宣传方面的违规行为次数，基金契约执行率。

重大违规行为次数所反映的是琴澳两地的私募基金是否存在重大违规行为，违规次数越多，则私募基金合规性越差。**销售、宣传方面的违规行为次数**则反映的是琴澳两地的私募基金在销售和宣传过程中的违规情况，违规次数越多，私募基金的合规性越差。**基金契约执行率**反映的是琴澳两地的私募基金执行基金契约的比率，反映私募基金的契约执行情况，基金契约执行率越高，说明私募基金合规性越好。私募基金的契约执行情况主要考察以下几个方面：第一，投资范围超出基金合同约定；第二，投资组合超出基金合同约定的各项限制；第三，投资活动出现基金合同约定禁止的各项行为；第四，投资收益未能按基金合同约定的时间、次数比例进行分配。除此之外也包括其他违反基金合同约定的事项。将以上 2 个方面的数据指标结果进行处理并按照确定的权重进行加权平均可以得到二级指标"私募基金合规性"的指标结果，并可以据此进一步计算一级指标的结果。

以上 3 个方面的内容即为一级指标"私募基金管理能力"下的二级指标的主要内容，将上述 3 个二级指标的结果进行加权平均可以得到私募基金管理能力的指标数值，了解琴澳两地私募基金的管理能力情况，根据该数值可以进一步计算琴澳私募基金业发展指数的结果。

12.3.4　社会责任履行情况

社会责任履行情况主要关注的是横琴和澳门两地的私募基金业在履行自身社会责任，促进地区发展等方面取得的成果和情况。私募基金能够帮助高净值人群实现资产增值，同时帮助企业进行技术创新，支持实体经济的发展，特别是能够帮助企业创建、起步、发展以及重建。在新时代的背景下，私募基金业也应进一步践行责任投资观念，积极利用自身优势履行社会责任，促进中国实体经济的发展。社会责任履行情况可以直观地反映出琴澳两地的私募基金业在履行社会责任方面的基本情况。因此，本书将社会责任履行情况选为可以衡量琴澳私募基金业发展的重要的一级指标。该指标下共有二级指标 3 个，分别为：产业投资情况、地域投资情况和投资者保护及培训情况。

❶ 产业投资情况

产业投资情况所考察的是横琴和澳门两地的私募基金所投资的产业结构情况。针对特定产业的投资是私募基金实现社会责任的重要方式。在国家积极促进自主创新能力、提升科技研发水平的背景下，私募基金将资金投向于高新技术产业能够为该产业的发展提供大量的资金支持，对于高新技术产业的快速发展和科技创新能力的提升有着重要的意义，发挥了金融的根本作用。因此，本书在该部分将产业投资情况选为社会责任履行情况下的第一个二级指标，通过该指标反映琴澳两地的私募基金投向高新技术产业、促进高新技术产业发展的工作成果。衡量产业投资情况的数据指标有 4 个，分别为：高新技术产业投资规模、高新技术产业投资规模占比、高新技术产业案例数量、高新技术产业案例数量占比。

高新技术产业投资规模所反映的是琴澳私募基金在高新技术产业方面所投入的资金，能够体现私募基金在资金总量方面的支持力度，规模越大，则支持力度越大，产业投资情况越好；**高新技术产业投资规模占比**反映的是琴澳两地的私募基金对于高新技术行业的资金投入的比重，反映的是私募资金在产业投资方面对于高新技术产业的倾向性，比重越高，说明倾向性越强，则产业投资情况越好；**高新技术产业案例数量**反映的是琴澳两地的私募股权基金投资有关高新技术产业案例的情况，从该指标中可以看出私募基金对于该产业的重视程度，案例数量越多，则产业投资情况越好；**高新技术产业案例数量占比**反映的是琴澳私募基金在高新技术产业投入案例的比重，从该指标中可以看出琴澳两地的私募基金对于该产业的重视程度，比重越大，则产业投资情况越好。将以上 4 个方面的数据结果进行处理并按照确定的权重加权平均可以得到二级指标"产业投资情况"的数值，并可以据此进一步计算一级指标的结果。

❷ 地域投资情况

地域投资情况所考察的是横琴和澳门两地的私募基金所投资的地域结构情况。针对本地区的投资是私募基金实现地区社会责任的重要方式。在粤港澳大湾区建设战略实施以后，横琴新区和澳门也被赋予了新的历史使命，在这样的背景下，私募基金将资金投向横琴和澳门两地对于促进两地社会和经济发展有着重要的意义。因此，本书在该部分将地域投资情况选为社会责任履行情况下的二级指标。衡量地域投资情况的数据指标主要有 4 个，分别为：琴澳项目投资规模、琴澳项目投资占比、琴澳项目案例数量和琴澳项目案例占比。

琴澳项目投资规模所反映的是琴澳私募基金在本地所投入的资金，能够体现私募基金在资金总量方面的支持力度，规模越大，对于横琴和澳门的支持力度越大，地域投资情况越好；**琴澳项目投资占比**反映的是琴澳两地的私募基金对于两地的资金投入的比重，从中可以看出私募基金对投资于两地的倾向性，比重越高，说明倾向性越强，则地域投资情况越好；**琴澳项目案例数量**反映的是琴澳两地的私募股权基金投资关于横琴和澳门两个地区企业的项目案例的情况，从该指标中可以看出私募基金对于琴澳两地项目的投入情况，案例数量越多，则地域投资情况越好；**琴澳项目案例占比**则反映的是琴澳私募股权基金投入琴澳两地的项目案例的比重，从该指标中可以看出琴澳两地的私募基金对于本地投资项目案例的重视程度，比重越高，则地域投资情况越好。将以上 4 个方面的数据结果进行处理并按照确定的权重加权平均可以得到二级指标"地域投资情况"的数值，并可以据此进一步计算一级指标的结果。

❸ 投资者保护及培训情况

投资者保护及培训情况所考察的是横琴和澳门两地的私募基金在投资者保护以及各类培训方面的投入情况。私募基金作为资产管理机构，有责任帮助投资者进行相关的投资风险教育，与此同时，为了合规经营，也需要对自己的员工不断进行培训，促进产业良性发展。因此，投资者保护及培训的情况是衡量私募基金社会责任履行情况的优良指标。本部分选其作为二级指标用来反映琴澳两地的私募基金履行社会责任的情况。社会责任履行情况的衡量数据指标主要有 3 个，分别为：当年合规培训次数、进行投资者教育的基金所占比例、建立客户信息保护制度的基金所占比例。

当年合规培训次数反映的是琴澳两地的私募基金在当年开展的合规培训次数，次数越多，对于合规性的重视程度越高，投资者保护及培训情况越好；**进行投资者教育的基金所占比例**反映的是琴澳两地开展投资者教育活动的基金占总基金数量的比例，反映的是私募基金产业对于投资者教育的重视程度，比例越高，则投资者保护及培训情况越好；**建立客户信息保护制度的基金所占比例**反映的是琴澳两地已经建立了客户信息保护制度的基金占所有基金的比重，客户信息保护制度对于客户来说非常重要，因此，该比重越高，说明琴澳两地的私募基金产业越能更好地履行保护客户信息的义务。将以上 3 个方面的数据结果进行处理并按照确定的权重加权平均可以得到二级指标"投资者保护及培训情况"的指标结果，并可以据此进一步计算一级指标的结果。

以上 3 个方面的内容即为一级指标"社会责任履行情况"下的二级指标的主要内容，将二级指标的数据结果按照设定好的权重进行加权平均可以得到社会责任履行情况的指标的结果，了解琴澳两地的私募基金业社会责任履行的情况，并可据此进一步计算琴澳私募基金业发展指数的结果。

12.3.5　私募基金业发展环境情况

私募基金业发展环境情况所考察的是横琴和澳门两地为了促进私募基金业发展所提供的发展环境的情况。一个有利于私募基金业发展的环境能够帮助私募基金业实现快速发展，吸引大量私募基金落户，形成金融集聚效应，使一个地区成为私募基金业发展的重点地区。近些年，琴澳两地对于私募基金业发展非常重视，在政策等方面进行了诸多调整，发布了各类促进私募基金业发展的措施。因此，通过设计私募基金业发展环境情况作为一级指标能够有效反映出琴澳私募基金业发展的情况。私募基金业发展环境下共有二级指标 2 个，分别为：政策支持情况和物质条件支持情况。

❶ 政策支持情况

政策支持情况主要关注的是横琴和澳门两地为了促进本地私募基金业发展所发布和提供的各项优惠奖励政策。政策支持是促进产业发展、培育产业做大的重要支持力量，因此本书将政策支持情况选为重要的二级指标，用来衡量私募基金业发展环境情况。衡量政策支持情况的数据指标主要有 4 个，分别为：投资区域支持资金、办公用房补贴资金、落户奖励资金和退出奖励资金。

　　投资区域支持资金所反映的是琴澳两地政府对于投资于本地的基金所提供的资金支持规模；**办公用房补贴资金**反映的是琴澳两地政府部门对于在本地办公的私募基金提供的办公用房补贴；**落户奖励资金**反映的是琴澳两地政府针对注册落户在当地的私募基金所提供的奖励；**退出奖励资金**反映的是琴澳两地政府在私募基金退出时提供的奖励。4 个方面的数据与政策支持情况均为正向相关，资金支持越大，则政策支持情况越好。将以上 4 个方面的数据结果进行处理并按照确定的权重加权平均可以得到二级指标"政策支持情况"的指标数值，并可以据此进一步计算一级指标的结果。

❷　物质条件支持情况

　　物质条件支持情况主要关注的是横琴和澳门两地促进私募基金业的发展所能够提供的物质条件支持情况。物质条件支持包括办公场所、交通便利性、网速等多个方面，这些物质条件对于私募基金来说至关重要，因此本文也通过衡量物质条件支持情况来反映私募基金业发展环境的情况。在衡量物质条件支持情况时，本部分选择了对于私募基金发展影响比较大的物质条件进行了衡量，主要包括：机场航线数量、公路长度、轨道交通线路长度、码头航线数量、写字楼办公供给面积、写字楼平均租赁价格、本地平均网速。

　　机场航线数量、公路长度、轨道交通线路长度和**码头航线数量**反映的是琴澳两地的交通便利性，私募基金在投资过程中需要进行大量实地调研，因此交通设施建设至关重要；**写字楼办公供给面积**反映的是琴澳两地为私募基金提供的办公环境；**写字楼平均租赁价格**反映的是私募基金的成本，价格越高，成本越大，与物质条件支持情况负相关；本地**平均网速**反映的是琴澳两地为私募基金提供的互联网方面的支持，网速的快慢影响着交易的执行情况，特别是对于证券投资基金来讲，网速越快，越能够节约两地交易成本，寻找套利空间，因此网速越快，物质条件支持情况越好。将以上 7 个方面的数据结果处理后按照确定的权重进行加权平均可得到二级指标"物质支持情况"的指标结果，并可以据此进一步计算一级指标的结果。

　　以上 2 个方面的内容即为一级指标"私募基金业发展环境情况"下的二级指标的主要内容，将三级指标的数据结果进行加权平均可以得到私募基金业发展环境情况的结果，了解琴澳两地私募基金的支持环境建设的情况，并可以据此进一步计算琴澳私募基金业发展指数的结果。

　　综上，按照设计的比重计算得到 5 个一级指标的数据结果之后，可以进一步进行加权平均得到琴澳私募基金业发展指数的结果。通过对指数结果的分析，可以了解横琴新区和澳门的私募基金业的发展情况和发展效率。根据各一级指标的结果还可以看出当前私募基金业发展的长处和短处，并可以据此进一步对产业进行升级和完善，使琴澳成为中国私募基金的集聚之地。

第 13 章
横琴跨境金融指数体系

13.1　跨境金融概述

随着经济全球化的发展，世界各国贸易往来日渐密切，对于跨境金融服务的需求也不断加大，这也促进了跨境金融的发展。与此同时，随着中国对外开放程度的不断提高，国外企业"走进来"和国内企业"走出去"的双向开放也进一步提高了对跨境金融业务的需求，对于业务种类和范围的要求也在不断提高，因此跨境金融在中国有着广阔的前景。而跨境金融的发展一方面有利于为国内的实体经济提供更多类型的资金支持，拓宽业务渠道，提升资金使用的效率，与此同时，也能够更好地展示中国对外开放的态度和决心，促进海外资金和企业赴内地进行投资和落地。随着人民币国际化进程的推进，人民币在全世界的适用范围不断加大，人民币作为储备货币的功能在不断完善和体现，跨境人民币结算的业务量也在不断提高，促进了贸易投资的便利化，满足了市场的合理需求，进一步推进了更好、更高层次和水平的对外开放。

2019 年国务院正式印发的《粤港澳大湾区发展规划纲要》指出，要建设国际金融枢纽，支持澳门打造中国－葡语国家金融服务平台，建立出口信用保险制度，建设成为葡语国家人民币清算中心，发挥中葡基金总部落户澳门的优势，承接中国与葡语国家金融合作服务。研究探索建设澳门－珠海跨境金融合作示范区。此外，建立金融服务重要平台，探索建立与粤港澳大湾区发展相适应的账户管理体系，在跨境资金管理、人民币跨境使用、资本项目可兑换等方面先行先试，促进跨境贸易、投融资结算便利化。这也为粤港澳大湾区的跨境金融的发展提出了更高的要求，如何促进大湾区的跨境金融合作发展成为当前需要解决的重点课题。作为粤港澳大湾区的重要地区的横琴和澳门，在粤港澳大湾区建设中如何发展跨境金融，在防控风险的同时提供更多样化的跨境金融服务也是当前政府着手解决的重点问题。

13.2 横琴跨境金融指数的构建

横琴新区作为中国改革开放的前沿地区，其独特的地理位置，使其跨境金融业务取得了快速的发展。2019 年 8 月，横琴新区发布《横琴新区支持粤澳跨境金融合作（珠海）示范区发展的暂行办法》，跨境金融的发展进入了新的阶段。在推进跨境金融建设过程中，需要对具体的发展情况有着科学系统的了解。在粤港澳大湾区的其他地区已经出现了相关的跨境金融指数用来衡量一个地区的跨境金融发展情况，然而在横琴新区还没有类似的评价指数出现。因此，本书通过构建横琴跨境金融指数评价和分析横琴跨境金融发展情况，有关政府和机构可以通过指标科学、系统地了解横琴跨境金融发展情况，更有针对性地制定相应的方案政策。

横琴跨境金融指数共有一级指标 3 个，二级指标 13 个，三级指标 32 个。指数分别从经济发展、外汇收支和跨境金融业务 3 个方面评价和反映横琴跨境金融的发展情况，从而对相关问题有着整体的了解，并根据不同的二级指标了解不同方面的具体内容，探索更好的发展方式。表 13-1 ～表 13-3 即为横琴跨境金融指数的主要内容。

表 13-1 横琴跨境金融指数——经济发展指标

一 级 指 标	二 级 指 标	三 级 指 标
经济发展	经济增长	GDP 增长率 固定资产投资增长率 劳动生产率 住房价格
	经济稳定	CPI 城镇登记失业率 PPI
	结构优化	高新技术产业增加值占 GDP 的比重 现代服务业增加值占 GDP 的比重 先进制造业增加值占 GDP 的比重

表 13-2 横琴跨境金融指数——外汇收支指标

一 级 指 标	二 级 指 标	三 级 指 标
外汇收支	总体情况	非银行部门结售汇（银行代客结售汇）总额
	货物贸易	货物贸易收入结汇 货物贸易支出售汇
	服务贸易	服务贸易收入结汇 服务贸易支出售汇

续表

一级指标	二级指标	三级指标
	收益与经常转移	收益与经常转移收入结汇
		收益与经常转移支出售汇
	资本账户	资本账户收入结汇
		资本账户支出售汇
	直接投资	直接投资收入结汇
		直接投资支出售汇
	证券投资	证券投资收入结汇
		证券投资支出售汇

表 13-3　横琴跨境金融指数——跨境金融业务指标

一级指标	二级指标	三级指标
跨境金融业务	跨境人民币结算	跨境人民币结算业务额
		使用人民币结算的企业总数
		备案跨境人民币资金池个数
		备案跨境人民币资金池金额
	跨境贷款	新增跨境人民币贷款金额
		跨境住房按揭贷款总额
	跨境投资	QFLP 管理企业及基金个数
		QFLP 管理规模
		外商直接投资资金流入金额

13.3　横琴跨境金融指数的指标说明

13.3.1　经济发展

对于跨境金融的评价离不开对经济发展的考察，宏观经济形势以及产业的发展情况能够影响跨境贸易情况，不断向好的经济发展趋势也能使跨境金融业务朝着更加良性健康的方向发展。因此，本书将经济发展指标选为衡量横琴跨境金融指数第一个一级指标，通过该指标可以从整体上了解横琴跨境金融发展的经济环境情况。与前文构建的其他有关经济发展的指数不同，该部分对指标进行了简略，挑选具有代表性的指标来衡量横琴的经济发展。衡量经济发展指标主要有：经济增长、经济稳定和结构优化。分别从增长、稳定和结构 3 个方面评价横琴的经济发展情况。

❶ 经济增长

经济增长是衡量经济发展的第一个指标，衡量一个地区的经济景气情况首先要了解其经济的增长情况，经济增长与经济发展有着直接的关系，快速的经济增长在很大程度上也反映了地区的经济发展情况。因此，本书与前文所述构建的指数类似，选经济增长作为经济发展的第一个二级指标。衡量经济增长的指标主要有 4 个，分别为：GDP 增长率、固定资产投资增长率、劳动生产率和住房价格。

GDP 增长率和**固定资产投资增长率**都是典型的衡量经济增长的指标，与经济增长正相关；**劳动生产率**反映的是横琴经济发展的效率，效率越高越有利于经济增长；**住房价格**在一定程度上也能够反映经济增长的情况，住房价格的持续上涨说明该地区的经济发展态势较好，在此用住房价格衡量经济增长仅针对横琴新区，并不具备广泛的适用性。将以上 4 个方面的数据结果进行处理并按照确定的权重加权平均可以得到二级指标"经济增长"的指标数值，并可据此进一步计算一级指标的结果。

❷ 经济稳定

除了经济增长以外，另一个主要衡量经济发展情况的指标便是经济稳定。经济的稳定能够有效地促进经济朝着健康高质量的方向发展，这也是新时代我国经济发展的方向。因此，与前文构建的指数类似，本书选用经济稳定指标来进一步衡量横琴新区的经济发展情况。衡量经济稳定的指标主要有 3 个，分别为：CPI、城镇登记失业率和 PPI。CPI 与 PPI 为基本的衡量价格指标，在此不再赘述；**城镇登记失业率**越低则经济越稳定，也能够有效反映横琴新区的经济稳定情况。将以上 3 个方面的数据结果进行处理并按照确定的权重加权平均可以得到二级指标"经济稳定"的指标数值，并可依据此进一步计算一级指标的结果。

❸ 结构优化

经济结构的优化是促进经济高质量发展的重要任务和发展方向，发展新动能是带动地区经济发展的重要举措。横琴新区建设时间较短，产业也以服务业以及创新性产业为主，经济结构较好，为了促进澳门经济适度多元化，横琴新区的经济结构也将进一步优化，从而促进经济的高质量发展。因此，本书将经济结构的优化情况作为考察经济发展的最后一个方面。衡量结构优化的指标主要有：高新技术产业增加值占 GDP 的比重、现代服务业增加值占 GDP 的比重和先进制造业增加值占 GDP 的比重。3 个指标分别从高新技术产业、现代服务业和先进制造业这 3 个促进经济高质量发展的新动能考察横琴新区的经济结构优化情况，3 个方面的比重越高，说明横琴新区经济结构越好，结构优化指标越高，越能够促进跨境金融的发展。将以上 3 个方面的数据结果进行处理并按照确定的权重加权平均可以得到二级指标"结构优化"的指标数值，并可据此进一步计算一级指标的结果。

以上 3 个方面的内容即为一级指标"经济发展"下的二级指标的主要内容，将 3 个方面的数据指标结果按照预先确定的权重进行加权平均，可以得到经济发展的指标数值，了解横琴新区经济发展情况，并可以据此进一步计算横琴跨境金融指数的结果。

13.3.2　外汇收支

外汇收支主要考察的是横琴新区在发展跨境金融过程中的外汇收入和支出的情况。跨境金融涉及不同货币之间的兑换和交易，外汇收支是其重要环节。特别是对从事对外贸易的企业而言，外汇支出和收入促使公司加大对外汇业务的需求。因此，本书将外汇收支选为横琴跨境金融指数的第二个一级指标。衡量外汇收支情况的指标主要有 7 个，分别为：总体情况、货物贸易、服务贸易、收益与经常转移、资本账户、直接投资、证券投资。指标分别从总体、货物、服务等 7 个方面考察横琴新区的外汇收支情况，从而进一步了解横琴新区的跨境金融发展情况。

❶ **总体情况**

总体情况主要考察的是横琴新区在外汇收支方面的总体的业务情况。通过总体情况的了解可以得到该地区外汇收支方面的整体情况，对于全局有全面的掌握，因此，本书将总体情况选为第一个二级指标。衡量总体情况的指标是**非银行部门结售汇（银行代客结售汇）总额**，结售汇总额是直观反映横琴外汇收支情况的指标，总额越高，则总体情况的指标结果越大，进而促使横琴跨境金融指数结果的提高。将三级指标结果处理后得到二级指标"总体情况"的指标数值，并可以据此进一步计算一级指标的结果。

❷ **货物贸易**

货物贸易的外汇收支主要包括一般货物，用于加工的货物，用于修理的货物，运输工具在机场、港口购买的货物和非货币黄金交易项目下的外汇收入结汇和外汇支出售汇，是外汇收支的重要分支。货物贸易指标主要考察的是横琴新区有关货物贸易的结售汇情况，结售汇越多，说明横琴新区的跨境金融业务量越大，跨境金融发展情况越好。衡量货物贸易的指标主要有 2 个，分别为：**货物贸易收入结汇**和**货物贸易支出售汇**，分别从收入和支出两方面考察横琴新区相关外汇业务的结汇和售汇的情况，2 个指标的数额越大，说明货物贸易外汇收支业务量越大，则也能够说明横琴新区的跨境金融业务量越大。将以上 2 个方面的数据进行处理并按照确定的权重加权平均可以得到二级指标"货物贸易"的指标结果，并可以据此进一步计算一级指标的结果。

❸ **服务贸易**

服务贸易的外汇收支主要包括运输、旅游、通信服务、建筑、安装及劳务承包服务、保险、金融服务、计算机和信息服务、专有权利使用费和特许费、体育、文化和娱乐服务、政府服务以及其他服务交易项目下的外汇收入结汇和外汇支出售汇，同样也是外汇收支的重要分支。服务贸易指标主要考察的是横琴新区有关服务贸易的结售汇情况，结售汇越多，说明横琴新区的跨境金融业务量越大，跨境金融发展情况越好。衡量服务贸易的指标主要有 2 个，分别为：

服务贸易收入结汇和服务贸易支出售汇。

服务贸易收入结汇和**服务贸易支出售汇**分别从收入和支出 2 个方面考察横琴新区相关外汇业务的结汇和售汇的情况，2 个指标的数额越大，说明服务贸易外汇收支业务量越大，则也能够说明横琴新区的跨境金融业务量越大。将以上 2 个方面的数据进行处理并按照确定的权重加权平均可以得到二级指标"服务贸易"的指标数值，并可以据此进一步计算一级指标的结果。

❹ 收益与经常转移

收益与经常转移的外汇收支包括职工报酬和赡家款项下的外汇收入结汇和外汇支出售汇。收益与经常转移指标主要考察的是横琴新区有关收益与经常转移的结售汇情况，结售汇越多，说明横琴新区的跨境金融业务量越大，跨境金融发展情况越好。衡量收益与经常转移的指标主要有 2 个，分别为：收益与经常转移收入结汇和收益与经常转移支出售汇。

收益与经常转移收入结汇和**收益与经常转移支出售汇**分别从收入和支出 2 个方面考察横琴新区相关外汇业务的结汇和售汇的情况，2 个指标的数额越大，说明收益与经常转移外汇收支业务量越大，则也能够说明横琴新区的跨境金融业务量越大。将以上 2 个方面的数据进行处理并按照确定的权重加权平均可以得到二级指标"收益与经常转移"的指标数值，并可以据此进一步计算一级指标的结果。

❺ 资本账户

资本账户的外汇收支包括资本转移和非生产、非金融资产的收买和放弃项下的外汇收入结汇和外汇支出售汇。资本账户指标主要考察的是横琴新区有关资本账户的结售汇情况，结售汇越多，说明横琴新区的跨境金融业务量越大，跨境金融发展情况越好。衡量资本账户的指标主要有 2 个，分别为：资本账户收入结汇和资本账户支出售汇。

资本账户收入结汇和**资本账户支出售汇**分别从收入和支出 2 个方面考察横琴新区相关外汇业务的结汇和售汇情况，2 个指标的数额越大，说明资本账户外汇收支业务量越大，则也能够说明横琴新区的跨境金融业务量越大。将以上 2 个方面的数据进行处理并按照确定的权重加权平均可以得到二级指标"资本账户"的指标数值，并可以据此进一步计算一级指标的结果。

❻ 直接投资

直接投资的外汇收支指境外投资者对境内机构或者境内投资者对境外企业进行的旨在获得对企业的有效经营管理权及长期收益的投资项下外汇收入结汇和外汇支出售汇。直接投资指标主要考察的是横琴新区有关直接投资的结售汇情况，结售汇越多，说明横琴新区的跨境金融业务量越大，跨境金融发展情况越好。衡量直接投资的指标主要有 2 个，分别为：直接投资收入结汇和直接投资支出售汇。

直接投资收入结汇和**直接投资支出售汇**分别从收入和支出 2 个方面考察横琴新区相关外汇业务的结汇和售汇的情况，两个指标的数额越大，说明直接投资外汇收支业务量越大，则也能够说明横琴新区的跨境金融业务量越大。将以上 2 个方面的数据进行处理并按照确定的权重加权平均可以得到二级指标"直接投资"的指标数值，并可以据此进一步计算一级指标的结果。

❼ 证券投资

证券投资的外汇收支指在金融市场的股本证券和债务证券交易项下的外汇收入结汇和外汇支出售汇。主要包括对境外证券投资撤回、证券筹资、对境外证券投资和证券投资撤回。证券投资指标主要考察的是横琴新区有关证券投资的结售汇情况，结售汇越多，说明横琴新区的跨境金融业务量越大，跨境金融发展情况越好。衡量证券投资的指标主要有 2 个，分别为：证券投资收入结汇和证券投资支出售汇。

证券投资收入结汇和**证券投资支出售汇**分别从收入和支出 2 个方面考察横琴新区相关外汇业务的结汇和售汇的情况，2 个指标的数额越大，说明证券投资外汇收支业务量越大，则也能够说明横琴新区的跨境金融业务量越大。将以上 2 个方面的数据进行处理并按照确定的权重加权平均可以得到二级指标"证券投资"的指标数值，并可以据此进一步计算一级指标的结果。

以上 7 个方面即为一级指标"外汇收支"下的二级指标的主要内容介绍，将 7 个数据结果按照确定的权重进行加权平均可以得到外汇收支指标的数值，可以了解横琴新区外汇收支的具体情况，并可以据此进一步计算横琴跨境金融指数的结果。

13.3.3 跨境金融业务

跨境金融业务指标主要考察的是横琴新区所开展的跨境金融相关业务的具体情况。为了促进横琴自贸区建设以及推进琴澳融合发展，横琴的跨境金融业务处在全国前列，特别是跨境人民币业务不断创新发展，为区域内的企业提供了便利。横琴新区作为特区中的特区也起到了先行先试的重要示范作用。因此，本书将跨境金融业务选为第三个重要的一级指标来衡量琴澳跨境金融发展情况。在该指标下共有二级指标 3 个，分别为：跨境人民币结算、跨境贷款和跨境投资。分别从人民币结算、贷款和投资 3 个方面分析跨境金融业务的发展情况。

❶ 跨境人民币结算

跨境人民币结算是人民币国际化的重要内容。近些年，我国相继进行跨境人民币结算试点，促进人民币国际地位的提升。开展跨境人民币业务能够有效促进贸易投资的便利化，推进形成全面开放新格局。粤港澳大湾区作为中国对外开放的前沿地区，跨境人民币结算具有重要意义。因此，本书将跨境人民币结算选为跨境金融业务下的第一个二级指标。衡量跨境人民币结算的三级指标主要有 4 个，分别为：跨境人民币结算业务额、使用人民币结算的企业总数、备案跨境人民币资金池个数、备案跨境人民币资金池金额。

跨境人民币结算业务额反映的是横琴新区的跨境人民币结算业务量的情况，自 2010 年以来，横琴跨境人民币结算业务量不断增长，有效促进了跨境金融业务的发展，跨境人民币结算业务额越高，越能够促进横琴跨境金融的发展；**使用人民币结算的企业总数**反映的是在横琴通过跨境人民币结算业务进行结算的企业的数量，企业数量越多，说明跨境人民币结算业务开展情况越好，越有利于跨境金融的发展；**备案跨境人民币资金池个数**和**备案跨境人民币资金池金额**则是从资金池个数和金额 2 个方面考察横琴的备案跨境人民币资金池的情况，二者与跨境人民币结算指标呈正向关系。将以上 4 个方面的指标数据结果处理后按照确定的权重进行加权平均可以得到二级指标"跨境人民币结算"的指标数值，并可依据此进一步计算一级指标的结果。

❷ 跨境贷款

粤港澳大湾区作为对外开放的前沿，与各个国家和地区的业务往来较为密切。地区的建设除了寻找国内资金以外，还可以通过跨境贷款的方式进行融资。对粤港澳大湾区而言，发展跨境贷款对于进一步提高开放水平、促进跨境金融业务发展具有重要意义，特别是通过跨境贷款的方式吸引港澳地区等的离岸人民币资金建设粤港澳大湾区是解决地区融资问题的重要途径。横琴新区自 2015 年 7 月开始开展跨境人民币贷款业务后，贷款数目不断增加，取得了快速的发展。因此，本书也将跨境贷款选为重要的二级指标。衡量跨境贷款的指标主要有 2 个，分别为：新增跨境人民币贷款金额和跨境住房按揭贷款总额。

新增跨境人民币贷款金额反映的是横琴每年的新增跨境人民币贷款量，金额越高，说明跨境贷款业务开展情况越好，越有利于跨境金融建设；**跨境住房按揭贷款总额**主要反映的是横琴新区针对港澳居民提供的住房按揭贷款的情况，该类型贷款的推出能够有效促进粤港澳大湾区在民生等方面的融合程度。将以上 2 个方面的指标数据结果处理后按照确定的权重进行加权平均可以得到二级指标"跨境贷款"的指标数值，并可依据此进一步计算一级指标的结果。

❸ 跨境投资

粤港澳大湾区的建设和发展有着光明的前景，在建设的过程中也离不开海外资金的参与，外国资金的注入能够为大湾区的建设提供更加充沛的资金支持，并且也有利于促进中国的对外开放水平不断提高。横琴新区作为经济特区在跨境投资方面起着引领和示范作用，发展跨境投资也有利于跨境金融的发展。因此，本书将跨境投资选为最后一个二级指标来衡量横琴新区的跨境金融业务情况。跨境投资主要通过 3 个指标来衡量，分别为：QFLP 管理企业及基金个数、QFLP 管理规模和外商直接投资资金流入金额。

　　QFLP 是重要的促进外商来华投资的手段和政策，通过 **QFLP 管理企业及基金个数**和 **QFLP 管理规模**可以了解跨境投资的发展情况，个数或规模越大，则跨境投资指标结果越大；**外商直接投资资金流入金额**反映的是横琴新区外商直接投资的情况，流入金额越大，跨境投资指标结果越高，越有利于跨境金融业务发展。将 3 个方面的指标数据结果处理后按照确定的权重进行加权平均可以得到二级指标"跨境投资"的指标结果，并可据此进一步计算一级指标的结果。

　　以上 3 个方面即为一级指标"跨境金融业务"的二级指标的主要内容。将 3 个指标的结果按照确定的权重进行加权平均可以得到跨境金融业务指标的数值，了解横琴新区跨境金融业务发展的情况，并可以据此进一步计算横琴跨境金融指数的结果。

　　综上，按照设计的比重计算得到 3 个一级指标的数据结果之后，可以进一步进行加权平均得到横琴跨境金融指数的结果。通过对指数结果的分析，可以了解横琴新区跨境金融的发展情况。根据各一级指标的结果还可以从不同的角度全面分析横琴新区跨境金融发展状况，有利于制定针对性政策以及对跨境金融风险的监控。

基于层次分析法（AHP）的指标权重库

附录一

琴澳高质量发展指数的指标权重

❶ 珠海（横琴新区）高质量发展指数的指标权重

一级指标	权重	二级指标	权重	三级指标	权重
创新发展	0.2	创新环境	0.0926	每万人的 R&D 人员总数	0.2322
				大学本科学历以上人数	0.3952
				每名 R&D 人员的研发仪器和设备支出	0.2322
				科研新增固定资产投资／总固定资产增加额	0.1404
		创新投入	0.1545	每万人的 R&D 科研人数	0.3069
				企业 R&D 科研人员所占比重	0.1231
				R&D 经费支出占 GDP 的比重	0.1306
				地方财政科技支出占总财政支出的比重	0.1329
				企业 R&D 经费支出	0.3065
		创新产出	0.2449	获得的国家级及省级科技成果奖数量	0.2628
				每万人的发明专利拥有量	0.3465
				技术市场活动的成交额	0.3908
		成果转化	0.508	高新技术产业增加值占工业增加值的比重	0.3564
				知识密集型服务业增加值占服务业增加值的比重	0.3179
				高技术产品出口额占商品出口额的比重	0.3257
协调发展	0.2	产业协调发展	0.3333	先进制造业增加值占 GDP 的比重	0.5
				现代服务业增加值占 GDP 的比重	0.5
		城乡协调发展	0.3333	城镇化率	0.4666
				城乡居民人均可支配收入之比	0.5334
		社会协调发展	0.3334	产业结构与就业结构偏离度	0.1357
				居民人均可支配收入增长率	0.237
				恩格尔系数	0.34
				收入房价比	0.2873
绿色发展	0.2	资源环境	0.3334	绿化覆盖率	0.3334
				人均绿地面积	0.3333
				人均水资源	0.3333
		环境治理	0.3333	节能环保固定资产投资占固定资产投资比重	0.2
				城镇污水集中处理率	0.4
				一般工业固体废物综合利用率	0.4

续表

一级指标	权重	二级指标	权重	三级指标	权重
绿色发展	0.2	消耗排放	0.3333	人均用水量	0.25
				人均用电量	0.25
				工业烟（粉尘）排放量	0.25
				工业二氧化硫排放量	0.25
开放发展	0.2	贸易开放	0.4279	贸易依存度	0.5396
				商品和服务进口额	0.4604
		外资开放	0.4325	实际吸收外资额	0.4276
				外商直接投资占GDP的比重	0.3156
				外资企业数量	0.0941
				中外合资企业数量	0.1627
		人员流动	0.1396	入境旅游人数	0.65
				外国游客占入境旅游人数的比重	0.35
共享发展	0.2	社会保障	0.3334	养老保险参保人数	0.1409
				医疗保险参保人数	0.1409
				城乡低保人数	0.2628
				社会保障支出占财政支出的比重	0.4554
		教育文化	0.3333	教育文化支出占财政支出的比重	0.1607
				区域内高校数量	0.354
				普通高等学校专任教师数	0.354
				公共图书馆藏书量	0.1313
		健康生活	0.3333	医疗卫生支出占财政支出的比重	0.1682
				每万人公共文化设施面积	0.1069
				卫生机构床位数	0.3416
				卫生技术人员数量	0.3832

❷ 澳门高质量发展指数的指标权重

一级指标	权重	二级指标	权重	三级指标	权重
创新发展	0.2	创新环境	0.0926	具备高等教育人口比例	0.422
				工业外来直接投资占总直接投资的比重	0.578
		创新投入	0.1545	每万人的R&D科研人数	0.5
				R&D经费支出占GDP的比重	0.5
		创新产出	0.2449	发明专利授权总量	0.65
				科学技术基金获批项目	0.35
		成果转化	0.508	高新技术产业增加值占工业增加值的比重	0.3564
				知识密集型服务业增加值占服务业增加值的比重	0.3179
				高技术产品出口额占商品出口额的比重	0.3257
协调发展	0.2	产业协调发展	0.5	制造业增加值占GDP的比重	0.5
				除博彩外服务业增加值占GDP的比重	0.5
		社会协调发展	0.5	产业结构与就业结构偏离度	0.2361
				居民人均可支配收入增长率	0.3766
				收入房价比	0.3873

续表

一级指标	权重	二级指标	权重	三级指标	权重
绿色发展	0.2	资源环境	0.3334	空气质量优良天数所占比重	0.3334
				人均绿地面积	0.3333
				出厂水氯化物含量	0.3333
		环境治理	0.3333	财政性节能环保支出占公共财政支出比重	0.2
				污水处理量	0.4
				特殊和危险废物处理率	0.4
		消耗排放	0.3333	日均耗水量	0.25
				人均用电量	0.25
				家居废料	0.25
				工业厂废料	0.25
开放发展	0.2	贸易开放	0.4279	贸易依存度	0.5396
				商品和服务进口额	0.4604
		外资开放	0.4325	实际吸收外资额	0.4276
				外商直接投资占 GDP 的比重	0.3156
				新增外资股东企业数量	0.0941
				新增内地股东企业数量	0.1627
		人员流动	0.1396	入境旅游人数	0.65
				外国游客占入境旅游人数的比重	0.35
共享发展	0.2	社会保障	0.3334	养老金每月发放金额	0.1409
				疾病津贴每月发放金额	0.1409
				社会救济金	0.2628
				福利金发放总数	0.4554
		教育文化	0.3333	教育文化支出占财政支出的比重	0.1607
				区域内高校数量	0.354
				普通高等学校专任教师数	0.354
				公共图书馆藏书量	0.1313
		健康生活	0.3333	医疗卫生支出占财政支出的比重	0.1682
				公共康体设施使用人次	0.1069
				每千人卫生机构床位数	0.3416
				每千人口医生	0.3833

附录二
琴澳可持续发展指数的指标权重

❶ 珠海（横琴新区）可持续发展指数的指标权重

一级指标	权重	二级指标	权重	三级指标	权重
经济增长	0.3333	稳定发展	0.25	GDP 增长率	0.0983
				人均 GDP	0.2834
				劳动生产率	0.0727
				人均财政收入	0.2297
				居民消费贡献率	0.0524
				社会消费品零售总额	0.0391
				城镇登记失业率	0.1231
				固定资产投资增长率	0.1013
		创新发展	0.25	R&D 科研人员数	0.0361
				发明专利授权总量	0.2894
				省级以上科技进步奖数量	0.2892
				R&D 经费支出占 GDP 的比重	0.0801
				地方财政科技支出占总财政支出的比重	0.1919
				企业 R&D 经费支出	0.1133
		开放发展	0.25	商品和服务进口额	0.4901
				实际吸收外资额	0.231
				外资企业数量	0.1634
				中外合资企业数量	0.1155
		结构优化	0.25	先进制造业增加值占 GDP 的比重	0.4444
				现代服务业增加值占 GDP 的比重	0.4444
				产业结构与就业结构偏离度	0.1112
社会发展	0.3333	人民生活水平	0.3417	城镇常住居民可支配收入	0.331
				民生支出占一般公共预算支出的比重	0.119
				新增城镇就业人数	0.1123
				收入房价比	0.4377
		人口持续性	0.1752	人口自然增长率	0.2952
				大学本科及以上文化人口比重	0.1284
				每万元地区生产总值负荷的人口	0.4189
				家庭从业人口所占比重	0.1575

续表

一级指标	权重	二级指标	权重	三级指标	权重
社会发展	0.3333	教育发展	0.1686	财政性教育支出占 GDP 的比重	0.2456
				区域内高校数量	0.1611
				普通高等学校专任教师数	0.3864
				专业技术培训学校数量	0.1217
				公共图书馆藏书量	0.0852
		交通发展	0.0897	民航旅客周转量	0.2
				港口旅客吞吐量	0.2
				港口货物吞吐量	0.2
				铁路营运里程	0.2
				口岸出入境人数情况	0.1
				口岸车辆通关量	0.1
		医疗保障	0.2248	专业公共卫生机构数量	0.25
				每万人医疗床位数	0.25
				每万人拥有卫生技术人员数量	0.25
				社会福利机构收养性单位数	0.25
环境保护	0.3334	资源环境	0.3334	空气质量优良天数所占比重	0.4554
				建成区绿化覆盖率	0.1409
				人均绿地面积	0.1409
				人均水资源	0.2628
		环境治理	0.3333	财政性节能环保支出占公共财政支出比重	0.2471
				城镇污水集中处理率	0.317
				一般工业固体废物综合利用率	0.4359
		消耗排放	0.3333	人均用水量	0.25
				人均用电量	0.25
				工业烟（粉尘）排放量	0.25
				工业二氧化硫排放量	0.25

❷ 澳门可持续发展指数的指标权重

一级指标	权重	二级指标	权重	三级指标	权重
经济增长	0.3333	稳定发展	0.25	GDP 增长率	0.0983
				人均 GDP	0.2834
				劳动生产率	0.0727
				人均财政收入	0.2297
				居民消费贡献率	0.0524
				社会消费品零售总额	0.0391
				城镇登记失业率	0.1231
				固定资产投资增长率	0.1013
		创新发展	0.25	R&D 科研人员数	0.1634
				发明专利授权总量	0.5396
				R&D 经费支出占 GDP 的比重	0.297
		开放发展	0.25	商品和服务进口额	0.4901
				实际吸收外资额	0.231
				新增外资股东企业数量	0.1634
				新增内地股东企业数量	0.1155

续表

一级指标	权重	二级指标	权重	三级指标	权重
经济增长	0.3333	结构优化	0.25	制造业增加值占 GDP 的比重	0.4444
				除博彩外服务业增加值占 GDP 的比重	0.4444
				产业结构与就业结构偏离度	0.1112
社会发展	0.3333	人民生活水平	0.3417	城镇常住居民可支配收入	0.331
				民生支出占一般公共预算支出的比重	0.119
				新增城镇就业人数	0.1123
				收入房价比	0.4377
		人口持续性	0.1752	人口自然增长率	0.2952
				大学以上文化人口比重	0.1284
				每万元地区生产总值负荷的人口	0.4189
				劳动力参与率	0.1575
		教育发展	0.1686	财政性教育支出占 GDP 的比重	0.2456
				区域内高校数量	0.1611
				普通高等学校专任教师数	0.3864
				职业培训修读人次	0.1217
				公共图书馆藏书量	0.0852
		交通发展	0.0897	往来商业飞机班次	0.2
				客轮班次	0.2
				港口货物吞吐量	0.2
				道路行车线	0.2
				口岸出入境人数情况	0.1
				口岸车辆通关量	0.1
		医疗保障	0.2248	专业公共卫生机构数量	0.25
				每千人卫生机构床位数	0.25
				每千人口医生	0.25
				社会福利机构收养性单位数	0.25
环境保护	0.3334	资源环境	0.3334	空气质量优良天数所占比重	0.4554
				人均绿地面积	0.1818
				出厂水氯化物含量	0.3628
		环境治理	0.3333	财政性节能环保支出占公共财政支出比重	0.3471
				污水处理量	0.4359
				特殊和危险废物处理率	0.217
		消耗排放	0.3333	日均耗水量	0.2
				人均用电量	0.2
				人均固体废物弃置量	0.2
				家居废料	0.2
				工业厂废料	0.2

附录三
琴澳休闲旅游业发展指数的指标权重

❶ 珠海（横琴新区）休闲旅游业发展指数的指标权重

一级指标	权 重	二级指标	权 重	三级指标	权 重
旅游市场发展	0.4901	旅游业收入情况	0.5984	休闲旅游业总收入	0.3334
				国内旅游收入	0.3333
				旅游外汇收入	0.3333
		旅客人数情况	0.4016	国内旅游人数	0.3334
				入境旅游人数	0.3333
				入境过夜旅游人数	0.3333
旅游经济带动发展	0.231	旅游经济带动情况	0.55	休闲旅游业对国民经济的综合贡献度	1
		旅游就业促进情况	0.45	旅游业对社会就业的综合贡献度	0.55
				新增旅游相关就业人数	0.45
旅游生态环境建设	0.1155	生态用地情况	0.3333	绿化覆盖率	0.5
				人均绿地面积	0.5
		环境质量情况	0.3334	空气质量优良天数所占比重	0.55
				人均水资源	0.45
		消耗排放情况	0.3333	工业烟（粉尘）排放量	0.5
				工业二氧化硫排放量	0.5
旅游支持建设	0.1634	旅游基础设施建设	0.3108	旅游相关产业年度完成固定资产投资额	0.65
				星级酒店数	0.35
		公共服务体系建设	0.1958	每万人公共文化设施面积	1
		旅游交通建设	0.4934	民航旅客周转量	0.2
				港口旅客吞吐量	0.2
				港口货物吞吐量	0.2
				铁路营运里程	0.2
				口岸出入境人数情况	0.1
				口岸车辆通关量	0.1

❷ 澳门休闲旅游业发展指数的指标权重

一级指标	权重	二级指标	权重	三级指标	权重
旅游市场发展	0.4901	旅游业收入情况	0.5984	旅客总消费	0.1861
				酒店业收益	0.1209
				饮食业收益	0.1209
				幸运博彩承批企业非博彩业务收入总额	0.2463
				幸运博彩承批企业非博彩业务收入占总收入比重	0.3258
		旅客人数情况	0.4016	入境旅游人数	0.45
				入境过夜旅游人数	0.55
旅游经济带动发展	0.231	旅游经济带动情况	0.55	休闲旅游业对国民经济的综合贡献度	1
		旅游就业促进情况	0.45	旅游业对社会就业的综合贡献度	0.55
				新增旅游相关就业人数	0.45
旅游生态环境建设	0.1155	生态用地情况	0.3333	人均绿地面积	1
		环境质量情况	0.3334	空气质量优良天数所占比重	0.55
				出厂水氯化物含量	0.45
		消耗排放情况	0.3333	人均固体废物弃置量	0.3334
				家居废料	0.3333
				工业厂废料	0.3333
旅游支持建设	0.1634	旅游基础设施建设	0.3108	旅游相关产业年度外来直接投资额	0.65
				星级酒店数	0.35
		公共服务体系建设	0.1958	公共康体设施使用人次	1
		旅游交通建设	0.4934	道路行车线	0.0896
				往来商业飞机班次	0.2202
				直升机往来班次	0.1249
				往来客轮班次	0.2202
				口岸出入境人数情况	0.2202
				口岸车辆通关量	0.1249

附录四
琴澳金融运行风险
指数的指标权重

❶ 珠海（横琴新区）金融运行风险指数的指标权重

一级指标	权重	二级指标	权重	三级指标	权重
经济景气情况	0.3	经济增长	0.33	GDP 增长率	0.55
				固定资产投资增长率	0.45
		经济稳定	0.33	CPI 居民消费物价指数	0.2991
				城镇登记失业率	0.3284
				收入房价比	0.3725
		企业经营	0.1996	工业企业利润总额同比增长率	0.3334
				先进制造业增加值增长率	0.3333
				现代服务业增加值增长率	0.3333
		外部冲击	0.1404	标准普尔 500 指数年涨幅	0.65
				恒生指数年涨幅	0.35
金融体系稳健性	0.4	资金融通稳健性	0.75	银行不良贷款率	0.3381
				银行存贷比	0.1925
				证券期货业利润总额增长率	0.1328
				证券期货业资产总额增长率	0.1328
				小微金融不良贷款率	0.2038
		保险市场稳健性	0.25	保险赔付率	0.3334
				保险深度	0.3333
				保险密度	0.3333
债务风险	0.3	政府债务情况	0.25	地方政府负债率	1
		企业债务情况	0.25	规模以上工业企业资产负债率	0.5
				地方国有企业资产负债率	0.5
		居民债务情况	0.25	居民部门杠杆率	0.65
				居民储蓄率	0.35
		金融压力情况	0.25	不良贷款余额占 GDP 的比重	0.3334
				短期贷款余额增长率	0.3333
				中长期贷款余额增长率	0.3333

❷ 澳门金融运行风险指数的指标权重

一级指标	权重	二级指标	权重	三级指标	权重
经济景气情况	0.3	经济增长	0.33	GDP 增长率	0.55
				固定资产增长投资率	0.45
		经济稳定	0.33	CPI 居民消费物价指数	0.2764
				城镇登记失业率	0.3381
				收入房价比	0.3855
		企业经营	0.1996	工业企业利润总额同比增长率	0.3334
				先进制造业增加值增长率	0.3333
				现代服务业增加值增长率	0.3333
		外部冲击	0.1404	标准普尔 500 指数年涨幅	0.65
				恒生指数年涨幅	0.35
金融体系稳健性	0.4	资金融通稳健性	0.75	银行不良贷款率	0.2946
				银行资本充足率	0.1394
				资产回报率	0.081
				流动性资产占总资产的比重	0.154
				外汇净敞口头寸占资本的比重	0.154
				大额风险暴露占资本的比重	0.177
		保险市场稳健性	0.25	保险赔付率	0.3334
				保险深度	0.3333
				保险密度	0.3333
债务风险	0.3	居民债务情况	0.5	居民部门贷存比例	0.65
				居民储蓄率	0.35
		金融压力情况	0.5	不良贷款余额占 GDP 的比重	0.3334
				短期贷款余额增长率	0.3333
				中长期贷款余额增长率	0.3333

参考文献

[1] 曹蕊. 区域高新技术产业持续创新能力评价——以福州市为例 [J]. 技术与创新管理，2019，40（02）：65-72.

[2] 陈瑞青，何玲，杨青，等. 城市生态—社会—经济综合分析指标体系筛选方法 [J]. 武汉理工大学学报（信息与管理工程版），2018（02）：39-45.

[3] 黄师平，王晔. 国内外区域创新评价指标体系研究进展 [J]. 科技与经济，2018，v.31；No.184（04）：15-19.

[4] 李金昌，史龙梅，徐蔼婷. 高质量发展评价指标体系探讨 [J]. 统计研究，36（01）：6-16.

[5] 李妍，幸雯. 广东科技创新指数构建与评价研究 [J]. 科技管理研究，2018，38（20）：98-103.

[6] 李振民. 创建"综合经济指数"科学评价经济运行质量 [J]. 中国修船，2015（02）：11-15.

[7] 刘卫东. 跨境资金流动监测预警指数的构建——基于广东省数据的实证研究 [J]. 南方金融，2012（8）：27-30.

[8] 马茹，罗晖，王宏伟，等. 中国区域经济高质量发展评价指标体系及测度研究 [J]. 中国软科学，2019（7）：60-67.

[9] 彭媛，徐长乐. 长三角地区高技术产业发展状况研究——基于江、浙、沪的比较研究 [J]. 科技和产业，（8）：37-43.

[10] 任保平，韩璐，崔浩萌. 进入新常态后中国各省区经济增长质量指数的测度研究 [J]. 统计与信息论坛，2015，v.30；No.179（8）：3-8.

[11] 师家升，起建凌. 中国金融风险预警指数的构建 [J]. 技术经济与管理研究，2019，273（04）：91-96.

[12] 王红专，王中祥，尹飘扬. 分享经济统计指标体系构建与评价分析 [J]. 中国集体经济，2019，593（09）：97-99.

[13] 王志博 . 中国区域经济实现高质量发展的思路和政策——基于高质量发展的评价指标体系构建与分析 [J]. 全国流通经济，2019，2202（06）：87-88.

[14] 吴普，周志斌，慕建利 . 避暑旅游指数概念模型及评价指标体系构建 [J]. 人文地理，2014（3）：128-134.

[15] 谢延钊，郝寿义 . 科技型中小企业创新指数评价体系研究 [J]. 现代管理科学，2015（04）：69-71.

[16] 许永兵，罗鹏，张月 . 高质量发展指标体系构建及测度——以河北省为例 [J]. 河北大学学报（哲学社会科学版），2019，44（3）：86-97.

[17] 张光南，周吉梅等 . 粤港澳大湾区可持续发展指数报告 [M]. 北京：中国社会科学出版社 . 2018.

[18] 张丽丽 . 山西省营商环境优化研究——基于新时代下政府与市场关系的视角 [J]. 山西财税，476（10）：56-59.

[19] 张震，刘雪梦 . 新时代我国 15 个副省级城市经济高质量发展评价体系构建与测度 [J]. 经济问题探索，2019（6）.

[20] 周柯，郭凤茹 . 中部六省科技金融指数构建与评价 [J]. 金融与经济，2019（6）：88-92.

[21] 中国高技术产业创新能力评价课题组 . 2018 中国高技术产业创新能力评价报告 [R]. 2018.

[22] 中国科学技术发展战略研究院 . 中国区域科技创新评价报告 [M]. 北京：科学技术文献出版社 . 2018.

[23] 中国证券投资基金业协会 . 中国创业投资基金行业发展报告（2017）[R]. 2018.

[24] 中国证券投资基金业协会 . 中国私募股权及并购基金行业发展报告（2017）[R]. 2018.

[25] 中国证券投资基金业协会 . 中国私募证券投资基金行业年度发展报告（2016）[R]. 2017.

[26] 中国证券投资基金业协会 . 中国证券投资基金业年报（2016）[R]. 2017.

[27] 朱洪祥，雷刚，吴先华，等 . 多维视角下低碳生态城市指标体系构建——以东营市为例 [J]. 现代城市研究，2012（12）.

[28] 朱卫东，张洪涛，张晨，等 . 高新技术产业统计指数研究及其在安徽省的应用 [J]. 中国科技论坛，2008（04）：61-65.

[29] Kwong C K , Bai H . A fuzzy AHP approach to the determination of importance weights of customer requirements in quality function deployment[J]. Journal of Intelligent Manufacturing, 2002, 13(5):367-377.

[30] World Bank Group. Doing Business 2019——Training For Reform[R]. 2019.

[31] Xiao L, Jianchen P. China Green Development Index Report 2011[M]. Berlin: Springer Press, 2012.